Y DEFODAU

Mae Rebecca Roberts wedi gweithio fel athrawes, swyddog datblygu, gweinydd dyneiddiol, a chyfieithydd. Mae hi'n byw yn Sir Ddinbych gyda'i gŵr a'i dau o blant. Mae hi'n ysgrifennu yn Gymraeg ac yn Saesneg, ac yn awdures chwe nofel. Enillodd #Helynt, ei nofel gyntaf i bobl ifanc, gategori Plant a Phobl Ifanc yng Ngwobr Llyfr y Flwyddyn 2021 a Gwobr Tir na n-Óg 2021. Dyma ei nofel gyntaf gyda Gwasg Honno.

Y Defodau

REBECCA ROBERTS

honno

Cyhoeddwyd gyntaf yn 2022
gan Honno
D41, Adeilad Hugh Owen, Prifysgol Aberystwyth,
Aberystwyth, Ceredigion, SY23 3DY

www.honno.co.uk

Ceir cofnod catalog o'r llyfr hwn yn y Llyfrgell Brydeinig

ISBN: 978-1-912905-64-5
e-lyfr ISBN: 978-1-912905-65-2

Cysodydd: Olwen Fowler
Dylunydd y clawr: Olwen Fowler
Argraffwyd: 4edge Ltd

Cyhoeddwyd gyda chymorth ariannol Cyngor Llyfrau Cymru

For Mum

Firstly, I wish to thank my mother, who
encouraged me to become a non-religious
celebrant. I would not have written this novel
had I not followed in her footsteps.

Yn ail, hoffwn ddiolch i staff Gwasg Honno a
Chyngor Llyfrau Cymru am eu cefnogaeth drwy
gydol y broses cyhoeddi; yn enwedig Cathryn am
olygu'r nofel. Mawr yw fy niolch iddi.

No man is an island entire of itself; every man is a piece of the continent, a part of the main ... any man's death diminishes me, because I am involved in mankind. And therefore never send to know for whom the bell tolls; it tolls for thee.

MEDITATION XVII
Devotions upon Emergent Occasions
John Donne

Cynnwys

Llyfr Nodiadau Gwawr Efa Taylor
Seremonïau Enwi, Priodasau, Angladdau
2018–2019

1.

Claire

(1979–2018)

~~Claire Price~~

~~G: ??? 1979~~

~~M: Chwefror 10fed 2018~~

~~Cofio bod yn rhaid iddi stopio a mwytho pob un ci a chath welodd hi.~~

~~gwagio ei chyfrif banc bob tro roedd Plant Mewn Angen ar y teledu.~~

~~siarad efo'r planhigion yn yr ardd~~

~~byddai hi'n mynd am dro hir ar ei phen ei hun yn y goedwig, i gael 'doethineb o'r coed'~~

~~'boncyrs ar brydiau, ond a dweud y gwir, dyna un o fy hoff bethau amdani'~~

~~Priodas: cyfansoddodd C gân i mi, a'i chanu yn y swyddfa gofrestru, gan gyfeilio iddi ei hun gyda'i gitâr er bod hanner y llinynnau ar goll...~~

~~cofrestrydd ddim yn hapus efo hi am ychwanegu at y seremoni. Do'n i (W) ddim isio rhywun fyddai'n defnyddio templed ac yn ticio bocsys i gynnal ei hangladd~~

~~Claire: caredig, addfwyn, creadigol, unigryw~~

~~Un oedd yn herio'r drefn?~~

~~Dyfyniad Herbert Read am y coed? Synfyfyrio, chwilio am ei lle yn y byd, ceisio deall bywyd / canfod ystyr / pwrpas i'w bywyd drwy gyswllt â natur?~~

11

"The death of each of us is in the order of things; it follows life as surely as night follows day. We can take the Tree of Life as a symbol. The human race is the trunk and branches of this tree, and individual men and women are the leaves. They appear one season, flourish for a summer and then die. I too am like a leaf of this tree and one day I shall be torn off by a storm, or simply decay and fall – and mingle with the earth at its roots. But, while I live, I am conscious of the tree's flowing sap and steadfast strength. Deep down in my consciousness is the consciousness of a collective life, a life of which I am a part, and to which I make a minute but unique contribution. When I die and fall the tree remains, nourished to some small degree by my manifestation of life. Millions of leaves have preceded me and millions will follow me: but the tree itself grows and endures."

Herbert Read

Danfon copi o hwn at Wayne.

Dim ond yn ei thridegau hwyr oedd Claire, ychydig o flynyddoedd yn hŷn na minnau. Mae angladdau pobl ifanc wastad yn anoddach. Nid o ran y ddefod, sy'n aros yr un fath – ond mae'r galar yn effeithio ar bobl yn wahanol. Mae gwahaniaeth mawr rhwng angladd nain a gyrhaeddodd ei phedwar ugain a dynes a fu farw cyn cyrraedd ei deugain. Nofel yw un a gafodd ei darllen, ei thrafod a'i gwerthfawrogi gan bawb cyn ei gosod yn ofalus ar y silff, a'r llall yn nofelig gyda'r tudalennau olaf ar goll, ac olion danheddog y papur yna i'ch atgoffa na fydd yna ddiweddglo taclus, bodlon.

Y bore hwnnw roeddwn i'n teithio i Lanelwy i gynnal angladd dyn mewn oed o'r enw Thomas Littlewood. Ffoniodd Iolo (Huws a Davies, Trefnwyr Angladdau o Safon) i gynnig angladd Claire pan oeddwn i ar fin cychwyn. Gofynnais iddo decstio'r manylion i fy ffôn lôn, gan ddweud y byddwn i'n cysylltu â'r teulu cyn gynted â phosib.

Cyrhaeddais yr amlosgfa yn gynnar i groesawu galarwyr Thomas, fodd bynnag, dim ond llond llaw o bobl a ddaeth i ffarwelio â 'Mr Littlewood'. Defnyddient ei deitl yn hytrach na'i enw, ac roedd hynny'n arwyddocaol. Cymdogion yn bennaf a eisteddai yno, a'r rhesi blaen wedi eu gadael yn wag ar gyfer teulu na ddaeth. Yng nghefn yr ystafell eisteddai llond llaw o ferched ifanc mewn gwisgoedd gwyrdd golau – gofalwyr Mr Littlewood yn ystod ei flynyddoedd olaf. Ychydig iawn o wybodaeth oedd gen i ynglŷn â'i fywyd, felly roeddwn i'n ddiolchgar fod rhai o'i gymdogion yn siaradus ac yn ddigon hapus i rannu atgofion i lenwi'r hanner awr ges i gan yr amlosgfa. Ond hyd yn oed gyda'r dyfyniadau gan ei gymdogion, y darlleniad hir o waith Herbert Read, ac ar ôl chwarae recordiad o 'Gymnopédie no. 3' yn ei gyfanrwydd, roeddwn i'n boenus o ymwybodol o fyrder y deyrnged a'r seremoni. Doedd dim peryg y byddwn i wedi gor-redeg y diwrnod hwnnw. Dylai hynny fod yn fater o falchder i mi, gan na chaiff gweinydd sy'n gor-redeg neu'n cyrraedd yn hwyr ychwaneg o waith gan ymgymerwyr; ond teimlwn yn drist fod y seremoni gwta bymtheng munud o hyd, a hefyd bod cyn lleied o bobl wedi mynychu. Teimlwn fod Thomas Littlewood yn haeddu gwell teyrnged na Mrs Jones rhif 5 yn sôn am ei hoffter o arddio, a llond llaw o bobl a dalwyd i ofalu amdano yn gwrando heb fawr o dristwch. Ond doedd yna neb ar gael i roi darlun llawnach o'i fywyd i mi, felly doedd dim amdani ond gweithio gyda'r wybodaeth brin oedd gen i, a dangos iddo'r un parch a fyddai wedi ei gael petai'r amlosgfa dan ei sang.

Rydw i wedi gweinyddu angladdau i ystafelloedd gwag cyn heddiw. Mi wn i fod hyn yn groes i fy nghred fel anffyddiwr. Credaf fod enaid neu hanfod y person yn marw gyda'r cnawd, ac na fydd yr ymadawedig felly'n clywed fy nheyrnged; ond ar sawl achlysur mynnais weinyddu'r angladd heb alarwyr yn bresennol; dim ond fi a'r arch yn yr amlosgfa. Am ryw reswm anesboniadwy, teimlaf yr angen i lynu at rai o'r hen ddefodau sy'n rhoi strwythur a siâp i'n bywydau. Mae pawb yn haeddu cydnabyddiaeth eu bod wedi byw a bod.

Ar ôl gweinyddu angladd Mr Littlewood roedd yn braf

cael camu drwy ddrysau dwbl yr amlosgfa ac allan i heulwen oer mis Chwefror, a gwyrddni bryniau Clwyd yn gysur wedi llymder y capel. Braf hefyd oedd dianc oddi wrth alaw piano 'Who Wants to Live Forever' gan Queen, a oedd yn chwarae ar ddolen barhaus yng nghapel yr amlosgfa. Mae'n gas gen i'r alaw erbyn hyn, ond tybiaf mai dyna yw pwrpas ei chwarae drosodd a throsodd. Mae'n hawdd i bobl sy'n gweithio gyda'r meirw ddigalonni a ffocysu'n ormodol ar freuder bywyd – ond wrth glywed tincian y piano am y ganfed waith mae'r syniad o gwsg tragwyddol yn dechrau ymddangos yn opsiwn eithaf apelgar.

Ffarweliais â'r trefnydd, gan godi fy nhâl ganddo'r un pryd. Yn ôl yn fy nghar trois at fy ffôn lôn a gweld fod Iolo wedi danfon cyfeiriad a manylion fy nghleient nesaf. Gwelais hefyd fod Maxine Monroe wedi ffonio sawl gwaith – diolch byth fod fy ffôn yn fy nghar – er mod i wedi trefnu cyfarfod Facetime â hi heno. Doedd dim pwrpas dychwelyd yr alwad gan fod yr holl ffeiliau yn ymwneud â'i phriodas gartref ar fy nesg. Waeth i mi lynu at fy nghynllun i siarad â hi'n nes ymlaen, a mynd yn syth i gyfarfod â'r cleient newydd.

Cymerais eiliad i dwtio fy hun yn y drych. Mae'n hollbwysig edrych yn broffesiynol ac yn ddestlus, ond byddaf wastad yn gwneud hyn cyn cyrraedd cartref y teulu galarus – y peth olaf maen nhw am ei weld yw minnau'n pincio yn y car.

Un o'r pethau anoddaf am brofedigaeth yw'r teimlad bod dy fywyd di newydd chwalu'n ddarnau, ac eto, rywsut, mae'r byd yn dal i droelli yn ddidostur. Mae'r gerdd 'Stop all the clocks' gan W. H. Auden yn crynhoi'r teimlad i'r dim, a dyna pam i mi ei dewis ar gyfer angladd Huw. Anghofiaf fyth y profiad o adael yr hosbis, troi'r allwedd yn y taniad a chlywed 'Do they know it's Christmas?' yn atseinio drwy'r car. Bu bron i mi ddyrnu'r radio. Wrth yrru adref ymddangosai goleuadau'r Nadolig yn boenus o goegwych, a gwingwn wrth weld hysbysebion ym mhob man yn f'annog i brynu, dathlu a llawenhau. Roedd hi mor anodd derbyn bod y byd yn mynd yn ei flaen, yn dal i ymhyfrydu mewn pethau dibwys a gwamal, ac mor gwbl ddifater yn wyneb fy mhoen innau. Pan ddes i'n weinydd digrefydd penderfynais ddefnyddio'r profiad poenus hwnnw yn wers.

Mae trefnwyr angladdau a gweinyddion da yn deall yn reddfol fod angen arafu amser a chreu llonydd, neu o leiaf, greu'r rhith o lonyddwch, er mwyn rhoi'r cyfle i'r teulu mewn profedigaeth ddechrau dod i delerau â'u colled. Er, mewn gwirionedd, fod pob person marw yn dilyn yr un drefn a'r un amserlen, dylai pob teulu galarus deimlo mai nhw, a'r ymadawedig, ydi'r peth pwysicaf i'r gweinydd; mod i yna i wrando ac i fod gyda nhw ar gamau cyntaf y daith drwy alar. Dyna ydi fy nod a'm cenhadaeth.

Hyd yn oed ar ôl chwe blynedd yn fy swydd, rwy'n dal i synnu bod pobl mor barod i'm croesawu i – dieithryn llwyr – i'w plith i rannu hanes yr ymadawedig, i siarad â fi pan fyddant ar eu mwyaf bregus, ac i ymddiried ynof i berfformio'r ddefod olaf un. Mae'n gyfrifoldeb ac yn fraint.

Nid teulu oedd gen i heddiw, yn ôl Iolo, ond priod yr

ymadawedig. Fel arfer, awgrymaf fod mwy nag un aelod o'r teulu yn mynychu'r cyfarfod i gynllunio'r angladd os oes modd. Yn aml iawn, y person oedd agosaf at yr ymadawedig yw'r person sy'n dweud leiaf, ac mae hynny'n hollol ddealladwy dan yr amgylchiadau. Dyna pam mae'n gymorth cael aelod o'r teulu estynedig neu ffrind da yno i ateb y cwestiynau mwy ymarferol, gwirio dyddiadau ac ati.

Ond yn achos Claire Price, pan ffoniodd Iolo i gynnig y gwaith i mi ges i air o rybudd na ddylwn i ddisgwyl na gwahodd cyfraniadau gan y teulu ehangach.

'Doedd hi ddim mewn cysylltiad efo'i theulu o gwbl,' meddai Iolo. 'Dydi ei gŵr ddim isio nhw'n agos at yr amlosgfa. Dydw i ddim yn credu ei fod o wedi'u hysbysu nhw o'i marwolaeth. Sefyllfa go anodd. Cymer ofal. Troedia'n ofalus – dwi'n gwybod y gwnei di.'

Gyrrais drwy ganol pentref Gallt Melyd, parcio'r car ar y ffordd fawr a cherdded i fyny'r allt at un o fythynnod y glowyr ar dop y bryn. Roedd y tywydd wedi oeri ers i mi adael yr amlosgfa, a'r awyr fu'n las bellach yn llwyd fel llechen a'r cymylau trwm yn bygwth rhagor o eira. Crynais, er mod i'n gwisgo fy nghôt gladdu o wlân du. Oedais y tu allan i'r bwthyn, gan sylwi ar y ddau gar wedi eu parcio'r tu allan: Landrover Defender gwyrdd tywyll, a Citroën bach coch fel ceiriosen. Yn ôl yr haen ysgafn o eira ar do'r Citroën, doedd hwnnw ddim wedi symud ers rhai dyddiau.

Curais yn ysgafn ar bren y drws ac fe'i hagorwyd yn syth, fel petai Mr Price wedi bod yn sefyll wrth y ffenest yn disgwyl amdanaf. Yno, o'm blaen i, safai dyn oedd yr un sbit â'i gar: trowsus *combat* gwyrdd, esgidiau mynydda a siwmper lwyd tywyll; dillad dyn nad oedd wedi arfer aros dan do. Awgrymai'r rhychau o amgylch ei lygaid a'i geg flynyddoedd o weithio y tu allan heb eli haul. Garddwr neu giper, efallai? Tybiwn ei fod yn tynnu at ganol ei bedwardegau. Dyn bach o ran maint ond yn gryf ac yn gadarn yr olwg.

'Mr Price? Mae'n ddrwg iawn gen i glywed am dy brofedigaeth. Gwawr Taylor ydw i, y gweinydd digrefydd.'

Estynnais fy llaw ac ysgydwon ni ddwylo'n gwrtais. Roedd ei groen yn arbennig o arw, gan ategu fy nhyb ei fod o'n gweithio gyda'i ddwylo. Herciodd ei ben i gyfeiriad lolfa fach y bwthyn.

'Well i ti ddod mewn, 'lly.'

Aeth drwodd i'r gegin a sefais yn nrws y lolfa yn disgwyl iddo ddychwelyd. Byddai eistedd yn un o'r seddi ger yr aelwyd heb wahoddiad wedi edrych yn haerllug. Cymerais eiliad i daflu cipolwg o'm cwmpas. Ystafell wrywaidd, braidd yn hen ffasiwn: llawr pren, waliau lliw hufen, dwy gadair freichiau yn agos at y lle tân a'r holl ddodrefn o dderw solet. Addurnwyd y waliau â thirluniau dyfrlliw generig fel y gwelid mewn tafarndai a gwestai gwledig. Ychydig iawn o eiddo personol oedd yn y lolfa. Tybiais mai rhentu'r bwthyn oedden nhw, yn hytrach na'u bod yn berchen arno.

Dim ond un llun oedd i'w weld ar y biwro ysgifennu, ac ynddo roedd o a'i wraig gyda'i gilydd ar gopa Pen y Fan. O'r hyn a welwn yn y llun, roedd hi'n ddynes olygus a chanddi

18

wallt tywyll a llygaid direidus, ac roedd hi sawl blwyddyn yn iau na'i gŵr. Roedd ei chôt wrth-ddŵr a'i hesgidiau cerdded y tu ôl i'r drws ffrynt, ac am eiliad yn unig, teimlais ei phresenoldeb yr un fath â phetai hi'n sefyll y tu ôl i mi. Rhedodd ias annisgwyl i lawr fy asgwrn cefn, felly cymerais gam i mewn i'r lolfa i mi gael gweld ei llun hi'n well. Dwedai fy ngreddf wrthyf ei bod hi a'i gŵr yn gymeriadau tebyg: yn hapusach ar ben mynydd nag o flaen y teledu. Edrychais yn agosach ar y llun. Gwenai gan ddangos ei holl ddannedd, ond roedd ei llygaid yn drist – gwên rhywun oedd wedi arfer â gorfodi ei hun i wenu hyd yn oed pan na theimlai'n siriol.

Daeth Mr Price yn ôl i'r ystafell gyda hambwrdd a thebot a dwy gwpan arno. Roedd y llaeth mewn ffiol flodau yn awgrym, efallai, nad oedd o wedi arfer cynnig paneidiau.

'Gei di dywallt paned dy hun,' meddai'n swta. 'Dwi 'di cael digon o neud dros bobl eraill. Maen nhw fod i ddod i neud i mi deimlo'n well, ond 'runig beth dwi'n teimlo ydi mod i'n rhedeg caffi.'

Ar ôl tywallt paned i'r ddau ohonom ni, estynnais fy llyfr nodiadau o fy mag lledr.

'Mi fydda i'n gofyn llawer o gwestiynau i ti, Mr Price. Gofyn er mwyn i fi gael deall hanes dy wraig ydw i, er mwyn adeiladu darlun llawn ohoni hi yn fy mhen. Ond yn amlwg, os oes yna unrhyw beth fyse'n well gen ti beidio â'i drafod na'i gynnwys, rho gwybod...' Nodiodd ei ben. 'Beth oedd enw dy wraig, Mr Price?'

'Claire Louise Price,' atebodd. 'Claire gydag i dot.'

'A phryd a ble gafodd hi ei geni?'

'Dydi hynny ddim o bwys. Dwi'm am i ti gynnwys dim o'i hanes hi.' Oedais yng nghanol y frawddeg roeddwn i wrthi'n ei hysgrifennu, gan godi fy llygaid i edrych i fyw ei lygaid o.

Mentrais yn ofalus, 'Mae'n arferol cynnwys rhywfaint o fanylion yn rhan o'r seremoni...'

'Na,' atebodd yn benderfynol. 'Wna i sôn wrthyt ti, ond dwi'm am i air o hyn fynd dim pellach na hyn.' Caeais fy llyfr nodiadau a'i osod yn ufudd ar y bwrdd coffi o 'mlaen i.

'Treuliodd Claire ei bywyd cyfan yn ceisio dianc rhag ei theulu a be naethon nhw iddi hi. Dwi'm am i ti roi sglein ar y plentyndod cachu gafodd hi gyda'i rhieni. Pan oedd hi'n fyw doedd hi ddim eisiau sôn am ei gorffennol, a wna i ddim ei bradychu hi drwy sôn nawr ei bod hi 'di mynd... Am flynyddoedd gafodd hi ei cham-drin, a hynny oedd wrth wraidd ei holl broblemau, ond hi gafodd y bai, hi gafodd ei lluchio allan o'r tŷ... Y cam-drin oedd y...'

Cododd o'i gadair ac aeth drwodd i'r gegin, gan droi ei gefn arnaf fi.

Doeddwn i ddim eto'n ei adnabod yn ddigon da i geisio ei gysuro, felly arhosais lle'r oeddwn yn fy nghadair. Ar ôl munud neu ddwy, mentrais ddweud,

'Mae'n ddrwg iawn gen i glywed iddi ddioddef. Wrth gwrs, mae'r sgwrs yma yn hollol gyfrinachol, a wna i ddim cynnwys unrhyw wybodaeth nad wyt ti'n ei dymuno yn y gwasanaeth.'

Daeth allan o'r gegin a sefyll y tu ôl i'r gadair freichiau, gan wasgu cefn y gadair nes bod ei fysedd a'i figyrnau'n wyn.

'Os ga i ofyn, sut hoffet ti gofio Claire?'

Trodd i edrych allan drwy'r ffenest, ar ardd oedd yn llawn gwyrddni, er gwaethaf oerni'r gaeaf.

'Dwi am i bobl gofio bod yn rhaid iddi stopio a mwytho pob un ci a chath welodd hi. Bod hi'n gwagio ei chyfrif banc bob tro roedd Plant Mewn Angen ar y teledu. Roedd hi'n siarad efo'r planhigion yn yr ardd, a bob hyn a hyn byddai hi'n mynd am dro hir ar ei phen ei hun yn y goedwig, i gael 'doethineb o'r coed'. Roedd hi'n boncyrs ar brydiau, ond a deud y gwir, dyna un o fy hoff bethau amdani... Ar gyfer ein priodas cyfansoddodd hi gân i mi, a'i chanu yn y swyddfa gofrestru, gan gyfeilio iddi ei hun gyda'i gitâr er bod hanner y llinynnau ar goll...'

Ysgydwodd ei ben, gwenodd ac oedodd am eiliad i fwynhau'r atgof. Nid oedd o wedi sylwi mod i wedi cipio fy llyfr a dechrau sgriblo ei deyrnged.

'Doedd y cofrestrydd ddim yn hapus efo hi am ychwanegu at y seremoni. Dyna pam ofynnais i amdanat ti. Do'n i ddim isio rhywun fyse'n defnyddio templed ac yn ticio bocsys. Na gwasanaeth crefyddol chwaith. Doedd hi'm yn credu yn Nuw.'

Aeth at y lle tân a chodi tamed o bapur a gedwid y tu ôl i'r cloc. Gosododd y papur ar y bwrdd o'm blaen i. 'Copïa'r gerdd hon. Dyma be naeth hi ganu. Dwi am i ti ei darllen hi'n uchel yn yr amlosgfa. Dim ond tri pheth dwi am i ti neud yn y seremoni: peidio â sôn o gwbl am ei chefndir, darllen y gerdd hon, ac yn olaf, dweud fy mod i am fynd â'i llwch i goedwig a'i wasgaru yn fan'no, fel y bydd hi'n dod yn rhan o'r coed.

Dwi'm am ddeud wrth neb ble'r eith hi. Gaiff hi lonydd, o'r diwedd.' Roedd ei lygaid o'n sych, ond roedd gen innau lwmp yn fy ngwddw a'i gwnaeth hi'n anodd i mi ei ateb.

'Wrth gwrs, Mr Price, dwi'n siŵr medra i ateb dy ofynion,' dwedais, gyda thrafferth. Daliais i esgus fy mod i'n gwneud nodiadau, er, mewn gwirionedd, mod i'n ceisio sychu'r dagrau oedd yn cronni yn fy llygaid. Rydw i wedi hen arfer â chlywed profiadau anoddaf pobl, ond roedd rhywbeth am Mr Price a wnaeth fy nghyffwrdd i yn y ffordd fwyaf annisgwyl. Fuodd Claire yn ffodus iawn i gael rhywun oedd yn ei hadnabod ac yn ei charu hi felly. Ges i'r argraff bod Mr Price yn ddyn eithaf swta ac mai hawdd fyddai codi ei wrychyn – ond roedd ei gariad at ei wraig yn ddiffuant ac yn dyner.

Eisteddodd unwaith eto yn y gadair freichiau. 'Ac mae 'na un peth arall, Gwawr...' Roedd ganddo acen gogledd-orllewin Lloegr, Swydd Derby os oeddwn yn clywed yn iawn, a baglai ei dafod dros synau anghyfarwydd fy enw. 'Byddai'n wych taset ti'n medru rhoi cwpl o ddynion ar y drws, i stopio ei theulu rhag dod ar gyfyl y lle.'

'Ga i ddim gwneud hynny...' atebais, ac yna, o'i wên slei, sylweddolais ei fod o'n tynnu fy nghoes.

'Paid â phoeni dim. Os ydyn nhw'n ceisio dod yn agos ati eto, wna i ddychryn nhw i ffwrdd fy hun.'

Oedais, gan edrych i lawr ar fy nodiadau. Brwydrais yn dawel rhwng gwneud yr hyn oedd yn 'iawn' i mi a'r hyn oedd yn 'iawn' i'r cleient.

'Mr Price...'

'Wayne,' cywirodd yn swta. Eironig ei fod o'n dechrau cynhesu ataf fi pan oeddwn i ar fin ei golli o.

'Wayne... mae'n swnio i mi fel nad oes gennyt ti fawr o ddyhead i gynnal angladd traddodiadol, na fawr o awydd i gael gwasanaeth cyhoeddus fydd ar agor i deulu dy wraig...'

'Ond does yna ddim opsiwn arall, nag oes? Doedd hi ddim yn grefyddol, felly doedd hi ddim am gael eglwys, ond mae'n rhaid iddi fynd i'r *crem* a chael seremoni o ryw fath, yn'd oes?'

'Wel, nag oes. Mae 'na'r fath beth ag amlosgiad uniongyrchol. Gall y trefnwr angladdau fynd â hi yn syth i'r amlosgfa heb fod yna seremoni goffa o unrhyw fath. Maen nhw wedyn yn rhoi'r llwch i'r teulu. Fyset ti'n medru cynnal seremoni yn y goedwig heb fod angen i neb arall fod yn bresennol.'

'Wir? Dwi'n meddwl fyse Claire wedi hoffi hynny.'

Gwenais wrth weld y rhyddhad yn ei lygaid. Roeddwn i wedi ei arbed rhag y straen o wrthdaro â'i deulu yng nghyfraith, a dilyn defod a fyddai'n weddol ddiystyr iddo. Wrth gwrs, o awgrymu hyn roeddwn i newydd roi rheswm iddo hepgor fy ngwasanaeth innau hefyd.

Diolchodd yn ddiffuant i mi am gynnig yr opsiwn iddo. Cynigiodd bres i wneud iawn am y ffi roeddwn newydd ei cholli. Yn naturiol, gwrthodais, hyd yn oed pres petrol, gan egluro mod i'n byw yn weddol agos, felly doedd yr ymweliad heb gostio mwy na hanner awr o fy amser.

'Os hoffet ti unrhyw gymorth efo dy seremoni bersonol, plis, coda'r ffôn,' dwedais wrth ymadael, gan gynnig fy ngherdyn busnes iddo. Edrychodd i lawr ar y cerdyn bach gwyn:

Gwawr Efa Taylor, Gweinydd
Defodau Enwi, Priodasau ac Angladdau digrefydd
Cymraeg / Saesneg / Dwyieithog

'G-waw-yr Epha...' Ysgydwodd ei ben. 'Naeth fi a Claire geisio dysgu Cymraeg cwpl o flynyddoedd yn ôl. Fel ti'n clywed, ges i fawr o hwyl arni. Methu ynganu hanner mor dda â Claire, felly maddeua i fi'n bwtsiera dy enw, Ms Taylor.' Cynigiodd law i mi ei hysgwyd. 'Diolch am bopeth.'

Roeddwn i newydd golli £200, ond a dweud y gwir teimlwn rywfaint o ryddhad mod i wedi medru osgoi angladd a fyddai, o bosib, yn mudferwi gyda thensiwn a drwgdeimlad. Mae angladdau yn achlysuron digon anodd fel y maent, heb fod pawb ar bigau'r drain yn disgwyl ffrae.

Yn ôl gartref, ffoniais Iolo, y trefnwr angladdau, i'w hysbysu bod cynlluniau Mr Price wedi newid. Fe allai o fod wedi digio gyda fi am awgrymu'r fath beth, yn enwedig ar ôl iddo fwcio slot yn yr amlosgfa, ond chwarae teg iddo, doedd o ddim yn ddig o gwbl. Dydw i erioed wedi gweld na chlywed Iolo mewn hwyliau drwg.

'Wel, os taw dyna'r dewis iawn iddo fo, *direct* amdani,' meddai. 'Ro'n i'n hanner meddwl awgrymu'r un peth, a deud y gwir. Wna i ffonio fo rŵan. Diolch i ti, Gwawr. Pleser gweithio efo ti, fel arfer. A da iawn ti, os ga i ddeud, am gynnig opsiwn amgen iddo. Does yna'm llawer o weinyddion fyse'n barod i golli ffi.'

'Mae gen i hen ddigon o briodasau ar y gweill.' Ychwanegais yn eofn, 'A dwi'n gwybod gwnei di ddanfon rhagor o waith ata i, maes o law.'

'Wrth gwrs, drycha ar ôl dy hun. Ta-ta, rŵan.'

'Hwyl i ti, Iolo.'

Un da ydi Iolo. Capelwr rhonc ei hun, ond yn barod i gynnig gwaith i weinyddion digrefydd. Gall unrhyw un alw ei hun yn 'weinydd'. Dydi pawb ddim yn dewis hyfforddi nac ymaelodi â chorff proffesiynol fel y gwnes i, ac felly mae rhai ymgymerwyr yn amheus ac yn anfodlon eu defnyddio, rhag ofn iddyn nhw ddifetha enw da'r cwmni. Wrth hyfforddi, pwysleisiodd fy nhiwtor mai'r peth pwysicaf o bell ffordd yn y diwydiant angladdau yw cadw dy enw da. Mae'n rhaid cadw'r 3 P mewn cof o hyd – Prydlondeb, Proffesiynoldeb a Pharchusrwydd – oherwydd os golli di dy enw da mae'n anodd iawn, os nad yn amhosib, ei adennill.

Ar ôl diwrnod mor ddwys ac emosiynol do'n i ddim mewn hwyliau i fod yn trafod mân fanylion priodas, ond yfory roedd seremoni Maxine a Darren, felly doedd dim llawer o ddewis gen i. Cysylltais â Maxine ar Facetime, ond ei dyweddi Darren atebodd yr alwad.

'Oi oi, Gwawr!' meddai'n llawen gan dorri gwynt yn swnllyd.

Daliodd i wenu'n hurt arna i drwy'r sgrin fel petai ganddo ddim cywilydd o gwbl. 'Y Carling yn deud helô,' eglurodd yn ei ffordd ffwrdd-â-hi. Roedd o'n amlwg yn chwil ulw. 'Dwi'n cael cwpl o ganiau o gwrw slei achos mae Max 'di cloi fi yn fy stafell wely i neud yn siŵr mod i'n bihafio heno, fatha bachgen da!' Aeth at ddrws yr ystafell a galw'n uchel, '*Hunny bunny*, mae Gwawr ar Facetime!'

Clywais lais gwichlyd, blin Maxine yn datgan ei bod hi yng nghanol *spray tan*, ond munud wedyn daeth trefnydd y briodas draw at y cyfrifiadur. Dim rhestr o ymholiadau oedd ganddi, ond yn hytrach, rhestr o geryddon. Ges i drafferth peidio ag ymddangos yn amddiffynnol wrth glywed ei chyfarwyddiadau ynglŷn â bod ar amser, edrych yn ddestlus, peidio â siarad â'r wasg, ac ati. Yn y chwe blynedd ers i mi fod yn weinydd proffesiynol ro'n i wedi cynnal dros hanner cant o briodasau a derbyn adborth gwych gan bawb. Roeddwn i'n deall sut i ymddwyn yn broffesiynol.

Dechreuodd Darren rochian chwerthin.

'Paid ag edrych mor syn!' meddai. 'Dim ond fory rhaid i ti roi fyny efo hi. Fi sy'n goro byw efo hi!'

Roedd ar flaen fy nhafod i ddweud wrtho nad oedd yn rhy hwyr iddo newid ei feddwl... ond llyncais fy ngeiriau ac awgrymu yn hytrach y dylai o roi'r gorau i yfed, mynd i'r gwely a chael noson dda o gwsg yn barod at ei ddiwrnod mawr.

'Dwi am fynd i'r gwely fy hun rŵan,' dwedais, yn awyddus i ddod â'r sgwrs letchwith i ben.

'Piti dwyt ti ddim yma efo fi,' atebodd, a chwincio arna i.

Roeddwn i'n ddiolchgar am gael mynd i gysgu, a cheisio dianc rhag y gofid oedd yn corddi yn fy mol a'r darluniau oedd yn cylchdroi yn fy mhen: gwacter yr amlosgfa'r bore hwnnw, y boen amrwd a'r hiraeth yn llygaid Wayne Price, a'r wên hyll, sglyfaethus ar wyneb Darren.

2.

Maxine a Darren

(2018)

Hi Gwawr,

Please find below a few reminders from Maxine. Nothing personal. We're sending it out to everyone involved.

1. *Hair style, make-up and dress MUST NOT deviate from that which has already been pre-approved by Ms Monroe. No spray tans and non-human hair extensions. Manicured nails only please.*

2. *You are reminded of the confidentiality agreement which prohibits you from talking to the press.*

3. *No social media posts AT ALL. Cameras (including those on phones) are to be left in cars. PRESS PHOTOGRAPHS ONLY.*

4. *Anybody wearing white, even as an accent colour, will be asked to leave.*

5. *Maxine is 5"9", so female members of the bridal party who are taller than her, please avoid wearing heels.*

6. *Unless you are a member of the bridal party, DO NOT attempt to speak directly to Ms Monroe. Address any concerns or compliments to her assistant.*

Best,
Lisa (assistant to Maxine Monroe)

Ceisiais gysgu, ond yn ofer. Gorweddwn yn effro drwy oriau mân y bore yn gwrando ar guriad fy nghalon ac yn meddwl am Claire Price. Roedd y llun ohoni, a'r tebygrwydd rhyngom ni, wedi fy nychryn. Dyna'r peth anoddaf am weithio yn y diwydiant angladdau – mae'n anodd iawn anghofio y bydd dy galon dithau un diwrnod yn rhoi'r gorau i guro. Mae dy gorff cyfan yn troi'n *memento mori*, ac un o'r pethau gwaethaf am y gwaith yw na elli di gael hoe fach i gael dod at dy goed unwaith eto.

Diffyg sicrwydd sy'n gwneud gwaith hunangyflogedig yn anodd. Rhaid gweithio yn ôl amserlenni pobl eraill, ac os fentri di wrthod y gwaith sy'n cael ei gynnig, yna bydd trefnwyr priodasau ac ymgymerwyr yn troi at rywun arall a ddôn nhw ddim yn ôl eto. I mi, mae'r gwaith ar ei anoddaf ar ôl y Nadolig, gan fod llai o bobl yn priodi a mwy o bobl yn marw yn oerni'r gaeaf. Mae calendr gweinydd yn dueddol o ddilyn y tymhorau, felly, gyda'r gwaith tywyllaf yn ystod y gaeaf, a'r gwanwyn yn dod â bywyd a goleuni newydd. Trueni bod y gwanwyn yn dal i fod dipyn o bellter i ffwrdd.

Petawn i'n gweini ym mhriodas unrhyw un heblaw Maxine a Darren byddai'r syniad o wisgo ffrog liwgar, treulio'r bore yng nghwmni cannoedd o bobl hapus, a chael ynganu'r geiriau hudol, 'mi gewch chi gusanu'r briodferch' yn ddigon i drechu fy iselder. Fel arfer, rydw i wrth fy modd yn cynnal priodasau. Rydw i'n drefnydd trylwyr, ac erbyn bore'r briodas ei hun does dim 'gwaith' i'w wneud heblaw gwisgo'n ddestlus, cyrraedd y lleoliad yn brydlon, cynnal y seremoni ac yna mwynhau llawenydd y diwrnod. Ond y bore hwnnw, wrth i mi wisgo fy ffrog orau a gwirio trefniadau seremoni Maxine a Darren am yr ugeinfed tro, roedd fy mherfedd yn corddi.

Nawr, dydw i ddim yn hoff o'r gair *bridezilla*, nac ychwaith o'r tueddiad i godi cywilydd diangen sy'n rhy gyffredin ar y cyfryngau cymdeithasol. Fyddwn i byth, byth yn meddwl cwyno am fy nghleientiaid yn gyhoeddus; ond roedd Maxine yn haeddu'r teitl *bridezilla*.

Actores opera sebon oedd Maxine, a phêl-droediwr oedd Darren. Roedden nhw'n byw ar lannau'r afon ger dinas Caer, mewn hen blas. Dewison nhw briodi yn eu gardd gefn, a oedd bron yr un maint â pharc gwledig. Mae'r cyplau sy'n fy newis i yn weinydd yn gwneud hynny am eu bod nhw am briodi yn rhywle sydd heb drwydded priodas, neu sydd ag arwyddocâd personol iawn. Maent yn priodi'n swyddogol yn y swyddfa gofrestru, ond yna'n cael ail seremoni gyda'u teulu a'u ffrindiau oll yn bresennol – seremoni wedi ei hysgrifennu yn arbennig ar eu cyfer nhw. Mae pob un o fy seremonïau yn hollol unigryw, ac rydw i wrth fy modd gyda'r broses o weithio efo fy nghleientiaid i greu diwrnod gorau a mwyaf ystyrlon eu bywydau. Felly fuodd hi'n dipyn o siom i mi pan sylweddolais nad oedd gan Maxine a Darren fawr ddim diddordeb yng nghynnwys y seremoni ei hun. Ddaeth Darren ddim i'r un cyfarfod cynllunio, a bu'n rhaid cynnal ein trafodaethau dros Skype. Mae o'n chwarae i ryw dîm mewn cynghrair Ewropeaidd, felly treulia'r rhan fwyaf o'i amser yn byw oddi cartref. Dim ond unwaith y mis y byddai'n dod i

Gymru i weld ei ddyweddi, felly Maxine fuodd yn gyfrifol am yr holl waith cynllunio.

Roedd hi wedi hurio pabell fawr at y briodas, ond roedd y seremoni y tu allan, o dan ganopi gwyn anferthol. Gwasgarwyd cerfluniau iâ o amgylch yr ardd, ac i beri syndod i'r gwesteion roedd Maxine wedi trefnu peiriant gwneud eira i droi'r ardd yn wyn. Hoffai'r syniad o gawod eira yn ystod y seremoni, ond roedd y peiriant yn rhy swnllyd i ganiatáu hynny. Roedd hi wedi comisiynu maes parcio wrth gefn ei thŷ, a llwybr gro newydd yn arwain at y babell ar lannau'r afon, fel na fyddai'n rhaid i'r gwesteion gerdded ar dir mwdlyd. Fodd bynnag, er mwyn osgoi baeddu ei hesgidiau Louboutin gwyn roedd Maxine hefyd wedi trefnu ceffyl gwyn pur a throl arian i'w chludo hi i'r seremoni, er bod y daith ddim ond ychydig gannoedd o lathenni o'i chartref.

Jociodd Mam y dylwn i ychwanegu mod i'n 'gwasanaethu enwogion o fri' at fy ngherdyn busnes. Cyfoethog? Heb os, mi oedden nhw, ond doedd Maxine ddim wedi gweithio ers iddi adael ei hopera sebon y llynedd, ar ôl datgan ei huchelgais i ddod yn un o enwogion Hollywood. Yn sinigaidd braidd, roeddwn i'n hanner amau bod ei phriodas dros-ben-llestri o grand yn ffordd o brofi ei bod hi'n dal i fedru hawlio'i lle yn y papurau tabloid. Mwy nag unwaith wrth i mi drafod trefn y dydd, ges i deimlad annifyr y byddai'r diwrnod mawr yn debycach i syrcas na phriodas.

Wedi cyrraedd y plas yng Nghaer, cerddais o gwmpas yr ardd i ymgyfarwyddo â'r babell, a threuliais ddeng munud yn gwylio dynes yn brwydro i berswadio'r ferlen wen i gamu allan o'i threlar cynnes, clyd.

Doeddwn i ddim yn adnabod yr un o'r gwesteion, a doeddwn i ddim yn rhan o'r tîm a oedd yn gyfrifol am redeg y diwrnod, felly fues i'n cicio fy sodlau am bron i awr. O'r diwedd, daeth Darren i fy nghyfarch, gan fod Maxine a'i mam wrthi'n gwisgo ac ymbincio. Doedd dim arwydd ei fod wedi yfed yn drwm neithiwr; fodd bynnag, wrth iddo sefyll o 'mlaen, edrychai fel bachgen bach yn ofni ffrae gan ei rieni. Er ei fod yn gwisgo *tuxedo* drud ofnadwy, edrychai fel petai wedi ei lethu gan ysblander (a chost) ei amgylchiadau, a'r môr o hetiau fyddai'n addas i'w gwisgo yn Ascot. Bachgen dosbarth gweithiol o Sir y Fflint oedd Darren yn y bôn, ac ni allwn beidio â meddwl y byddai o wedi bod yn hapusach yn priodi mewn gwesty yn rhywle, efo un ffotograffydd yn unig, neb o'r wasg yn bresennol, a chriw o ffrindiau bywiog i ddathlu.

Gan ei fod ar ei ben ei hun gofynnais a oedd ganddo was priodas. Na, atebodd, doedd Maxine ddim yn fodlon iddo gael yr un o'i hen ffrindiau ysgol yn rhan o'i fintai, a gan ei fod yn anfodlon derbyn brawd Maxine ('y coc oen') yn was, chafodd o neb arall.

Pan welon ni fod y gwesteion yn dechrau eistedd, aethom at yr allor i ddisgwyl dyfodiad dramatig Maxine. Edrychodd Darren ar ei oriawr.

'Chwarter awr i fynd,' meddai dan ei wynt.

Roedd o wedi dechrau siarad Cymraeg â fi; mwy na

thebyg oherwydd ei fod yn gwybod na fyddai'r rhan fwyaf o'i westeion yn medru ei ddeall.

'Amser am un *quickie* olaf.' Cododd ei ben ac edrych arnaf yn lled obeithiol. 'Allen ni bicied i'r stablau?'

Edrychodd i fyw fy llygaid. Doedd o ddim yn tynnu coes.

Yn y chwe blynedd ers i mi gychwyn yn y rôl roedd modrwyau wedi mynd ar goll, priodferch wedi llewygu, ci wedi piso ar goes y priodfab, a hyd yn oed gwas priodas wedi cyfaddef yn dawel ei fod o'n torri ei galon am iddo garu'r briodferch ers iddyn nhw fod yn yr ysgol uwchradd. Ond doeddwn i erioed wedi profi priodfab yn cynnig cyfathrach rywiol chwarter awr cyn cychwyn y seremoni. Doedd dim byd ar y cwrs hyfforddi i fy mharatoi at y fath beth. Daliais i syllu i lygaid Darren. Edrychodd yntau i fyw fy llygaid yn ei ffordd feiddgar. Oedd, roedd o ddifri.

'Nerfau sy'n siarad,' meddwn yn oeraidd, gan droi fy mhen i edrych allan dros y gwesteion.

'Dim ond *banter* dio,' atebodd, gyda rhyw gryndod od yn ei lais. 'Fyse'r rhan fwyaf o ferched yn falch o'r cyfle.'

'Dim diolch,' dwedais, ac roedd y tawelwch rhyngom ni'n boenus o letchwith. Doedd hi ddim yn bosib iddo adael, ond camodd yn ôl fel nad oedden ni'n sefyll ochr yn ochr â'n gilydd.

Roedd yn dal i wrido ddeng munud wedyn, ond ni allaf ddweud ai embaras neu ddicter oedd yn gyfrifol. Dim ond pan welodd Maxine yn camu allan o'r drol siâp pwmpen y gwelais ei groen yn dychwelyd at ei liw arferol, mwy na thebyg am ei fod o wedi gwelwi rhyw ychydig. Yr eiliad honno, gwelais y cyfan yn glir: doedd Darren ddim am ei phriodi hi. Yn ffodus i Darren, ni welodd neb yr amheuaeth yn ei lygaid, am fod pawb yn ddieithriad wedi eu syfrdanu gan harddwch Maxine.

Edrychai Maxine fel cymeriad allan o stori dylwyth teg mewn ffrog a wnaed yn unswydd ar ei chyfer, a mantell o felfed coch am ei hysgwyddau gwyn. Gweddai'r thema 'gaeaf hudol' iddi'n berffaith, wrth i'r eira a'r arian amlygu ei chroen golau a'i llygaid gleision disglair. Gwisgai goron arian yn ei gwallt hir, a disgleiriai cannoedd o ddiemyntau ar ei gwisg fel sêr ym mhelydrau gwan yr haul.

Fuodd y tywydd yn garedig a'r gwresogyddion a oedd wedi eu gwasgaru ar hyd y lle yn golygu nad oedd angen i bobl wisgo eu cotiau yn ystod y seremoni ei hun. Tynnodd Maxine ei mantell, gan ei phasio i was bach mewn gwisg hen ffasiwn. Oedodd am eiliad er mwyn i'r ffotograffydd dynnu llun ohoni yn mwytho'r ferlen wen, ac yna cerddodd yn araf ac yn urddasol â'i phen yn uchel, fel brenhines yr iâ. Roeddwn i'n hanner disgwyl gweld Mr Tumnus a'i ymbarél yn cuddio ar waelod yr ardd.

Cwta oedd y seremoni, yn ôl cyfarwyddyd Maxine. Mae'n rhaid i mi gyfaddef, gobeithiwn y byddai rhywun yn camu ymlaen ar y funud olaf i wrthwynebu'r briodas, er lles y ddau ohonyn nhw. Ond ddwedodd Darren yr un gair heblaw am 'ydw', ac o fewn dim roeddwn i'n datgan y geiriau, 'Fe gewch chi gusanu'r briodferch'. Trodd Maxine ei boch at Darren rhag ofn iddo ddifetha ei minlliw coch perffaith. Pigiad o gusan gafodd hi gan ei gŵr newydd.

Trodd Maxine ataf fi. 'Diolch am bopeth, Gwaaaawyr,' meddai. 'Mae'n bechod na chest ti rywun proffesiynol i wneud dy wallt a dy golur, ond medrwn ni wastad ddefnyddio Photoshop.' Safwn yno'n gegrwth, heb syniad sut i'w hateb hi. 'Wel, wyt ti angen unrhyw beth arall gennym ni?' Er ei bod yn gwenu, roedd ei hystyr yn glir: roedd yn amser i mi fynd. Ac am unwaith, roeddwn i'n ddiolchgar i gael ffoi yn ôl at fy Peugeot bach a throi am adref. Gwnaed pethau'n anoddach o lawer gan y nifer fawr o geir drudfawr wedi eu parcio'n ddifeddwl ar hyd y buarth.

Dyna ryddhad oedd cyrraedd adref a chael ffeirio fy ffrog am hen bâr o jîns, a chael treulio fy noson yng nghwmni'r clwb darllen. Gwell ffa ar dost yn lolfa Tanya na phryd *haute cuisine* ym mhalas iâ Maxine.

Efallai fod 'clwb darllen' yn ddisgrifiad rhy uchelgeisiol o'n criw. Unwaith bob mis byddem ni'n mynd i dai ein gilydd i swpera, yfed gwydriad bach a mwynhau ambell lyfr. Sefydlwyd CDCRC (Clwb Darllen Cymraeg Rhuddlan a'r Cyffiniau) gan Tanya ar ôl iddi roi'r gorau i fynychu gwersi Cymraeg i Oedolion. Gan ei bod hi bellach yn siaradwr hyderus, teimlai nad oedd pwrpas iddi ddal ati gyda'r gwersi, ond roedd hi am barhau i siarad yr iaith gyda rhywrai heblaw ei phlant. Perswadiodd ei ffrindiau Cassie a Megan, dysgwyr hyfedr eu hunain, i ddechrau darllen nofelau Cymraeg fel bod ganddynt reswm i gyfarfod a siarad Cymraeg efo'i gilydd.

Fi oedd yr aelod olaf i ymuno â'r criw, ar ôl gweld hysbyseb ar dudalen Facebook un o'r mentrau iaith. Roedd y meddyg newydd argymell y byddai diddordeb newydd yn gwneud lles i fi, felly ffoniais Tanya. Bum mlynedd yn ôl oedd hynny, ac wrth gwrs, dydyn nhw ddim yn ystyried eu hunain yn ddysgwyr bellach. Ond yn ystod y pum mlynedd ers sefydlu'r clwb mae Tanya wedi symud i fyw ar fryn Prestatyn, Cassie i'r Wyddgrug a Megan i Abergele. Fi yw'r unig aelod sy'n dal i fyw yn Rhuddlan, felly mae ein diffiniad o 'gyffiniau' yn eang iawn.

Agorwyd y drws gan Tanya, yn hymian alaw 'Here comes the bride'.

'*Here comes the celebrant...*' canai'n uchel, gan wenu'n ddireidus yn ôl ei harfer. 'Sori, na, sut mae'r gân yn mynd? *Duh, duh duh-duh...* dyma'r dathlwr!'

'Gweinydd,' atebais, gan adleisio ei gwên hi.

'Mae "dathlwr" yn siwtio ti'n well,' meddai hi, gan basio gwydriad o win i mi cyn i mi hyd yn oed gael cyfle i dynnu fy nghôt. 'Dyna be ti'n neud – dathlu a neud pobl yn hapus. Ty'd i eistedd, mae Cassie a Megs yn disgwyl amdanat ti. Dwi 'di neud pasta heno.'

Estynnais focs o'r bag. 'Dwi 'di dod â chacen siocled.'

'A lot o *goss* am Maxine Monroe, gobeithio?' Ysgydwais fy mhen, er, mewn gwirionedd, roeddwn i'n ysu am gael rhannu'r baich am gynnig annymunol Darren.

'Sori, ond ti'n gwybod y rheolau am gyfrinachedd.'

'Iawn,' atebodd hi, gan esgus pwdu. 'Bydd rhaid i mi

ddarllen yr hanes yn y papur newydd, fatha pawb arall.'

'Sut aeth pethau?' gofynnodd Megan.

'Iawn. Dwi'n meddwl bod y cleientiaid yn hapus.' Cofiais i'r olwg ar wyneb Darren wrth iddo weld Maxine yn ei ffrog briodas. Roedd y bachgen mor awyddus i osgoi ei phriodi hi roedd o'n fodlon cael ei ddal yn cael *quickie* gyda'r gweinydd priodas.

'Sut mae pethau yn yr ysbyty?' gofynnais i Megan, er mwyn newid y pwnc. Meddyg ydi Megan. Cyfreithiwr ydi Cassie. Gweinydd ydw i. Mae'r cyflythreniad cyfleus yn ei gwneud hi'n hawdd cofio gwaith pawb, heblaw am Tanya. Dydi Tanya ddim yn ffitio'n daclus i'r un bocs. Mae hi'n gweithio mewn cylch meithrin, yn glerc i ddwy ysgol gynradd, yn dysgu ioga ac yn maethu plant o bryd i'w gilydd. Mae wastad yn syndod i mi fod ganddi'r amser i ddarllen o gwbl.

'Dwi am glywed mwy am y briodas ffantastig o ddrud 'ma,' meddai Megan, wrth i Tanya ddechrau cludo platiau llawn pasta o'r gegin.

'Doedd hi ddim gwell na dim gwaeth nag unrhyw seremoni arall dwi wedi'i chynnal – heblaw eu bod nhw wedi gwario mwy ar ddillad ac addurniadau. O, a cheffyl a throl a pheiriant creu eira.'

Ni feiddiais sôn am Maxine a Darren, gan fy mod i wedi arwyddo cytundeb cyfrinachedd yn bygwth cosbau llym. Gwyddwn hefyd fod gan Maxine bresenoldeb cryf ar y cyfryngau cymdeithasol. Roeddwn i wedi elwa yn sgil y cyhoeddusrwydd a ddaeth o gael fy enwi ganddi ar Instagram;

ond gwyddwn hefyd y gallai barddu o fy enw'r un mor hawdd – a fy enw da oedd y peth pwysicaf oedd gen i.

Wrth i ni orffen y pryd gofynnodd Megan, 'Gwawr, wyt ti erioed wedi diflasu ar gynnal priodasau a tithau'n sengl?' Roedd y cwestiwn mor annisgwyl, cymerodd eiliad go lew i mi ei ystyried.

'Ydw... o bryd i'w gilydd.'

'Pam na wnei di ddim ffeindio rhywun, 'ta?' gofynnodd Tanya, ei llygaid yn disgleirio â brwdfrydedd a barodd i mi ystyried y posibiliad bod fy ffrindiau wedi cynllunio'r ymyrraeth hon ymlaen llaw. 'Be 'di dy oed di, tri deg saith? Mae 'na lwythi o ddynion yn chwilio am ferch annibynnol, sengl, gorjys sy heb blant.'

'Ond dwi byth yn cwrdd â'r dynion yna.'

'Achos ti'n gweithio efo cyplau cariadus a dynion gweddw! Rhaid i ti ddechrau chwilio, bod yn *proactive* – yn rhagweithiol! Oes gen ti Tinder ar dy ffôn? Neu Plenty of Fish?'

Cymerais lymaid o win. 'Mae gen i Tinder ar fy ffôn. Meddwl i mi ei lawrlwytho rywdro pan o'n i'n feddw. Dy ddylanwad di!' meddwn, gan giledrych ar Tanya. 'Ond dwi heb gael llawer o negeseuon a sgenna i'm clem sut i'w ddefnyddio fo.'

'Gad i mi ddangos i ti,' meddai Tanya, gan gipio fy ffôn oddi ar ei bwrdd coffi. 'Os ti'n hoffi'r golwg sydd ar rywun rwyt ti'n... beth ydi *swipe* yn Gymraeg? Ti'n sweipio i'r dde. Os ti ddim yn hoffi'r llun, ti'n sweipio i'r chwith... ac yna ti'n cael neges gan y dynion sy wedi sweipio ti i'r dde...'

'Gawn ni droi at y nofel?' dwedais, gan dynnu'r ffôn o afael Tanya. Y gwirionedd oedd mod i'n deall yn iawn sut i ddefnyddio Tinder. Diffyg awydd oedd y rheswm mod i heb ei ddefnyddio.

'Syniad da,' meddai Megan, gan godi ei chopi o'r nofel. 'Pwy sydd am gychwyn heno?'

Drwy'r nos medrwn glywed fy ffôn yn dirgrynu wrth i mi dderbyn negeseuon gan y dynion roedd Tanya wedi eu 'derbyn' yn ddifeddwl. Penderfynais y byddwn i'n dileu'r ap ar ôl mynd adref.

Cyrhaeddais adref ac roedd neges gan Mam ar y peiriant ateb yn fy ngwahodd i draw am swper drannoeth, a cherdyn diolch gan gleient yn gorwedd ar y mat. Gwenais wrth ddarllen y neges, gan osod y cerdyn yn ofalus uwchben y lle tân gyda'r lleill.

Estynnais fy ffôn o'r bag a sylweddoli fod gen i bum hysbysiad gan Tinder. Doedd gen i ddim bwriad ateb yr un ohonyn nhw, ond aeth fy chwilfrydedd yn drech na mi. Edrychai'r ail enw yn gyfarwydd... na, doedd bosib... Rhywun a edrychai'n debyg iddo, siŵr o fod... ond na, fo oedd yno, ar noson ei briodas! Yn fy llaw daliwn neges gan neb llai na Darren y priodfab:

Haia sxy. Pam nes t adael mor gyflym ar ôl y seremoni?

Danfonais ymateb:

Ydi dy WRAIG yn gwybod bod ti ar Tinder ar noson
eich priodas?

Cwta bum munud wedyn derbyniais ymateb ganddo:

> Priodas PR. Ti'n gwybod hynny'n iawn.
> Ni ddim hyd yn oed yn byw efo'n gilydd.
> Does dim ots ganddi hi be dwi'n neud cyn belled
> ei bod hi'n aros yn enwog. Felly... be am t + v?
> Unwaith i mi gyrraedd adre o'r mis mêl?

Prin eiliad wedyn, fflachiodd llun ar y sgrin – llun roedd o'n amlwg wedi ei dynnu rywbryd arall, achos gwisgai grys-T pêl-droed, a dim byd arall. Doedd o ddim yn dangos ei wyneb, ond am ryw reswm dewisodd wisgo lliwiau ei dîm Ewropeaidd. Roedd yna neges arall ynghlwm wrth y llun:

> T'n gwbod t isio llyfu'r lolipop.

Ych a fi. Ych. A. Fi. Ych, ych, ych. Fues i'n ffodus i gyrraedd tri deg saith oed heb dderbyn yr un *dick pic*, ond os mai dyma oedd 'fflyrtian' yn yr oes ddigidol byddwn i'n aros yn sengl, achos doedd dim siawns y byddwn i'n gyrru lluniau ohonof fi'n hun yn noeth at rywun doeddwn i prin yn ei adnabod. Teimlwn yn frwnt ar ôl gweld y llun, ac yn flin gyda Darren am fy ngorfodi i'w weld felly. Cliciais y botwm dileu, cefais wared ar fy nghyfrif ac yna chwynnu'r ap o'r ffôn heb drafferthu ymateb iddo.

Er i mi orfod gweld pidyn pitw Darren, syrthiais i gysgu'r noson honno mewn gwell hwyliau na fues i ynddyn nhw am sawl diwrnod. Roedd hynny, yn eironig braidd, diolch i'r hunlun afiach. Roedd Tanya yn iawn – weithiau mae gweithio â chyplau cariadus yn medru gwneud i ti deimlo'n unig. Gwnaeth y *dick pic* fy atgoffa nad ydi bywyd yn fêl i gyd, hyd yn oed i'r cyplau mwyaf cyfoethog, golygus a thalentog yn ein plith. Well gen i fod ar fy mhen fy hun nag yn briod â rhywun sydd ddim yn fy mharchu i. Ond eto, doedd dim angen i mi gael fy atgoffa o hynny.

3.

Aaron

(2017) (ii)

Dwi am i ti fod yn hapus.

Dwi am i ti fod yn hapus. Dwi am i ti lenwi dy galon gyda theimladau o ryfeddod, dewrder a gobaith.

Dwi am i ti brofi y math o gyfeillgarwch wnei di ei drysori, a chariad hardd hirhoedlog. Dymunaf fodlonrwydd i ti: y math o fodlonrwydd melys a thawel sydd byth yn pylu.

Gobeithiaf y cei di obeithion, ac y cânt eu gwireddu. Dymunaf i ti ddeall pa mor unigryw a phrin yr wyt ti. Er y bydd yr haul yn diflannu o bryd i'w gilydd, daw eto haul ar fryn.

Dwi am i'r geiriau a glywi di ddweud yr hyn mae angen i ti'i glywed. Dwi am i ti weld wyneb siriol bob tro ei di heibio i ddrych.

Dymunaf i ti'r gallu i weld dy holl brydferthwch. Dymunaf i ti freuddwydion melys. Dymunaf i ti'r teimlad dy fod am ddawnsio a chanu a chwerthin yn uchel. Dymunaf i ti'r gallu i wneud yr amseroedd anodd yn well, a'r amseroedd da yn well fyth.

O, am gael ffordd i gyfleu i ti'r holl ffyrdd yr wyt ti mor bwysig i mi.

Cyfieithiad o 'I want you to be happy' (Anhysbys)

43

Gyrrais i Abersoch i gwrdd â Clarissa a Henry, gan edrych ymlaen yn fawr at gael cyfarfod â nhw yn y cnawd o'r diwedd. Roedd hi'n dipyn o daith i Abersoch, ond ychydig iawn o weinyddion sy'n cynnal seremonïau enwi; a gan mai fi yw un o'r ychydig rai sy'n ddwyieithog roedd Clarissa a Henry yn fodlon talu costau teithio i gael fy ngwasanaeth. Fel arfer, teimlwn ychydig yn swil a nerfus wrth gyfarfod â theulu wyneb yn wyneb am y tro cyntaf, ond ar sail ein sgyrsiau ffôn hir, hamddenol a niferus, mi gerddais i at y drws ffrynt yn teimlo mod i ar fin cyfarch hen ffrindiau. Mor niferus oedd yr e-byst a'r lluniau a ddanfonwyd gan y fam falch, teimlwn fel petawn i'n adnabod y teulu yn barod. Roedd Clarissa yn byrlymu â syniadau i ddathlu dyfodiad ei mab – yn wir, yr her fyddai ei rhwystro hi rhag ceisio cynnwys gormod yn y seremoni.

Ceisiodd Henry a Clarissa Smythe-Williams gychwyn teulu am ddegawd a mwy cyn derbyn na fyddai triniaeth IVF yn gweithio iddyn nhw. Cymerodd rai blynyddoedd iddyn nhw fynd drwy'r broses fabwysiadu, ond o'r diwedd roedd ganddyn nhw fab bach o'r enw Aaron. Eglurodd Clarissa na chafodd hi a Henry y profiad o 'ddod adref o'r ysbyty' ac felly roedd y ddefod enwi yn ffordd o gyflwyno Aaron yn swyddogol i'w holl deulu a ffrindiau. Cymerais swp o nodiadau wrth i ni sgwrsio ar y ffôn, ac roeddwn i wedi adnabod sawl cerdd a darlleniad yn ymdrin â mabwysiadu a fyddai'n addas i'w cynnwys yn y seremoni.

Cnociais ar ddrws eu tŷ, a gwelais ffigwr yn symud y tu

ôl i'r gwydr barugog. Disgwyliais am ryw funud cyn curo eto. Symudodd y ffigwr a chlywais gi yn cyfarth. Roedden nhw'n amlwg yna, ac yn ymwybodol mod i y tu allan, felly pam peidio ag agor y drws? Oeddwn, mi oeddwn i wedi mynd i'r cyfeiriad cywir – roeddwn i wedi ei nodi'n glir yn fy nyddiadur. Tynnais fy ffôn lôn o 'mhoced, gan geisio penderfynu a ddylwn i ffonio Clarissa ai peidio. Yna, o gornel fy llygad, gwelais lenni'r lolfa yn symud rhyw fodfedd – roedd rhywun yn sbecian arnaf yn slei bach. Penderfynais roi un cynnig arall ar gnocio cyn ffonio – wedi'r cwbl, roeddwn i wedi teithio am dros awr i fod yma.

Gyda hynny, agorwyd y drws a daeth dyn allan i'r portsh. Rhaid ei fod o yn ei bedwardegau hwyr, ond roedd yna rywbeth hen ffasiwn a ffyslyd am ei ddillad a wnâi iddo edrych yn hŷn na hynny.

'Mr Smythe-Williams?' gofynnais.

'Ie,' atebodd yn swta, yn methu'n lân â chodi ei lygaid i gwrdd â fy rhai i. 'M...Mae gen i ofn na fydd angen dy wasanaeth arnom ni. Diolch am ddod ond...'

Safai yno yn edrych ar ei draed, fel petai o'n disgwyl i mi droi a'i heglu hi fel cath neu gi. Rhaid eu bod nhw wedi bwcio gweinydd arall ac wedi anghofio amdanaf fi. Dyna'r rheswm dros ei embaras! Yna, bownsiodd dynes â therfysg o gyrliau melyn allan o'r tŷ.

'Does dim pwynt ceisio newid ein meddyliau!' meddai hi'n ffyrnig. 'Dwi'n synnu fod gennyt ti'r fath wyneb!' Ai'r teigr yma oedd Clarissa, y ddynes gyfeillgar fuodd mor barod i rannu ei stori efo fi? 'Dwi'n ffrind i Maxine, wyt ti wir yn meddwl fyswn i'n ei bradychu hi fel hyn?' Rŵan roeddwn i'n gegrwth, a heb glem beth oeddwn i wedi'i wneud i haeddu'r fath ymateb. 'Cer o 'ma, a phaid â dod yn ôl!'

Gyda hynny, caeodd ddrws y portsh yn glep yn fy wyneb a brysiodd hi a'i gŵr yn ôl i'r tŷ, a 'ngadael i'n sefyll yna yn goch fel betysen.

Curais yn ysgafn ar y drws unwaith eto, gan obeithio derbyn eglurhad o ryw fath gan Clarissa – ond ddaeth neb at y drws yr eilwaith. Clywais gri babi a llais Clarissa yn canu hwiangerdd mewn ymgais i'w suo. Doedd dim amdani ond mynd yn ôl at fy nghar a gyrru am adref. Beth wnes i i haeddu'r fath driniaeth?

Wrth i mi danio injan y car clywais fy ffôn yn datgan bod gen i neges destun newydd. Na, roedd gen i ddwy neges – un gan Mam, ac un gan Tanya hefyd:

Wyt ti wedi gweld y papurau newydd heddiw?

Na, Mam, doeddwn i ddim wedi gweld y papurau. Pam gofyn, os nad oeddet ti am egluro'r rheswm? Yna darllenais neges Tanya a daeth popeth yn eglur:

OMB, OMB G! Serious shit. Sbia ar hwn!

Cliciais ar un o'r dolenni roedd hi wedi eu rhannu, a theimlwn fel cyfogi. O, na, na, na... Llun o briodas Maxine a Darren, ac o dan y llun roedd y pennawd:

CELEBRANT TRIED TO STEAL
SOAP QUEEN'S GROOM ON NIGHT OF WEDDING.

Cymerodd yr wybodaeth oes i'w llwytho ar y sgrin. Dwedai'r erthygl fod gan 'cheating love rat Darren' gyfrif Tinder a ddefnyddiodd i dwyllo Maxine. Rhaid bod y twyll eisoes yn digwydd cyn y briodas, achos roedd yna gyfeiriad at 'gariadon'; ond dewisodd Maxine ganolbwyntio ar y ffaith iddo gael ei ddal yn fflyrtian gyda merched eraill ar ddiwrnod eu priodas. Roedden nhw wedi gwahanu, a Maxine wedi mynd â ffrind benywaidd efo hi ar y mis mêl.

Wrth i'r anghrediniaeth a'r arswyd gynyddu, darllenais ymlaen:

> Darren was caught sending explicit pictures to wedding celebrant Gwawr Taylor, only hours after Gwawr performed the marriage ceremony. Gwawr responded in kind...

Oedd y newyddiadurwr yn dwp a heb ddeall ystyr *'in kind'*, neu ai Maxine oedd wedi gorliwio pethau? Do, danfonais un ymateb swta, ond doedd yna ddim lluniau noeth ohonof fi yn bodoli ar y we – roeddwn i'n bendant ynglŷn â hynny. Ond yn rhan o'r erthygl roedd llun ohonof fi yn cynnal y briodas, ac roedden nhw wedi enwi fy nghwmni hefyd. Teimlwn yn sâl wrth feddwl bod y papur newydd wedi cyhoeddi'r stori heb wirio'r ffeithiau na rhoi cyfle i mi ymateb i'r honiadau efo'r gwirionedd.

Neidiodd geiriau allan o'r testun:

'I knew she was jealous of me,' said former soap actress and beauty queen, Maxine Monroe, aged 28. 'She wanted to take what was mine.'

Sut wyddai hi hynny? Oedd ganddi hi unrhyw berthynas o gwbl â'r gwirionedd? Doeddwn i ddim yn genfigennus, nac yn dymuno dwyn Darren chwaith, ac roeddwn i'n hyderus nad oedd yna ddim byd yn fy ymddygiad i gefnogi ei honiad gwirion. Dim ond i mi egluro amgylchiadau'r briodas byddai pethau'n iawn unwaith eto!

Gyrrais adref mewn rhyw fath o berlewyg, yn ceisio dychmygu sut ddiawl y chwyddodd nacâd cwrtais i fod yn berthynas *sexting* gyda Darren. Yn syth ar ôl cyrraedd fy nhŷ, brysiais i fyny'r grisiau at y gliniadur. Ffoniais Maxine yn gyntaf, ond wrth gwrs, ni dderbyniodd hi'r alwad. Yna, ffoniais swyddfa'r papur newydd a gofyn am gael siarad â'r golygydd.

'Mae o'n brysur,' dwedodd yr ysgrifennydd yn ei ffordd ddifater. 'Pwy sy'n galw, plis?'

'Rhywun a gafodd ei pharدduo gan ei bapur newydd o!' poerais. 'Os ydi o'n brysur dwi am siarad â'r newyddiadurwr a sgrifennodd yr erthygl.'

Cefais fy nhrosglwyddo at berson arall, dim ond iddo ef ddiweddu'r alwad cyn i mi fedru cyflwyno fy hun. Ffoniais eto, ac ar ôl i mi orfod egluro'r holl beth wrth ysgrifennydd arall, llwyddais i siarad â'r newyddiadurwr. Eglurais y sefyllfa wrtho mewn ffordd gryno a digyffro, er fy mod i'n crynu gan ddicter.

'Be oeddet ti'n ei olygu wrth "caught sending explicit pictures to wedding planner Gwawr Taylor, who responded in kind"?' gofynnais. 'Ddanfonais i ddim byd o'r fath!'

'Wel, gwelais i'r lluniau,' meddai'n haerllug.

'Nid lluniau ohona i ydyn nhw!'

'Gwranda, gweles i luniau pornograffig a llwyth o negeseuon ar ffôn Darren ac roedd hynny'n dystiolaeth ddigonol i fwrw ymlaen â'r stori...'

'Ond nid y fi sydd yn y lluniau yna! Danfona nhw draw i mi gael gweld...'

'Dim gobaith. Dwi 'di cael pobl yn chwarae'r hen dric 'na er mwyn cael eu dwylo nhw ar dystiolaeth cyn heddiw...'

'Na, gwrandawa di – FI ydi Gwawr Efa Taylor o'r stori, ac mi fedra i ddanfon llun fy mhasbort i brofi hynny os oes angen. Mae rhywun yn esgus mai fi ydyn nhw, ac mae gen i'r hawl i weld y "dystiolaeth" ac i gael gwybod pwy ddanfonodd y negeseuon yna!'

Newidiodd ei dôn pan sylweddolodd mod i o ddifri.

'Sori, Gwawhr... G-wow-yr... Ms Taylor, ond ga i ddim rhannu'r lluniau. Rheoliadau GDPR.'

'Felly ar un llaw wnei di barchu diogelwch data Maxine Monroe ond ar y llaw arall rwyt ti'n fodlon cyhoeddi stori ddi-sail sydd am ddinistrio fy ngyrfa i?'

'Os wyt ti'n gallu profi ein bod ni'n anghywir, cofnoda bopeth yn ysgrifenedig a danfona dy dystiolaeth draw at y golygydd. Bosib nawn ni gyhoeddi ymddiheuriad. Dyna'r gorau fedra i gynnig.'

'Ond mae rhywun wedi danfon lluniau noeth at Darren gan esgus mai fi ddanfonodd nhw – dech chi wedi argraffu celwyddau di-sail. Does gennych chi ddim diddordeb o gwbl yn y gwir?'

'Sori... Yli, mae 'na alwad ar y lein arall. Rhaid i mi fynd.'

Eisteddais wrth fy nesg yn crio dagrau o rwystredigaeth. Ar ôl i mi dawelu rhyw ychydig, gwnes i'r hyn awgrymodd y dyn a chyflwyno'r gwirionedd i Maxine a'r golygydd ar bapur. Ches i ddim ymateb gan yr un o'r ddau. Roedd hi'n ymddangos nad oedd ganddyn nhw ddiddordeb yn y gwir; ond hyd yn oed petawn i'n medru gweld y lluniau neu ganfod pwy oedd y tu ôl i'r weithred faleisus, gwyddwn fod y niwed eisoes wedi ei wneud. Roedd y stori yn y papurau ac ar y we, ac ar gael i fy nghleientiaid a'm darpar gleientiaid ei darllen.

Y prynhawn hwnnw ges i neges gan Lois a Dyfan (Gorffennaf 23ain) yn egluro nad oedden nhw am i fy 'enwogrwydd' dynnu sylw oddi arnyn nhw, felly roedden nhw am ofyn i ffrind gynnal y briodas – ond roedden nhw'n fodlon i mi gadw'r blaendal. Digon teg. Ond yna, ges i ddau gleient arall yn canslo; Catherine a Leone (Awst 15fed) yn mynnu fy mod i'n ad-dalu'r blaendal am fy mod i wedi torri'r cytundeb trwy 'ymddwyn mewn modd amhroffesiynol', ac Angharad a Deian (Mehefin 22ain) yn dweud eu bod nhw wedi 'ailfeddwl' ac am briodi yn y capel.

Ar ben hynny roedd gen i bum cyfarfod cychwynnol yn fy nyddiadur, a chanslwyd pedwar o'r rheini gan y cyplau o fewn wythnos. Dwedodd y bumed briodferch y dylwn i fod yn ddiolchgar ei bod hi'n dal yn fodlon rhoi cynnig ar weithio efo fi, ac am y rheswm hwnnw roedd hi am 'drafod fy ffi'. Yn hytrach na'r £800 arferol, roedd hi am dalu £200. Fi ganslodd y cyfarfod hwnnw. Wyth priodas wedi eu canslo mewn pythefnos. Dros chwe mil o bunnoedd, traean o fy enillion am y flwyddyn wedi diflannu i'r ether, a dim gobaith adennill y pres. Roedd fy nyddiadur yn wag. Be fedrwn i wneud i adfer y sefyllfa?

Wel, wrth gwrs, cysylltais â Maxine a'r papurau newydd eto ac eto i geisio egluro'r hyn oedd wedi digwydd mewn gwirionedd. Daliodd Maxine i anwybyddu fy ngalwadau a'm e-byst, a'r cwbl a wnaeth y papurau newydd oedd cyhoeddi rhyw linell yn dweud fy mod i'n 'gwadu'r honiadau yn llwyr'. Efallai, petawn i wedi bod yn wraig i ryw bêl-droediwr neu'n actores neu'n gantores fy hun, y buasen nhw wedi bod yn fodlon cynnig platfform i mi wrthbrofi'r honiadau; ond gan eu bod nhw eisoes wedi gwerthu eu papurau doedd ganddyn nhw ddim diddordeb mewn parhau â'r stori a doedd dim modd i mi brofi fy mod i'n ddieuog.

Daeth Cassie a Tanya draw i'm cysuro – Tanya i ddarparu cwtsh a jin, a Cassie i ddrafftio datganiad swyddogol yn gwadu'r honiadau.

'Pam fyse rhywun yn dewis neud hyn?' criais yn ddigalon. 'Be mae hi'n gobeithio'i gael drwy rannu ei phroblemau priodasol fel hyn?' Rhwbiodd Tanya fys a bawd gyda'i gilydd.

'*Moolah*,' meddai.

'Sylw,' ychwanegodd Cassie.

'Ydi Maxine mor wirioneddol ddesbret am bres a sylw â hynny, chi'n meddwl?'

'Ydi,' atebon nhw fel parti cydadrodd.

'Synnwn i daten ei bod hi wedi trefnu'r briodas gyfan fel ffug briodas, er mwyn cael ei hun yn y papurau newydd unwaith eto,' meddai Cassie. 'Dim ond ers blwyddyn fuon nhw gyda'i gilydd, yn ôl pob sôn.'

'Dyna be ddwedodd Darren wrtha i,' atebais yn ddigalon.

Cofiais ein cyfarfodydd cynllunio – cyn lleied roedd Maxine a Darren yn ei wybod am ei gilydd, cyn lleied o ddiddordeb oedd ganddyn nhw yng ngeiriau'r seremoni ei hun. Ges i'r teimlad bod y ddau ohonyn nhw wedi fy nefnyddio at eu dibenion eu hunain.

Ychwanegodd Tanya, 'Tybed ai Maxine ffugiodd y lluniau ei hun, er mwyn cyhoeddusrwydd?'

Dyna pryd roedd yn rhaid i mi sôn wrthyn nhw fod Darren wedi cynnig *quickie* i fi yn y stablau. Ai 'cheating love rat' naïf a gwirion oedd o, neu ran o gynllun i ddod yn enwog am eu helyntion carwriaethol?

'Cynllwyn i aros yn llygad y cyhoedd,' cytunodd Tanya yn sinigaidd. 'Ymhen chwe mis byddan nhw'n datgan eu bod nhw'n rhoi cynnig arall ar y berthynas, ac ymhen blwyddyn arall byddan nhw'n disgwyl ac yn gwerthu lluniau o'r *baby shower* a'r bedydd a'r babi druan i'r papurau. Does gan yr un ohonyn nhw fawr o dalent, mae ei yrfa fel pêl-droediwr bron ar ben, ac ân nhw fyth i weithio mewn swyddi go iawn... rhaid iddyn nhw ennill eu crystyn mewn rhyw ffordd, yn'd oes?'

'Diolch am neud i mi deimlo'n well,' atebais yn sur.

Rhannais ddatganiad ar fy nghyfrifon cymdeithasol personol a busnes yn gwrth-ddweud pob cyhuddiad gan Maxine, ond ni wnaeth unrhyw wahaniaeth o gwbl. Ges i gydymdeimlad gan lond llaw o aelodau 'nheulu a'm ffrindiau, ond gydag ambell i 'ffrind' hefyd yn ychwanegu sylwadau fel, *Heb newid dim, Gwawr!* ;-)

Efallai mai algorithmau Facebook a Twitter oedd yn gyfrifol am fwydo Maxine a Darren i fy llinell amser o hyd, ond teimlai fel petai'r byd a'r betws yn trafod y 'briodas'. Ceisiais anwybyddu'r straeon a ymddangosai ar y cyfryngau cymdeithasol a'r tudalennau 'newyddion' o anfri, ond o fewn ychydig ddyddiau daeth hynny'n beth amhosib i'w wneud. Roedd fy enw allan yn y pau cyhoeddus, a Maxine wedi cydnabod fy nghyfrif busnes mewn sawl neges ar Instagram. Roedd hi am dynnu sylw pawb at 'fy nghamwedd' a 'nghywilyddio i'n gyhoeddus. Roedd yn rhy hawdd i'w dilynwyr gysylltu â mi er mwyn mynegi eu hanfodlonrwydd â'r sefyllfa. Yn syml, roedden nhw am fy ngwaed i.

Defnyddiwn y cyfryngau cymdeithasol at ddibenion marchnata'n unig. Roeddwn i wedi meithrin delwedd ddigidol gyfeillgar (ond ddim yn orgyfeillgar): yn gynnes ond yn broffesiynol, efallai ychydig yn gorfforaethol. Doedd yna'r un sylw na neges ar-lein gennyf fi y byddai pobl yn ei hystyried yn ddadleuol neu'n amhriodol. Ond roedd y werin allan gyda'u picffyrch a'u ffaglau, yn cyfarth am fy ngwaed. Llenwyd fy nghyfrifon â sylwadau; fy mod i'n *home-wrecker*, *slag, liar, a fuckin disgrace*, ac ati. Un o'r rhai lleiaf ymosodol oedd: *You need to get some morals and some more vowels for your name. You are an utter disgrace. Hope you never work again!* Mynegodd eraill eu teimladau drwy yrru negeseuon yn uniongyrchol i fy mlwch e-bost – mwy o'r uchod, ond gydag ambell fygythiad yn ateg i'r sarhad. Roeddwn i wedi pechu pobl o'r blaen, ond heb brofi dim byd tebyg i'r casineb torfol hwn.

Synnwn at sut allai cannoedd neu filoedd o bobl dderbyn fersiwn Maxine fel yr efengyl ac ymosod arnaf fi, rhywun nad oedden nhw yn ei hadnabod o gwbl, mewn ffordd mor giaidd. Dros nos, trodd fy ffôn a'r gliniadur o fod yn declynnau a ganiatâi i mi gysylltu â 'nghwsmeriaid i fod yn llifddor i lif o gasineb halogi fy nghartref. Doedd hi ddim yn ddigon eu diffodd a'u rhoi o'r neilltu. Teimlwn eu presenoldeb, fel petai gwenwyn dilynwyr Maxine yn treiddio drwy'r plastig ac yn tywyllu'r aer o'u cwmpas. Roedd yn rhaid i mi eu gosod nhw yn y cwpwrdd a chau'r drws a'i gloi hefyd.

Mam ffoniodd i sôn am yr adolygiadau ffug ar Google Reviews – cannoedd ohonynt, yn ddienw (wrth gwrs), ac yn hollol anwir. Boddwyd y geiriau caredig dderbyniais i gan fy ngwir gleientiaid dan don o gelwyddau. Gweithiodd Mam a Dad yn ddiflino i fynd i'r afael â nhw, ond bu eu hymdrechion yn gwbl ofer. Byddai'n rhaid i ddarpar gleient eistedd a phori drwy restr hirfaith o adolygiadau 1* cyn darllen un peth cadarnhaol am fy ngwasanaethau. Teimlai fel petai yna robot yn rhywle yn rhwym i gyfrifiadur, yn gwneud dim byd heblaw cynhyrchu ffug adolygiadau.

Es i at yr heddlu i weld a oedd unrhyw beth allen nhw ei wneud ynglŷn â'r ymgyrch torfol i bardduo fy enw da a 'musnes. Doedd ganddyn nhw fawr o gyngor i'w gynnig heblaw am ddal ati i geisio chwynnu'r adolygiadau ffug, ac i gadw cofnod o unrhyw fygythion personol. Doedd ganddyn nhw fawr o ddiddordeb chwaith yn fy namcaniaeth fod rhywun wedi creu ffug gyfrif ar Tinder er mwyn danfon lluniau anweddus at Darren. Gofynnais iddyn nhw gysylltu â'r newyddiadurwr neu olygydd y papur newydd i ofyn am gopi o'r lluniau pornograffig, ond ni wnaethon nhw hynny er i mi daeru nad fy nghorff i oedd yn y lluniau a anfonwyd at y wasg. Petasai lluniau ohonof fi wedi cael eu danfon gan gyn-gariad yna byddai'r achos wedi cael ei drin yn un o porn dialgar; ond eglurais wrthyn nhw nad oedd yn bosib bod lluniau noeth ohonof fi yn bodoli yn unman. Doedd neb wedi fy ngweld i'n noeth ers pum mlynedd a mwy! Doedd gen i ddim clem pwy oedd bia'r corff yn y lluniau, ond roedd rhywun wedi fy nynwared i ar-lein er mwyn ceisio hudo Darren, neu er mwyn achosi strach rhyngddo fo a Maxine. Ond doedd dim ots gan yr heddlu na'r papurau newydd. Er bod y weithred wedi chwalu fy ngyrfa doedd hi ddim yn drosedd, ac ni fyddai'r heddlu'n ymchwilio ymhellach i'r mater.

Diolch i falais Maxine Monroe a'i llu o ddilynwyr dof, mewn llai nag wythnos roedd fy enw'n faw, fy nghwmni'n ddiwerth, pum mlynedd o waith caled wedi eu difetha, a doedd dim byd allwn i wneud i adfer y sefyllfa. Gwingwn bob tro y byddwn i'n clywed y ffôn yn canu. Gorweddwn yn effro gyda'r ribidirês o eiriau enllibus yn corddi yn fy mhen. Dyhëwn am gael cropian i ryw dwll yn ddwfn yng nghrombil y ddaear a gaeafgysgu am flwyddyn a mwy; neu fynd i weithio yn ateb ffonau'n anhysbys mewn rhyw swyddfa brysur. Gwyddwn y byddai pethau'n gwella maes o law, ond gwyddwn hefyd y byddai'r wythnosau, yn wir, y misoedd dilynol, yn rhai tywyll iawn.

'Ceisia anghofio,' anogai Mam; ond roedd yn amhosib i mi anwybyddu'r helynt a achosodd Maxine. Cawn fy atgoffa amdani bob tro y byddwn i'n agor fy nyddiadur gwag neu'n edrych ar fy nghyfrif banc, oedd yr un mor wag.

Eto i gyd, roeddwn i'n anfodlon chwilio am waith amgen. Am flynyddoedd roeddwn i wedi llwyddo i ennill bywoliaeth, ac roeddwn i'n benderfynol na fyddai eleni ddim gwahanol – y cwbl oedd yn rhaid i mi wneud oedd marchnata fy hun, a disgwyl i'r stori fynd yn angof. O leiaf, dyna'r hyn ddwedwn wrthyf fy hun ar gychwyn y sgandal, ond gyda phob wythnos a âi heibio, amheuwn mod i'n twyllo fy hun.

Diolch i fy nghronfa wrth gefn roedd gen i ddigon o gynilion i dalu'r morgais am chwe mis, felly roedd modd cadw'r to uwch fy mhen. Ond erbyn diwedd mis Ebrill roedd yn rhaid i mi ofyn am gael benthyg pres gan Mam a Dad er mwyn cwrdd ag ymrwymiadau eraill. Rhai clên ydi Mam a Dad, a dwedent nad oedd rhaid i mi ad-dalu'r pres (er y gwyddent yn iawn y byddwn i'n gwneud hynny unwaith y byddwn i'n sefydlog eto). Ond cyn-gymhorthydd ysgol feithrin ydi Mam, a chigydd ydi Dad. Doedd ganddyn nhw ddim llawer o bres eu hunain, a gwyddwn na fyddwn i'n medru gofyn am ail fenthyciad.

Yr unig beth i'w wneud felly oedd chwilio am waith cyflogedig. Llwyddais i gael gwaith yn glerc i lywodraethwyr yr ysgol Gymraeg leol, diolch i awgrym gan Tanya – gwaith achlysurol nad oedd yn talu'n arbennig o dda, ond roedd yn well na dim. Ges i angladd, a bron i mi gusanu Iolo druan pan roddodd o'r siec am £200 i mi. Dechreuais werthu fy nillad ac ambell ddodrefnyn ar eBay ac ar dudalennau prynu a gwerthu Facebook, a gweithiodd hynny am sbel nes i Mam sylweddoli a holi a oedd pethau mor ddrwg â hynny'n ariannol. Doeddwn i ddim am iddi boeni'n ormodol, gan fod yna gyn lleied y gallai hi a Dad ei wneud i helpu. Doeddwn i ddim am iddyn nhw ddechrau mynd i ddyled i 'nghael i allan o'r twll roeddwn i wedi disgyn iddo.

Un o'r pethau anoddaf oedd gorfod ffonio Taid i egluro na fyddwn i'n medru dod i'w weld o am wythnos neu ddwy, gan esgus bod fy nghar yn cael ei drwsio yn y garej. Y gwir oedd bod gen i chwarter tanc o betrol ar ôl, ac roedd angen i mi gadw hwnnw at gyfweliadau swyddi. Gawson ni sgwrs ffôn, ond doedd o ddim yr un peth â bod yna yn y cartref gofal a medru rhoi cwtsh iddo fo. Teimlwn yn euog, gan mai dyma'r tro cyntaf i mi fethu mynd i weld Taid ers iddo symud i'r cartref ddwy flynedd yn ôl.

Es i draw i'r Ganolfan Waith i holi a oeddwn i'n gymwys ar gyfer credyd cynhwysol neu ryw fudd-dal arall, ond ges i wybod y byddai'n wythnosau neu fisoedd hyd yn oed cyn y byddwn i'n derbyn unrhyw gymorth, a byddai'r Lwfans Ceisio Gwaith yn gwneud bron dim byd i gadw'r blaidd rhag y drws. Ges i docyn i'w gyfnewid yn fy manc bwyd lleol, a gyda'r cypyrddau'n gwagio es i mor bell â gyrru draw i'r banc yn y Rhyl. Ond wedi camu dros drothwy'r ganolfan gymunedol, trois ar fy sawdl a cherdded allan yn syth. Gwelais ddau o gyfeillion Mam o'r capel yn sefyll rhwng y silffoedd, yn clebran ac yn chwerthin wrth iddynt lwytho bocsys gyda thuniau a phacedi. Dychwelais at fy nghar a gyrru am adref. Bwriadwn fynd yn ôl ar ddiwrnod arall, ond yna cofiais fod un ohonynt, Delyth, yn rheolwr ar y gwasanaeth. Roedd Delyth yn ddynes garedig tu hwnt, ond roedd ganddi un gwendid mawr – roedd hi'n glebren. Gwyddwn ymhen dim o dro y byddai Cymry Cymraeg y dref i gyd yn ymwybodol bod Gwawr, merch John ac Anne, yn ddibynnol ar fanc bwyd. Well gen i wneud y gorau o fy mhrydau tenau na dwyn gwarth ar fy nheulu drwy dderbyn rhoddion.

4.

Betsan

Un bore, codais o 'ngwely a mynd lawr staer i gegin a oedd heb damaid o fwyd ynddi. Am wythnos a mwy roeddwn i wedi bod yn gwagio'r cypyrddau – tun o fecryll a llond llaw o sglodion wedi eu rhewi i swper, *muesli* o 2017 oddi ar silff dop y cwpwrdd, gyda sblash o sudd afal ar ei ben i frecwast; pasta gydag *onion rings* a saws tsili i ginio – ond nawr doedd yna ddim byd ar ôl heblaw poteli saws a jariau o berlysiau sych. Roedd gen i naw punt a phum ceiniog yn fy nghyfrif banc. Byddai'n rhaid i mi ddechrau defnyddio'r cynilion oedd am dalu'r morgais i dalu am fwyd. Doedd dim dewis gen i. Er, o wneud hyn byddwn i mewn peryg o golli fy nghartref.

Eisteddais wrth y bwrdd bwyd â 'mhen yn fy nwylo, yn methu'n lân â chredu y byddai'n rhaid i mi ddewis rhwng bwyta a chadw to dros fy mhen. Roeddwn i wedi gwylio'r rhaglenni niferus ar y teledu a ddangosai feilïaid yn troi teuluoedd allan gan deimlo'n hunanfoddhaus, fel petawn i'n gwylio rhaglen ddogfen anthropolegol am gymdeithas estron. Roeddwn i'n gwybod sut i gadw at gyllideb a sut i gynilo. Roedd gen i arian wrth gefn i fy nghynnal dros fisoedd llwm y gaeaf... Fyddai'r fath beth byth yn digwydd i mi! Ond dyma fi wedi profi gaeaf a gwanwyn llwm a heb gael mwy na phlatiaid o basta ers echdoe. Diolch byth bod Mam wedi fy ngwahodd i draw am swper. Roedd hi wedi fy ngwahodd draw bron yn ddyddiol ers i'r stori ymddangos yn y papurau newydd – i mi gael cyfle i refru a melltithio Maxine, ac yna i lenwi fy mol. O leiaf byddwn i'n cael bwyta unwaith heddiw ond, yn y cyfamser, ymestynnai'r diwrnod yn wag o 'mlaen i.

Roeddwn i wedi ceisio am bob swydd addas. Heb ddim byd arall i'w wneud, penderfynais fynd am dro hir, hir, hir. Dyna un o'r unig bethau fyddai'n llenwi'r oriau ac yn costio dim, a byddai'r ymarfer corff yn gwneud lles i mi hefyd. Yn groes i'r disgwyl, doedd bwyta llai ddim wedi arwain at golli pwysau, achos pan gawn i bryd o fwyd dewiswn y pethau rhataf, mwyaf toeslyd oedd ar gael i mi: pasta, brechdanau, sglodion a lobsgóws.

Gyda fy ffôn a fflasg o ddŵr yn fy mhoced, dechreuais gerdded tua chyfeiriad Bodrhyddan, ac yna heibio'r plasty, drwy Ddyserth ac ar hyd yr hen reilffordd nes i mi gyrraedd pentref Gallt Melyd. Cerddais drwy Goed yr Esgob ac yna dechrau dringo bryn Prestatyn am ogofâu'r pysgod, sef yr hen fwynglawdd ar ochr y mynydd. Wedi i mi gyrraedd fy nod a sbecian i dywyllwch yr ogof, penderfynais fod gen i ddigon o egni i ddal ati a dringo'r llethrau serth yr holl ffordd i ben y bryn. Roedd y llwybrau yma'n gwbl newydd i mi, a braf oedd ymgolli yng ngwyrddni'r goedwig.

Ar gychwyn y daith herciodd fy meddyliau'n aflonydd o un broblem i'r llall, ond ar lethr y mynydd boddwyd fy mhryderon yn nhrwch y llystyfiant, a thawodd y llais mewnol beirniadol a checrus, a gwrando ar ganu'r adar. Cofiais rywun yn siarad am 'gael doethineb o'r coed', a'r tro nesaf i mi oedi i ddal fy ngwynt, cydiais yn fympwyol mewn boncyff cyfagos a rhoi fy nwy fraich yn dynn amdano. Yn sicr nad oedd yna neb o gwmpas, pwysais fy moch yn erbyn y rhisgl garw a chaeais fy llygaid yn dynn.

Yna, clywais rywbeth yn symud yn y prysgwydd. Agorais fy llygaid a chamu'n ôl o'r goeden yn sydyn. Yn rhy sydyn, fel mae'n digwydd, achos doedd y pridd dan fy sawdl ddim yn solet, a chyn i mi fedru gwneud dim roeddwn i wedi disgyn ar fy nghefn gyda gwich a dechrau rholio'n ôl i lawr y llwybr. Llwyddais i atal fy hun rhag disgyn yn rhy bell. Wrth godi ar fy eistedd profais fy nghoesau'n ofalus i sicrhau nad oeddwn i wedi troi fy ffêr na thorri asgwrn. Yr unig beth a frifais oedd fy mhen ôl wrth i mi lanio ar frigyn. Roeddwn i mewn lle mor anghysbell roedd hyd yn oed fy urddas yn ddiogel. Ond fuodd y cwymp yn sioc, ac wrth edrych ar fy nwylo sylweddolais mod i'n crynu'n ddireolaeth. Doedd gen i ddim i'w golli drwy eistedd yng nghanol y llwybr am ychydig o funudau i dawelu ac i ddod dros fy mraw... Ac ew, roedd fy mhen ôl yn brifo.

Llanwyd fy llygaid â dagrau o hunandosturi. Dechreuais grio'n uchel. Criais am fy mod i'n teimlo'n ddiymadferth. Criais am fod pethau mor annheg, am fy mod i'n cael fy nghosbi am rywbeth na wnes i mohono. Criais am fod fy mywyd yn segur ac yn llwyd ac yn ddibwrpas; am fy mod i'n newynog, yn benysgafn, a filltiroedd o adref.

Yna, clywais sŵn arall o'r prysgwydd uwchlaw. Trois fy mhen i gyfeiriad y sŵn, a neidiodd sbaniel bach i ganol y llwybr.

'Helô,' sibrydais, gan gynnig fy llaw iddi. Daeth i snwffian, cyn rhedeg i gyfeiriad ei pherchennog. Gwelais bâr o esgidiau mynydda mwdlyd a throwsus *combat* gwyrdd yn dod i lawr ochr y bryn.

'O, ti sy 'na. Ti'n iawn?' gofynnodd Wayne.

''Nes i faglu,' eglurais, gan geisio cael gwared ar unrhyw arwyddion mod i wedi bod yn crio.

Rhedodd y sbaniel bach draw a bron iddi neidio ar fy nglin wrth geisio llyfu'r dagrau hallt oddi ar gefn fy nwylo.

'Betsan, i lawr! *I lawr!*' meddai Wayne yn llym. Gwibiodd Betsan i ganol y prysgwydd unwaith eto. 'Ti 'di brifo?' gofynnodd ei meistr. Ysgydwais fy mhen.

'Ddim yn ddrwg.' Ceisiais godi, a rhoddodd law o dan fy nghesail i 'nghynorthwyo. 'Dwi'n iawn, dwi'n iawn,' dwedais, gan geisio rhwbio'r baw a'r dail oddi ar fy mhen ôl cyn iddo sylwi.

'Ar ein ffordd i lawr ydyn ni,' meddai, gan ystumio i gyfeiriad Betsan. 'Well i ti ddod efo ni, rhag ofn bod gen ti anaf.'

Dechreuon ni gerdded i lawr yr allt, yn boenus o araf gan fod fy nghoesau'n sigledig.

'Sut wyt ti?' gofynnais.

'Diwrnodau da, diwrnodau gwael.'

'Sut aeth pethau efo Claire?'

'Iawn. Dim hanner mor ddrwg ag o'n i'n ddisgwyl, deud y gwir. Nesh i roi gwybod i'w mam hi yn y diwedd, o ran cwrteisi. Naethon nhw ddim gofyn am fanylion yr angladd, sy'n beth da achos doedd 'na'm un. Es i draw un noson i eistedd gyda hi am hanner awr, i ddeud ffarwél, ac yna ges i baned efo Iolo a mynd adre. Wythnos wedyn, ges i ei llwch hi i'w roi uwchben y lle tân. Nid deud ffarwél oedd y peth anodd, wedi'r cwbl. Y tawelwch sy'n brifo.'

Gwelais gryndod yn rhedeg drwy ei gorff. Newidiodd y pwnc yn chwim.

'A sut ti'n cadw, Gwawr?'

'Dwi'n iawn,' atebais.

Roedd fy mhroblemau innau gymaint yn llai na'i rai o, a theimlwn y byddai cwyno'n ddi-dact.

'Hyd yn oed ar ôl yr holl helynt gyda'r ferch oddi ar y teledu?' gofynnodd yn blwmp ac yn blaen.

'Nest ti glywed am hynny?' gofynnais, gan deimlo fy hun yn dechrau gwrido.

'Do. Wel, ffrind i mi welodd y stori ar-lein...'

'Dio'm yn wir,' dwedais yn amddiffynnol. 'Danfonodd y priodfab neges ata i, ond nesh i ddim ei ateb. Fyswn i byth yn gwneud dim byd felly...'

'Na, do'n i ddim yn credu am funud byddet ti'n ymddwyn fel'na. O'ddet ti mor barchus a ffurfiol efo fi, do'n i jest ddim yn medru gweld ti'n neud rhywbeth mor dan din...'

'Diolch,' atebais, gan gydio mewn cangen i atal fy hun rhag llithro i lawr y llethr. Trodd a chynigiodd ei law i fy helpu i fynd i lawr y dibyn. 'Piti na fyse pawb yn 'y nghredu i mor rhwydd â ti.'

'Pethau'n anodd?' Cododd ei lygaid i edrych i fyw fy rhai i. Llygaid gwyrddfrown oedd ganddo, yr un lliw â rhisgl y coed o'n cwmpas. Llygaid barcud, yn methu dim.

'Ydyn, deud y gwir. Mae pethau 'di bod yn dawel yn ddiweddar.'

'Drwg gen i glywed hynny. Pam fod gymaint o bethau

cachu yn digwydd i bobl dda?'

Atebais i ddim, er i mi feddwl yr un peth fwy nag unwaith. Cerddon ni mewn tawelwch am ychydig funudau, a charlamodd y ci bach mwyn mewn cylchoedd o'n cwmpas, yn snwffian ac yn chwilio am wiwerod a chwningod.

Yn sydyn, meddai Wayne, 'Dwi'm isio busnesa... ond os ti'n cael pethau'n anodd o ran pres, mae 'na fanc bwyd cydweithredol yng nghanolfan gymunedol y pentre... Does dim angen cael dy gyfeirio gan asiantaeth arall, ac mae pobl yn dod â phethau o'u gerddi...'

'Mi wna i gofio hynny, diolch,' atebais, gan geisio swnio'n ddifater. Byddwn yn chwilio am fanylion y banc bwyd ar-lein yn nes ymlaen.

'Dwi heb bechu ti, naddo? Dwi 'mond yn sôn dwi achos mod i'n weithiwr llawrydd fy hun, a dwi'n gwybod pa mor anodd mae hi pan does gen ti ddim sicrwydd o ran yr arian sy'n dod i mewn... Unwaith i ti stopio gweithio rwyt ti mewn helynt...'

'Na, wrth gwrs nest ti ddim fy mhechu i.'

'Roedd yn rhaid i mi fynd 'nôl i'r gwaith wythnos ar ôl i mi golli Claire. Do'n i byth yn brin o fwyd, achos mae'r cymdogion yn dal i ddod â phrydau i mi'n wythnosol, ond mae'n rhaid talu'r biliau, yn'd oes?'

'Oes,' atebais. 'Dwi wrthi'n chwilio am ragor o waith fy hun.'

'Gafodd y stori gymaint o effaith â hynny?'

'O do, fe gollais i 'nghwsmeriaid.'

'Dipyn ohonyn nhw?'

'Bob un. Ond mi fydda i'n iawn.' Clywais gryndod hunandosturiol yn fy llais, a newidiais y pwnc yn gyflym. Edrychais i lawr ar y sbaniel gwyn a brown wrth fy nhraed. 'Ers pryd mae Betsan gen ti? Mae hi'n gorjys.'

'Yn fuan ar ôl i ti ddod draw. Roedd y tŷ'n rhy dawel.'

Cofiais sut deimlad oedd deffro am y tro cyntaf ar fy mhen fy hun, tawelwch fy ystafell wely yn pwyso arna i fel clustog dros fy wyneb. Cofiais ddistawrwydd yn llenwi pob twll a chornel fel sment, yn fy nghadw innau'n fud.

Fel petai hi wedi synhwyro bod angen rhyw weithred i lenwi'r saib lletchwith yn ein sgwrs, rhedodd Betsan at Wayne i gael ei mwytho. Plygodd Wayne i anwesu ei chlustiau meddal.

'Mae hi'n ferch dda, on'd wyt ti, Betsi fach? Ti'n caru dy feistr, hyd yn oed pan ei fod o'n fastad sarrug.' Ochneidiodd. 'Hi sy'n rhoi rheswm i mi godi o'r gwely.'

'Oes gen ti rywun fedri di siarad efo nhw, heblaw Betsan?'

Does gen i ddim profiad o gwnsela fy hun, a fyddwn i byth yn meddwl gwneud dim byd heblaw am wrando a dangos cydymdeimlad. Ond wrth fy ngwaith fel gweinydd rwy'n cefnogi pobl pan fyddant ar eu mwyaf bregus, a sawl gwaith mae pobl wedi cyfaddef wrthyf eu bod nhw'n teimlo fel brifo eu hunain mewn rhyw ffordd. Am y rheswm hwnnw, byddaf wastad yn cario cwpl o gardiau gyda rhestr arnynt o wasanaethau i gefnogi pobl sy'n galaru neu'n profi anawsterau iechyd meddwl.

Atebodd Wayne, 'Mae hanner dwsin o bobl 'di rhoi rhif y Samariaid i fi. Does gen i ddim teulu'n agos, ond mae gen i ffrindiau a chymdogion, paid â phoeni amdana i. Dwi 'di dod o hyd i elusen sy'n cynnig cwnsela am ddim. Fedra i roi cynnig ar hynny, os eith pethau'n waeth. Dwi'm ar ben fy hun. Fi sy'n dewis osgoi pobl eraill, achos ar hyn o bryd dyna sut dwi'n ymdopi...'

Ysgydwodd ei ben, gan frathu ei wefus isaf.

'Merched eraill 'di'r broblem, wsti. Dwi'n ei gweld *hi* ym mhob man. A bob tro dwi'n sylweddoli nad hi sydd yna, mae o fel cyllell reit yn fanno...'

Pwyntiodd at ei frest, at y triongl o gnawd rhwng ei wddw a'i galon.

'Nid jest merched fel ti chwaith... Yr hen wragedd dwi'n torri eu gwair, y mamau gyda phlant bach, y cyplau'n cega ar ei gilydd yng nghanol Tesco... Mae pawb yn atgoffa fi o'r hyn dwi 'di'i golli.' Trodd a cherddodd yn gyflym i lawr yr allt – brasgamu hyderus dyn oedd wedi arfer gyda thir anwastad – gan fy ngadael i yn dal ar foncyffion coed a chamu'n betrusgar rhag ofn i mi lithro lle roedd hi'n wlyb dan draed. Roedd y llwybr a ddewisodd Wayne at y gwaelod dipyn mwy serth na'r un cwmpasog a graddol fyddwn i wedi ei ddewis. Oedodd Betsan wrth fy ochr i, fel petai'n anfodlon fy ngadael i. Plygais a mwytho ei chlustiau yn ddiolchgar.

Yn sydyn, trodd Wayne ar ei sawdl a brasgamodd yn ôl i fyny'r llethr.

'Blydi hel, ddynes,' meddai'n flin, gan gydio yn fy mraich

gyda mwy o rym nag oedd ei angen. 'Ti'n dod i gerdded mewn pâr o sgidiau cwbl anaddas, sdim syndod bod ti'n cwympo o hyd!' Ceisiais dynnu fy mraich yn rhydd o'i afael, gan gydio mewn cangen i sadio fy hun.

'Os dwi'n mynd yn rhy araf i ti, dos!' atebais yn ffyrnig. 'Ofynnais i ddim am dy gymorth! Cer adre a gad i mi fod!'

Roedd o'n iawn – doedd fy esgidiau ymarfer ddim yn arbennig o addas ar gyfer cerdded llethrau mwdlyd, ond doedd ganddo ddim yr hawl i'm llusgo i fel rhiant blin â phlentyn anfoddog.

'Wnei di roi'r gorau i gydio mewn coed! Os wyt ti'n baglu wna i dy ddal di!'

'Gad lonydd i mi!' chwyrnais, gan lwyddo i dynnu fy hun yn rhydd o'i afael. Cydio mewn coed... Dyna oedd arferiad ei wraig. Rhewais yn fy unfan.

'Iawn,' poerodd, gan droi ar ei sawdl a chwibanu ar Betsan. Oedodd y ci gan edrych i fyny arnaf fel petai'n gresynu at yr hyn oedd newydd ddigwydd. Galwodd Wayne yn flin, 'Betsan! Tyrd!' Diflannodd o'r golwg, gan adael i mi ganfod fy ffordd fy hun yn ôl at y llwybr, ac yna dechrau ar y daith hir yn ôl i Ruddlan.

'Ble wyt ti 'di bod?' gofynnodd Dad, pan gerddais drwy'r drws ffrynt wedi blino'n lân.

'Cerdded,' atebais. 'Yr holl ffordd i Brestatyn ac yn ôl. Dwi ar lwgu!'

'Lwcus bod dy fam wedi gwneud digon i borthi'r pum

mil, fel arfer,' meddai Dad. 'Ac roedd yna gwpl o olwythion a selsig dros ben yn y siop. Dim byd yn bod arnyn nhw, heblaw bod angen eu bwyta nhw yfory, a mae dy fam 'di cael digon ar gig. Maen nhw yn yr oergell – paid â mynd adref hebddyn nhw, cyw.'

Diolchais iddo, a thra bod *lasagne* enwog Mam yn brownio yn y popty diflannais i fyny'r grisiau i gael defnyddio ei chyfrifiadur i argraffu ffurflenni cais ar gyfer swyddi. Gwelais fod gen i neges e-bost a theimlo gwefr fach o gyffro yn fy mol. Oedd fy nghyfnod diffrwyth ar ben o'r diwedd? Na. Neges gan Clarissa oedd hi:

Annwyl Gwawr,

Gobeithio dy fod yn cadw'n iawn. Rhaid i mi ymddiheuro am y tro diwethaf i ni gyfarfod. Ond mae Maxine yn ffrind annwyl i mi, ac roeddwn i'n flin drosti hi.

Rydw i'n ysgrifennu gan obeithio y byddet ti'n fodlon ein helpu ni. Fel yr wyt ti'n gwybod, mae lleoliad ac arlwyo'r seremoni enwi wedi eu bwcio eisoes, a does dim modd eu newid nhw. Ond dydyn ni heb ddod o hyd i weinydd arall sydd yn medru cynnal y seremoni yn ddwyieithog! Tybed a fyddet ti ar gael eto? Rydw i'n deall dy fod di wedi cael siwrne ddiangen y tro diwethaf, a byddai Henry a minnau yn hapus i dalu costau teithio i wneud iawn am dy golled.

Cofion cynhesaf,
Clarissa

Roeddwn i'n gegrwth. I feddwl ei bod hi'n cydnabod ei bod

hi wedi dod yn ôl dim ond ar ôl iddi fethu â chael rhywun arall... ac yn ymddiheuro mewn ffordd mor ffwrdd-â-hi, heb hyd yn oed gydnabod ei bod hi'n fy ystyried i'n ddieuog o'r honiadau gwirion... Ond na, rhaid ei bod hi'n dal i gredu Maxine a Darren. Fi oedd y drwg yn y caws, yr un oedd ar fai am ddod rhwng y cwpl cariadus. Roedd hynny'n amlwg o eiriad y neges. Ac i feddwl ei bod hi'n hongian 'costau teithio' fel abwyd o 'mlaen i, fel petai hynny am wneud iawn am gau'r drws yn glep yn fy wyneb... Na. Roeddwn i ar lwgu, ond doeddwn i ddim mor newynog fel y byddwn i'n llyncu'r fath sarhad.

Fel arfer byddwn i'n oedi cyn ymateb i neges mor drahaus, er mwyn osgoi ymateb mewn ffordd fyrbwyll. Ond nid heddiw.

Annwyl Clarissa,

Taset ti heb gau'r drws yn glep yn fy wyneb, taset ti heb anwybyddu fy neges o eglurhad, taset ti wedi cynnig y costau teithio yn syth ar ôl i ti benderfynu hepgor fy ngwasanaeth i, yna *efallai* y byddwn i wedi ystyried cynnal seremoni enwi Aaron. Mae gen i ormod o hunan-barch i gael perthynas â Darren, a gormod o hunan-barch i dderbyn dy gynnig di.

Gwawr

Gwasgais y botwm a gyrru'r neges cyn i mi gael cyfle i ailfeddwl. Dim yr ymateb mwyaf proffesiynol, ond doedd gen i ddim byd i'w golli ar y pwynt yma, yn llythrennol.

Roeddwn i'n dal i fod mewn hwyliau drwg ar ôl swper.

Ceisiais fy ngorau i guddio fy chwerwder rhag Mam a Dad, ac rydw i'n meddwl i mi lwyddo efo Dad, gan iddo syrthio i gysgu o flaen y tân yn syth ar ôl y pryd. Ond wrth i mi olchi'r llestri daeth Mam drwodd i'r gegin a dweud yn isel, 'Wyt ti'n iawn, Gwawr?'

'Ydw. Dwi'n ymdopi.'

Weithiau mae'n rhaid cadw Mam hyd braich, er ei lles hi ei hun. Wrth geisio helpu gyda 'mhroblemau yn y gorffennol mae hi wedi awgrymu pob math o driniaethau 'amgen'; crisialau, olewau hanfodol, aciwbigo, aromatherapi, *reiki*, canhwyllau *hopi* a phob math o bethau sy'n ddim mwy na phlasebo drud heb unrhyw werth gwyddonol. Dydi o ddim yn beth braf gorfod dweud bod fy mam yn hygoelus, ond rydw i wedi colli cyfrif o'r holl droeon iddi dalu crocbris am rywbeth cwbl ddi-werth. Byddai'n well gennyf fi petai hi'n rhoi'r gorau i geisio fy 'natrys' i, ac arbed ei phres hi'r un pryd, ond mae'n rhaid i mi gydnabod bod ei chalon hi wastad yn y lle iawn. Er iddi fy mlino weithiau gyda'i chredoau Oes Newydd, fyddwn i ddim wedi goroesi'r blynyddoedd diwethaf heb gael ei hysgwydd yn glustog i mi.

Daeth Mam draw a rhoi llaw ar fy mraich. 'Daw eto haul ar fryn, 'nghariad. Ond yn y cyfamser, efallai byddai'n fuddiol i ti ymweld â...'

'Dim diolch,' atebais, cyn iddi ddechrau clodfori rhyw driniaeth newydd. 'Hyd yn oed petai o'n gwneud lles i mi, does gen i ddim y pres ar hyn o bryd, a dwi'm am adael i ti a Dad dalu.' Sylweddolais mewn braw mod i wedi bod yn sgwrio'r un gwpan am bron i funud.

'Ond dyna'r peth... mae yna elusen sy'n cynnig cyfres o sesiynau therapi siarad am ddim. Oes, mae yna restr aros, ond...'

'Na,' atebais yn bendant, gan osod y gwpan ar y bwrdd diferu gyda chymaint o nerth nes i glec y tsieni achosi i Dad hercian yn effro.

'Yh?' gofynnodd yn ddryslyd.

'Sori, Dad,' galwais.

'Wyt ti am gael lifft adref, cyn i mi syrthio i gysgu eto?' gofynnodd, gan estyn am ei esgidiau.

Doedd o ddim yn deimlad braf gorfod celu'r gwirionedd rhag fy rhieni. Byddai wedi bod yn dda i mi rannu fy mhryderon gyda Dad ar y daith adref, gan ei fod o'n un da am gynnig cyngor ymarferol; ond gwyddwn nad oedd yna gyfrinachau rhyngddo fo a Mam. Beth bynnag ddwedwn i wrtho fo, byddai'n siŵr o'i ailadrodd wrthi hi, ac yna byddai hi'n poeni ac yn mynd i drafferthion wrth ymdrechu i fy nghynorthwyo. Sawl blwyddyn yn ôl, ar gychwyn fy ngyrfa, bu'n rhaid i mi fenthyg pres gan fy rhieni, a ches i ar ddeall yn nes ymlaen bod Mam wedi benthyg mwy nag oedd ganddyn nhw'n gynilion, ac yna wedi gorfod mynd at un o'r cwmnïau benthyciadau tymor byr pan oedden nhw eu hunain yn fyr o bres. Roedden nhw'n dal i dalu'r llog fisoedd wedyn. Na, doedd hi ddim yn bosib i mi sôn wrth Mam na Dad am fy nhrafferthion ariannol, rhag ofn i mi achosi helyntion tebyg iddyn nhw. Doeddwn i ddim am iddyn nhw boeni'n ormodol amdanaf fi – roeddwn i wedi achosi hen ddigon o nosweithiau di-gwsg i'r ddau ohonyn nhw dros y blynyddoedd diwethaf.

Penderfynais y byddwn i'n codi gyda'r wawr eto yfory, a'r tro hwn yn cerdded i dre'r Rhyl ac yn mynd ar hyd y stryd fawr gyda fy CV, i weld oedd yna unrhyw fusnesau yn chwilio am staff. Fy mhroblem fwyaf oedd diffyg canolwr. Fues i'n gweithio i'r un cwmni ar ôl i mi raddio, ond oherwydd sut orffennodd pethau gydag Arwel gwyddwn na fyddai'n syniad da i mi ofyn am eirda ganddo.

Roedd diffyg canolwr yn rhwystr go fawr wrth chwilio am gyflogaeth, ond yn rhwystr y byddai'n rhaid i mi ei orchfygu os oeddwn i am osgoi dibyniaeth ar fanc bwyd a sbarion fy rhieni. Tybed allwn i ofyn i rai o'r ymgymerwyr weithies i gyda nhw'n rheolaidd, rhywun fel Iolo, i roi geirda i mi?

Ffarweliais â Dad gyda sws ar ei foch ac es am fy nrws ffrynt. Wrth i'w gar ddiflannu i'r nos, am yr eildro mewn diwrnod, cwympais i'r llawr gyda sgrech. Yn y tywyllwch roeddwn i wedi baglu dros rywbeth trwm a chaled. Codais ar fy eistedd, gan felltithio'r gwrthrych mawr sgwâr a osodwyd rhyngof finnau a diogelwch fy stepen drws.

Gorweddai bocs ar y llawr; bocs yn llawn tuniau o fwyd. Stwff da hefyd, nid y ffa pob label gwyn a welir yn aml ar silffoedd banc bwyd. Digon o fwyd i 'nghynnal nes bod fy Lwfans Ceisio Gwaith yn cyrraedd. Doedd dim nodyn, ond gwyddwn yn iawn gan bwy ddaeth yr anrheg. Rhaid ei fod wedi cael fy nghyfeiriad oddi ar fy ngherdyn busnes.

Cludais y bocs trwm drwodd i'r gegin gyda pheth trafferth,

a'i osod ar y bwrdd bwyta. Dechreuais ddadbacio, gan osod y tuniau mewn rhesi taclus ar y silffoedd noeth.

Yng ngwaelod y bocs roedd yna focs arall, un cardfwrdd llwyd. Codais o'n ofalus, gan dybio ei fod yn llawn perlysiau, halen, finag a phethau felly. Ond na. Bocs esgidiau, ac ynddo bâr o esgidiau cerdded merch. Doedden nhw ddim yn newydd sbon gan fod yna olion mwd yng nghrychau'r gwadnau, ond ychydig iawn o ddefnydd gawson nhw, ac roedden nhw'n frand o safon ac felly'n rhai drud. Maint 6. Maint 5 oeddwn i, ond gyda phâr o sanau trwchus bydden nhw'n ffitio i'r dim.

Am eiliad croesodd fy meddwl y byddwn i'n camu yn llythrennol i sgidiau dynes farw. Ond yn wahanol i Mam, dydw i erioed wedi bod yn ofergoelus.

Ddylwn i fod wedi cysylltu'n syth i ddiolch, ac i gydnabod derbyn rhodd mor hael ac mor ddewr. Ond yn hytrach, eisteddais wrth y bwrdd bwyta am yr eildro'r diwrnod hwnnw, gydag esgid ym mhob llaw, a beichio crio.

Am bron i flwyddyn gadewais ei ystafell wely fel yr oedd: dillad yn y cwpwrdd, sanau yn y drôr, ei grib a'i sebon a'i gadach mewn rhes, popeth yn ei le yn dwt.

Yna, un bore gwelais neges ar Facebook gan hen ffrind ysgol a oedd yn briod gyda thri o blant. Fuodd yna dân yn ei thŷ dros nos. Llwyddon nhw i ddianc heb anaf, ond fe gollon nhw bopeth.

Ffoniais Mam a dweud wrthi, 'Dewch i glirio stwff Huw. Pob un dim. Ewch â fo at Sharon. Rhowch y cwbl lot iddi hi.' Ac er iddi gwestiynu doethineb a chyflymder y penderfyniad, gwnaeth Mam yr hyn a ofynnais. Doedd dim ots gen i fy mod i'n gwaredu ei holl eiddo ar unwaith. Buasai wedi bod yr un mor boenus i mi gael gwared ar un hosan ag oedd hi i mi glirio'r ystafell gyfan, oherwydd gyda'r weithred o ildio'i bethau daeth y ddealltwriaeth a'r gydnabyddiaeth na fyddai o fyth, byth, byth yn dod yn ôl. Mae gen i atgof niwlog o orwedd ar garped yr ystafell wag, yn torri fy nghalon o'r newydd. Gorweddodd Mam am oriau, yn mwytho fy ngwallt ac yn gadael i mi grio a chrio a chrio.

Hyd heddiw, mae'r ail ystafell wely yn parhau yn wag.

Unig gysur yr wythnosau tywyll a ddilynodd oedd y neges o ddiolch ges i gan Sharon, a'r ddealltwriaeth fy mod i wedi llwyddo i wneud rhywbeth da ar ôl misoedd o deimlo'n gwbl ddiymadferth.

Efallai, wrth osod esgidiau cerdded ei wraig yn ofalus mewn bocs, y teimlai Wayne yr un fath â minnau.

5.

Dennis
(1946–2018)

DIM
Dim crefydd.
Dim gweinidog.
Dim blodau.
Dim cerddi sentimental.
Dim gwastraffu pres ar bethau diangen – prynwch
wialen bysgota i Theo a Leon yn lle hynny.
Neb i ddweud 'he had a good innings'.
Neb i ddod i'r amlosgfa – dwi'm isio i'r wyrion gofio
fi mewn bocs.

Dyna oedd cyfarwyddiadau Dennis ynglŷn â'i
angladd, felly dyma ni heddiw, nid yn cynnal
angladd mewn capel neu amlosgfa, ond yn dathlu
ei fywyd, yma, yn ei ardd gefn, yn yr heulwen, lle
roedd Dennis ar ei hapusaf. Mae gan ei wyrion
wialen bystgota newydd yr un, yn anrheg gan eu
taid, a'r unig flodau o'n cwmpas ydi'r rhai dyfodd
Dennis ei hun.

Dymuniad Dennis oedd bod ei gorff yn mynd i'r amlosgfa yn syth ar ôl ei farwolaeth. Doedd o ddim am i neb gynnal defod drist na phrudd; ond teimlai ei deulu yr angen i gydnabod y ffaith ei fod wedi gadael y byd hwn. Mae defodau'n rhan bwysig o'r ffordd rydym ni'n derbyn galar ac yn delio ag e, ond hefyd yn dathlu fel cymuned. Doedd Dennis ddim am i'r ddefod fod yn un drist, felly nid angladd ydi hwn, ond cyfle i ddod at ein gilydd i gofio, ac i ddathlu bywyd gŵr, tad, taid, ffrind a chymydog hoffus. Dyma a ddwedodd Dennis ei hun mewn llythyr at ei frawd: 'I don't like to think of you all sitting around, moping and feeling down because I'm gone. Once I'm dead I won't be in pain any more, and I've had a good, long life. So I don't want you to cry for me. I want you to laugh at the good times we had. I don't want a funeral. I want an anti-funeral. I want a FUN-eral. Preferably one with lots of booze.'

Mrs Dance, mam Tanya, atebodd y drws i mi. Er i mi ei hadnabod ers rhyw bum mlynedd, Mrs Dance oedd hi o hyd.

'Mrs Dance, fy nghydymdeimlad...'

'Ges i drigain mlynedd efo fo, ac roedd o'n hen barod i fynd,' atebodd hi'n ddewr. 'Ei wyrion o bawb sy'n dioddef fwyaf, y creaduriaid bach, druan â nhw...'

Gwelais feibion Tanya yn eistedd o flaen yr X-box. Er mod i'n eu hadnabod yn dda, ni chefais fy synnu pan na wnaethon nhw droi i 'nghyfarch, na chymaint â chydnabod fy mhresenoldeb. Deallaf yn iawn pa mor anodd ydi hi i rai ifanc sy'n profi galar am y tro cyntaf. Doedden nhw ddim am grio o flaen pobl eraill.

'Tyrd drwodd i'r gegin, gawn ni sgwrsio'n fanno,' meddai Mrs Dance, gan fy arwain at y bwrdd derw enfawr roeddwn i wedi treulio sawl noson braf yn eistedd wrth ei ymyl, yn dysgu sut i chwarae chwist a phocer gyda'r teulu Dance.

Neidiodd Tanya o'i sedd pan welodd fi, gan daflu ei breichiau amdanaf. Roedd ei llygaid yn goch, ac roedd ganddi sigarét yn mudlosgi yn ei llaw. Roedd hynny'n arwydd ei bod yn isel, gan iddi roi'r gorau i ysmygu'r un pryd â'i thad y llynedd, i geisio'i helpu i fyw'n hirach na'r ychydig fisoedd y proffwydodd y meddyg oedd ganddo'n weddill.

'Ti'n seren am ddod ar fyr rybudd, Gwawr. Roedd Dad yn benderfynol o gael ti i gynnal y seremoni. Doedd o ddim isio neb arall.'

'Byddai'n fraint i mi wneud felly,' atebais, gan deimlo

braidd yn ffurfiol. 'Aeth o'n gyflym?'

'Yn ei gwsg. Roedd y doctor wedi ei rybuddio y byddai o'n annhebyg o weld y Dolig, ond roedden ni wedi gobeithio fyse fo'n para tan ei ben-blwydd yn wyth deg pump, ym mis Awst... Ond aeth o i'r gwely neithiwr a naeth o ddim dihuno.'

'Ffordd dda o fynd,' ychwanegodd Mrs Dance gyda gwên. 'Gwylio *Question Time*, bloeddio ar y teledu a melltithio'r Ceidwadwyr, llymaid o wisgi, nos da cariad a mynd i gysgu... Dim ffarwelio, dim dagrau, dim poen... Dyna sut oedd o am i bethau fod. Byth a hefyd yn dyfynnu'r hen Spike Milligan... "I'm not scared of dying, I just don't want to be there when it happens." Boi clyfar iawn, Spike.' Trodd hi at Tanya. 'Naeth dy dad gwrdd â fo unwaith, pan oedd o'n byw yn Blackpool, a Spike yn gweithio yna...'

Gan Woody Allen ddaeth y dywediad, ond wnes i ddim ei chywiro. Synhwyrais y byddai'r dyfyniad a'r stori fach oedd ynghlwm â fo yn cael ei adrodd fwy nag unwaith ar ddiwrnod yr angladd.

Gyda'r tebot a phlât o fara brith o'n blaenau, eisteddon ni o amgylch y bwrdd i ddechrau cynllunio'r angladd amgen. Ers iddo gael y diagnosis o gardiomyopathi y llynedd roedd Mr Dance wedi bod yn paratoi at ei angladd, yn bennaf drwy ychwanegu at restr o'r hyn *na* ddymunai ei gael.

Penderfynwyd mai'r peth gorau fyddai trefnu iddo fynd yn syth i'r amlosgfa, fel y gwnaeth Claire Price, ac yna i'w deulu a'i ffrindiau ddod at ei gilydd yn yr ardd gefn i gael seremoni goffa: dim gweddïo, dim canu, dim ond talu teyrnged, hel atgofion ac yfed llwncdestun.

Roedd gan Mrs Dance ardd gefn anferthol, gyda phob twll a chornel yn derfysg o flodau lliwgar. Byddem yn cynnal y seremoni o dan *gazebo* bach pren, gyda phawb yn eistedd ar flancedi fel petasai'n bicnic.

'Angladd sy'n ddim byd fel angladd,' meddai Tanya yn hapus. 'Fyse Dad wedi hoffi hynny.'

Paned arall, a dechreuon ni gofnodi manylion bywyd Dennis, er mwyn i mi gael ysgrifennu ei deyrnged. Mae'n bwysig cael y deyrnged yn iawn. Dyna'r hyn mae pawb yn ei gofio o angladd – cyn belled nad oes dim yn mynd o'i le, wrth gwrs. Byddaf wastad yn rhoi copi o'r deyrnged er mwyn i'r teulu ei gadw fel ciplun o'r person ar ei orau. Rhywbeth i helpu'r genhedlaeth iau i ddysgu am yr ymadawedig.

Cymerodd bron i dair awr i ni fynd drwy ei fywyd a dethol yr holl wybodaeth y dymunai'r teulu ei chynnwys – a chwynnu ambell beth roedden nhw am ei gadw'n dawel. Nid Cymro oedd Dennis yn enedigol, ond dysgodd Gymraeg allan o hen werslyfrau ysgol. Fuodd o'n gyfrifol am sefydlu sawl dosbarth nos yn y Stiwt lleol, a dysgodd waith coed yn y clwb ieuenctid am yn agos i ugain mlynedd. Disgrifiai Dennis ei hun yn sosialydd rhonc, gwrth-gyfalafol. 'Tipyn o gymeriad,' meddai'r rhan fwyaf o bobl amdano. Byddai'n gwneud pethau fel paentio 'ABANDON HOPE ALL YOU WHO ENTER' uwchben drws canolfan byd gwaith Y Rhyl, ac yna'n gwneud iawn am ei ddifrod drwy yrru i'r archfarchnad agosaf, llenwi troli'n llawn dop, a rhoi'r cyfan i'r banc bwyd lleol.

Y llynedd, mynegodd cynghorydd lleol ar grŵp Facebook cyhoeddus, 'Welsh should be allowed to die out. All Welsh schools are doing is creating a new generation of nasty little Welsh nationalists and putting children at a scholastic disadvantage by forcing them to learn a dead language.' Aeth pethau'n flêr ar-lein, ond gwrthododd y cynghorydd ymddiheuro am ei sylwadau. Un bore, ar ôl iddi wneud rhagor o sylwadau am israddoldeb y Cymry, deffrodd hi i ganfod bod rhywun wedi difrodi wal flaen ei thŷ. Cafodd Tanya, un o'i chymdogion ac aelod o'r un grŵp Facebook, ei chyhuddo gan yr heddlu o baentio COFIWCH DRYWERYN ar wal y ddynes. (*'Nobody else but you would know how to spell it, you nationalist!'* sgrechiodd y cynghorydd.) Pan glywodd Dennis am gyfweliad ei ferch gyda'r heddlu aeth yn syth i'r orsaf a chymryd y bai arno'i hun. Roedd ganddo ofn y byddai cofnod troseddol, neu hyd yn oed rhybudd swyddogol gan yr heddlu, yn ei hatal rhag gweithio â phlant a phobl ifanc. Ar ôl i Dennis dderbyn rhybudd ffurfiol am y weithred, aeth allan i brynu rhagor o baent, a phaentio COFIWCH EPYNT a COFIWCH ABERFAN dros weddill y wal. 'Y twpsyn,' dwedodd Tanya'n gariadus ar y pryd. 'Doedd yna ddim tystiolaeth o gwbl i ddangos pwy naeth sgwennu'r neges. Petawn i wedi deud "no comment" i bopeth bydden nhw wedi gadael i mi fynd.' Yn ei frys i amddiffyn enw da ei ferch, cafodd Dennis fai ar gam.

Wrth gwrs, chafodd y straeon am ei anufudd-dod sifil ddim eu cynnwys yn ei deyrnged, ond chwarddon ni am oriau wrth i Tanya a'i chwaer a'i mam adrodd helyntion Dennis un ar ôl y llall.

Roedd arlwy gyfoethog o straeon am Dennis, a daeth y deyrnged yn rhwydd. Gan fod y seremoni yn digwydd ar dir preifat doeddwn i ddim wedi fy nghyfyngu at yr hanner awr arferol, felly roedd yna gyfle i mi wahodd aelodau o'i deulu i godi a rhannu darlleniad neu atgof.

Tywynnai'r haul ar fore'r seremoni goffa, ac roedd gardd gefn Mrs Dance dan ei sang gyda theulu, cymdogion a ffrindiau. Daeth pawb â chyfraniad at y te angladd, ac roedd y byrddau yn gwegian dan bwysau'r bwffe.

Dydw i ddim yn credu i'r un person grio deigryn. Gyda'r haul yn braf ar ein hwynebau a'r adar yn canu yn y coed o'n cwmpas, doedd yna ddim o'r difrifwch a berthynai i angladd traddodiadol. Des i â'r seremoni i ben drwy gynnig llwncdestun ac aeth pawb ymlaen i wledda ac i hel atgofion.

Fel arfer, ni wna i aros ar gyfer y dathliad. Efo priodasau a seremonïau enwi mae pawb wastad yn cynnig, ond cwrteisi ffurfiol yw hyn y rhan fwyaf o'r amser, a byddaf wastad yn diolch ond yn gwrthod. Mae'n llai arferol derbyn gwahoddiad i de angladd, ac a bod yn onest, pwy sy'n hoffi mynd i'r rheini oni bai fod yn rhaid iddyn nhw? Os oes rhywun yn mynnu fy mod i'n aros byddaf yn llymeitian un ddiod, ond byth yn helpu fy hun i fwyd.

Mae amseru yn hollbwysig wrth gynnal seremonïau. Mae'n bwysig dysgu sut i fod fel yr alarch diarhebol: yn llonydd ac urddasol ar yr wyneb, ond ar yr un pryd yn gweithio'n ddiflino i wneud yn siŵr fod popeth yn rhedeg yn esmwyth ac yn ddi-dor. Agwedd bwysig o hyn yw gwybod pryd i gamu ymlaen a phryd i gilio; i aros yn ddigon hir i beidio â bod yn anghwrtais, ond i beidio mynd dan draed chwaith.

Gan fy mod i'n adnabod y teulu Dance doeddwn i ddim yn teimlo fy mod i'n tresmasu'n ormodol drwy aros am baned, ac yna mynnodd Tanya fy mod i'n cymryd sleisen o gacen hefyd, ac yna brechdan a darn o darten afal... a mefus gyda hufen... Diweddais yn eistedd wrth ei hochr ar un o'r blancedi brethyn tan yn hwyr yn y prynhawn, ac yna'n aros i helpu i glirio'r llestri. Roeddwn i'n dal yna yn y gegin pan adawodd y galarwr olaf, a Tanya'n golchi a minnau'n sychu'r llestri a'i meibion yn eu cadw.

'Dwi'n mynd i Dŷ Newydd mis nesaf,' meddai hi'n sydyn.

'Ti'n symud tŷ?'

'Na – Tŷ Newydd, y ganolfan ysgrifennu,' chwarddodd. 'Dwi wedi penderfynu *take the plunge* a mynd ar gwrs undydd yn y Gymraeg.' Enwodd hi'r tiwtor – dynes uchel iawn ei pharch ym myd llenyddiaeth Cymru. Yna ychwanegodd hi, 'A dylet ti ddod gyda fi.'

'Fi? Ond stwff ffeithiol dwi'n ysgrifennu.'

'Ond ddylet ti roi cynnig ar sgwennu ffuglen. Mae gennyt ti dalent am ddweud stori, a gweld y gorau mewn pobl. Pam na ddoi di efo fi?'

'Achos dwi'm yn siŵr mod i am sgwennu o brofiad. Mae'n hawdd sgwennu am bobl eraill, ond...'

Ochneidiodd hi.

'Os dwyt ti ddim am ddod, be ddiawl wna i gyda'r tocyn sbâr yma?' Tynnodd hi amlen o'i phoced a'i chynnig i mi. 'Ty'd, Gwawr. Nest ti wrthod derbyn tâl am heddiw, fedri di ddim gwrthod fy anrheg hefyd. Os nest ti wrthod tâl am ein bod ni'n ffrindiau, dwi'n gofyn i ti ddod efo fi am yr un rheswm. Ddoi di? Diwrnod allan, cinio a chyfle i gwrdd ag awdures enwog. Ti *up for it*?'

Petai hi wedi prynu un tocyn yn unig, byddwn i yn bendant wedi gwrthod. Mae o wastad yn synnu pobl mod i'n ansicr ohonof fi'n hun, gan eu bod nhw wedi arfer fy ngweld i'n annerch cant a mwy o bobl ar y tro. Rydw i'n gwybod sut i ymddwyn yn hyderus, ond dilyn rheolau ydw i, dilyn trefn y ddefod. Mae'r syniad o fynd i ddigwyddiad cyhoeddus fel fi, yn hytrach nag fel Gwawr y Gweinydd, yn ddigon i gorddi fy mherfedd.

Ond cytunais, gan fod Tanya yn mynd hefyd, ac roedd hi'r un mor nerfus â minnau. Yn y gegin cyfaddefodd ei huchelgais wrthyf fi, sef gwireddu breuddwyd na lwyddodd ei thad i'w chyflawni, sef ennill gwobr yn yr Eisteddfod Genedlaethol. Dyma oedd y cam cyntaf at wireddu'r freuddwyd. Cytunais i fynd i Dŷ Newydd er mwyn ei chefnogi hi. Pob lwc iddi hi wrth iddi geisio gwireddu ei huchelgais, ond yn bersonol doedd gen i ddim diddordeb mewn dysgu sut i strwythuro nofel na chreu cymeriadau credadwy.

Ar y ffordd adref, oedais i weld a oedd gen i ddigon o arian i brynu rhywbeth i swper. Ers i mi gwrdd â Wayne roeddwn i wedi llwyddo i gael gwaith fel glanhawraig am ddwy awr bob bore, ynghyd â fy ngwaith yn clercio i'r ysgol Gymraeg. Roedd gen i rywfaint o incwm; fodd bynnag, roedd yr esgid yn dal i wasgu ac roedd yn rhaid i mi wirio fy nghyfrif banc bob tro roeddwn i'n mynd i siopa i weld faint allwn i fforddio'i brynu.

Er mawr syndod i mi, gwelais fod gen i £200 yn fwy na'r disgwyl yn fy nghyfrif. Dwedai'r ap bancio ar fy ffôn i'r taliad ddod oddi wrth Huws a Davies, y cwmni o ymgymerwyr roedd Iolo'n bartner ynddo, a hefyd y cwmni a ofalodd am Mr Dance. Iolo oedd fy nghyswllt yn y cwmni, gan fod yn well gan Mr Huws, prif bartner y cwmni, ddelio ag angladdau crefyddol yn unig. 'Chwiw' oedden ni'r gweinyddion digrefydd a dyneiddiol, meddai fo.

Yn ffodus i mi, roedd swyddfeydd Huws a Davies wedi eu lleoli ym Mhrestatyn, yr un dref yr oedd y teulu Dance yn byw ynddi, felly mater hawdd oedd i mi alw heibio. Yn fwy ffodus eto, Iolo ac nid Mr Huws oedd ar ddyletswydd yn y swyddfa, er iddi gymryd eiliad i mi sylweddoli mai Iolo ac nid ei fab oedd y tu ôl i'r ddesg. Roedd o wedi eillio ei farf aeafol ers y tro diwethaf i mi ei weld, ac am unwaith gwisgai grys gwyn a thei yn unig – y tro cyntaf i mi ei weld heb ei siwt a'i gôt brudd. Wedi diosg ei ddillad ffurfiol a thorri ei wallt, edrychai'n ifancach nag arfer. Roeddwn i wastad wedi cymryd ei fod o'n agosach i oedran Mr Huws na fy oedran i, ond gwelwn rŵan mod i'n anghywir.

'Su' mae, Iolo?'

Bron iddo neidio allan o'i gadair wrth gydio yn fy llaw a'i hysgwyd yn egnïol.

'Gwawr, pleser dy weld di, fel arfer. Eistedda, plis. Be fedra i neud i dy helpu di?'

'Dwi newydd jecio fy nghyfrif banc a gweld bod taliad o £200 wedi dod i mewn heddiw. Meddwl fy mod i wedi cael fy nhalu'n ddamweiniol ar gyfer angladd Mr Dance, gan i mi ddweud wrth ei ferch na fyswn i'n codi am y gwasanaeth. Dwi'n ffrind i'r teulu, doedd o ddim yn teimlo'n iawn i ofyn am bres.'

'Dyna be ddeudodd hi wrtha i,' meddai Iolo, gan bwyso ymlaen yn ei gadair a dechrau chwilota trwy ei e-byst. 'Dyma ni... neges gan Tanya Dance...' Trodd sgrin ei gyfrifiadur i mi gael ei darllen:

'*Mi neith Gwawr wrthod taliad gennyf fi, felly dwi am i ti ei thalu drwy BACS. Mae hi'n rhy barod i wneud cymwynas ac mor ystyfnig, dyna'r unig ffordd bydd hi'n derbyn y pres. Dydw i ddim eisiau "mates' rates" ganddi, felly plis gwna'n siŵr ei bod hi'n cael ei thalu.*'

Cyn i mi fedru dweud dim, meddai Iolo'n dawel,

'Yn bersonol, dwi'n meddwl dylet ti gadw'r taliad. Wnest ti ddim codi ar Mr Price, na'r brawd a chwaer ifanc gollodd eu rhieni mewn damwain, na dy hen ffrind ysgol... mewn amgylchiadau arbennig weithiau mae'n iawn rhoi gostyngiad, ond mae'n rhaid i ti ennill bywoliaeth hefyd, Gwawr. Os wyt ti'n mynnu gwneud gwaith am ddim yn gymwynas i bawb bydd hi'n amhosib i ti gynnal dy hun... Clywais i fod pethau wedi bod yn anodd i ti'n ddiweddar...' Teimlwn y gwaed yn rhuthro i fy wyneb i bigo'r croen a pheri i mi wrido. 'Maddeua i mi am sôn am y pwnc, ond dwi'n siŵr fod celwyddau'r ddynes yna wedi cael effaith ar dy waith, a byddai'n biti mawr i ni dy golli di fel gweinydd.'

Roedd yn rhaid i mi fedru llyncu'n galed cyn ei ateb.

'Diolch, Iolo. Dwi'n gwerthfawrogi hynny.'

Nid yn unig ei ofal a werthfawrogwn, ond y ffaith iddo roi gymaint o bwyslais ar *gelwyddau*. Dros y misoedd diwethaf teimlwn fel petai pawb yn barod i gredu'r gwaethaf amdanaf fi. Ond roedd gan Iolo unplygrwydd, ac roedd o'n credu fy mod i'n ddieuog o ddifetha priodas, a golygai hynny gryn dipyn. Roedd rhywun o fewn y diwydiant yn dal i gredu yn fy enw da.

Gyda hynny, agorodd drws y swyddfa gefn ac ymddangosodd pen moel Mr Huws.

'Mr Davies, onid oes gennyt ti waith i'w wneud? Faint yn fwy o amser wyt ti am ei wastraffu gyda *hi*?'

Gwgodd arnaf drwy ei sbectol drwchus, cyn diflannu i'r swyddfa eto a chau ei drws yn drwm. Teimlwn y pinnau bach yn rhuthro'n ôl i fy wyneb.

'Mae'n ddrwg gen i am hynny,' meddai Iolo'n dawel. Codais ar fy nhraed.

'Well i mi fynd,' atebais. 'Dwi'm eisiau achosi helynt.'

Cerddais allan o'r swyddfa a rhoi ochenaid ddofn. Dylwn i fod wedi arfer â chael fy nhrin fel *hi* erbyn hyn. Y peth rhyfedd oedd bod y sibrydion yn dal i allu fy niweidio gymaint.

Penderfynais fynd at rywun a wyddai sut i godi fy nghalon. Rhywun a glywodd am fy helynt diweddaraf gyda

Maxine a Darren ac a chwarddodd yn uchel ar abswrdiaeth y sefyllfa. ('Pam ddiawl fyset ti'n mynd yn agos ato fo? Mae o'n edrych fatha blydi ffured!'). Roedd gen i £200 ychwanegol yn gyfoeth, felly penderfynais lenwi'r car â phetrol a mynd draw i Ruthun i gael cwtsh gan Taid.

Shifflodd Taid i lolfa fechan y cartref gofal gyda bocs yn ei ddwylo. Codais ar fy nhraed i'w gyfarch, ac wrth i mi gusanu ei foch gwthiodd y bocs i'm dwylo.

'Dwi am i ti gael rhain,' meddai, heb gyfarchiad o unrhyw fath. 'Does gan dy dad ddim diddordeb ynddan nhw. Cymera di nhw.'

Eisteddon ni ochr yn ochr ar y soffa ac agorais i'r bocs. Fi aeth drwy'r papurau, gan fod cryd cymalau Taid yn gwneud trin y papur yn anodd iddo – hen luniau du a gwyn, tystysgrifau a llythyrau gan aelodau o'r teulu a fu farw ymhell bell cyn i mi gael fy ngeni.

'O'n i'n meddwl fysen ni'n medru mynd trwy'r bocs efo'n gilydd i ti gael deall arwyddocâd popeth,' meddai Taid. 'Ac yna fyset ti mewn sefyllfa i sgwennu rhywfaint o hanes dy deulu – a falle rhywfaint o fy hanes innau, hefyd? Hunangofiant. Fyswn i'n dy dalu di, wrth gwrs.'

'Swn i'n hoffi gweithio ar hwn gyda chi, Taid. Ond dych chi'n gwybod fyswn i ddim yn codi am y gwaith.'

Ochneidiodd Taid yn ddiamynedd, gan glapio ei ddwylo yn erbyn ei bengliniau.

'Dyna dy broblem di... Dyna pam rwyt ti mewn dyled o hyd!'

'Na, dwi mewn dyled achos mae pobl yn 'y mhardduo fi a dwi'n colli gwaith o'u herwydd!'

'Nid be ti'n galw... y Simone 'na sydd wrth ei hen driciau eto?'

Roedd ei henw yn ddigon i ddanfon ias ddigymell drwy 'nghorff. Daeth hi'n agos iawn at fy ninistrio unwaith o'r blaen, ac oedd, roedd lledaenu sibrydion hyll yn rhan o'i *modus operandi...* Ond chwe blynedd yn ôl oedd hynny. Roedd hi'n annhebygol y byddai hi'n dal am fy ngwaed i ar ôl cymaint o amser.

'Dwi'm yn meddwl mai hi sydd y tu ôl i'r peth, Taid. Lot o bobl yn ymddwyn fel defaid difeddwl...'

'Ond mae ganddi hi hanes o neud y fath beth...'

'Oes, ond pa dystiolaeth sy gen i? Sna'm byd yn cysylltu hi efo'r lluniau...' Teimlwn fy hun yn gwrido. Doeddwn i ddim am i Taid feddwl am natur y lluniau oedd yn destun fy nghywilydd.

'Wel, mae'n rhaid i ti gael tystiolaeth, felly! Dos at yr heddlu...'

'Doedden nhw'n fawr o gymorth y tro diwethaf.'

'Ond y tro hwn, falle byddan nhw. Gofynna am ymchwiliad. Mynna ymchwiliad! Neu dos at gyfreithiwr am gyngor... neu'n well fyth, dos i weld y blydi dynes dy hun...'

'Mae'ch ddull chi o sortio pethau yn wahanol i 'null i, Taid.'

'A dyna ydi dy broblem fwyaf, Gwawr – rwyt ti'n gwthio dy ben i'r tywod ac yn disgwyl i'r broblem ddiflannu! Angen i ti gael asgwrn cefn; asgwrn cefn a dipyn o hunan-barch.'

'Mae gen i hunan-barch, Taid. Dyna pam dwi'm am fynd draw i'w thŷ a chychwyn ffrae arall. Os dwi'n anghywir, os nad hi sydd y tu ôl i'r lluniau anweddus a'r ffug adolygiadau, faint o ffŵl wna i edrych am ei beio hi ar gam? Chwe blynedd yn ôl oedd y smonach efo Arwel...'

'A nest ti ei chywilyddio a'i brifo. Wyt ti'n meddwl bydd hi wedi anghofio hynny?'

'Anghofio, na. Ond...'

'Pwy wnaeth, os nad y hi?' gofynnodd Taid. 'Faint o elynion sy gen ti?'

Ochneidiais. Roeddwn i wedi gorwedd yn effro am oriau lawer yn gofyn yr un cwestiwn i mi fy hun.

'Sgen i ddim clem. Un o 'nghystadleuwyr busnes falle? Rhywun arall sydd am weld priodas a bywyd Maxine a Darren yn destun sgandal? Maxine ei hun, o bosib, i gael sylw'r wasg? Ond sgen i ddim ffordd o wybod, achos wnaiff Maxine na'r newyddiadurwr ddim rhannu'r lluniau efo fi.'

'Felly rwyt ti am roi'r gorau i geisio darganfod y gwirionedd...'

'Beth arall alla i neud, Taid? Dwi 'di gwadu'r honiad.'

'Dos at yr heddlu!'

'Wna i ystyried neud.'

Dwedais i hyn er mwyn tawelu Taid, er doeddwn i ddim yn bwriadu gwneud yr eildro. Roedden nhw wedi gwrthod ymchwilio ymhellach i'r mater unwaith o'r blaen, a doedd gen i ddim tystiolaeth ychwanegol i'w chynnig.

Er mwyn newid y pwnc, tynnais fy llyfr gwaith allan o'r

bag. Fel arfer, erbyn yr adeg hon o'r flwyddyn byddai'n hanner llawn nodiadau ar fywydau fy nghleientiaid. Eleni, roeddwn i wedi llenwi llai na chwarter ohono. Agorais y llyfr ar dudalen lân a chodais un o'r lluniau du a gwyn o focs Taid: dynes ifanc mewn ffrog hir, ei chorff main yr un siâp ag awrwydr.

'Pwy 'di hi?' gofynnais.

'Dyna Elen, dy hen nain. Fy mam i. Yn 1913 tynnwyd y llun yna, jest cyn iddi briodi 'nhad...' Ymgollodd Taid yn y gorffennol ac roeddwn i'n ysgrifenyddes ffyddlon, yn nodi ei atgofion yn fy llyfr. Wrth i Taid adrodd ei hanes, dechreuodd Elen ddod yn fyw unwaith eto. Roedd pob tamaid o wybodaeth fel strôc brwsh ar gynfas, a'r prynhawn hwnnw trodd y llun du a gwyn yn bortread byw o flaen fy llygaid. Ond portread mud oedd o; fyddwn i byth yn clywed goslefau ei llais na'i gweld hi fel yr oedd hi yn y cnawd. Roedd fy mhrofiad innau wedi ei hidlo gan atgofion Taid a chan draul amser.

Nid felly y byddai pethau gyda Taid, penderfynais ar ddiwedd ein sgwrs. Byddai disgynyddion y teulu Taylor yn cofio Taid yn union fel yr oedd – oherwydd roeddwn i am ei helpu i ddweud ei stori ei hun.

'Taid, y tro nesaf ddo i draw ddo i â fy nheclyn recordio. Wnawn ni sgwennu'ch hunangofiant.'

6.

Adriana a Dafydd
(2018)

Cyfnewid y modrwyau
Os gwelwch yn dda, gawn ni'r modrwyau?
**(NB – gan bwy mae'r modrwyau os nad oes
gan Dafydd was priodas?)**

Mae rhoi modrwy yn weithred lawn arwyddocâd.
Cylch yw'r fodrwy briodas, heb ddechrau na diwedd,
ac felly'n symbol o gariad heb ddiwedd; yn symbol
o undod a heddwch. Mae'r cylch yn cynrychioli
cylch bywyd a chylchdro'r tymhorau. Dafydd ac
Adriana, mae'r modrwyau yma yn symbol o'ch
cariad a'ch undod, a fydd, fel cylch, heb ddiwedd.

The giving of a ring has always been an act full of
meaning. The wedding ring is a circle, having no
beginning and no end. It is a symbol of unending
love of wholeness, co-operation and peace. The
circle of this ring represents the great circle of life,
and the cycle of the seasons. Dafydd ac Adriana,
let these rings be a symbol of your unending love,
strength and faithfulness for each other.

Dafydd, cymer fodrwy Adriana yn dy law di.
A wnei di ailadrodd ar fy ôl i:

DAFYDD: Adriana, mi wna i dy garu di, er gwell neu er gwaeth, mewn tlodi a digonedd, mewn iechyd da ac iechyd gwael, trwy ein hieuenctid a'n henaint. Rhoddaf i ti'r fodrwy hon fel arwydd o fy nghariad, a fy mwriad i aros yn ffyddlon i ti am weddill ein bywydau.

Adriana, cymer fodrwy Dafydd yn dy law di. A wnei di adrodd ar fy ôl i... (OEDI. EDRYCH AR DAFYDD) Na, does dim rhaid i mi gyfieithu'r darn hwn i'r Saesneg, achos heb yn wybod i ti, Dafydd, mae Adriana wedi bod yn dysgu'r Gymraeg ers blwyddyn a mwy.

ADRIANA: Dafydd, mi wna i dy garu di er gwell neu er gwaeth, mewn tlodi a digonedd, mewn iechyd da ac iechyd gwael, trwy ein hieuenctid a'n henaint. Rhoddaf i ti'r fodrwy hon fel arwydd o fy nghariad, a fy mwriad i aros yn ffyddlon i ti am weddill ein bywydau.

OEDI I ROI EILIAD I DAFYDD BROSESU'R FFAITH.

I'R GYNULLEIDFA: Adriana has been secretly learning Welsh, and her wedding vows are the first time Dafydd has heard her speak his mother tongue.

Datganiad

Dafydd ac Adriana, rydych wedi dathlu a datgan eich cariad drwy wneud addewidion a chyfnewid modrwyau. Mae'n bleser mawr gen i ddatgan eich bod yn ŵr a gwraig. Dafydd, fe gei di gusanu'r briodferch.

Un bore braf ym mis Mehefin, bedwar mis ers i mi gynnal priodas ddiwethaf, ges i alwad ffôn gan fenyw ifanc o'r enw Adriana. Roedd hi a'i phartner, Dafydd, wedi dyweddïo ers rhai blynyddoedd, ac roedd ganddyn nhw fab o'r enw Josiah. Roedd o ar fin troi'n flwydd oed, ac roedden nhw wedi penderfynu cynnal parti pen-blwydd iddo; a gan y byddai'r rhan fwyaf o'u teulu a'u ffrindiau yn dod draw ar gyfer hwnnw fe gawson nhw'r syniad o gynnal seremoni enwi iddo ar yr un diwrnod... a gan eu bod nhw'n cael seremoni enwi, pam nad cael priodas yr un pryd?

"Dan ni am briodi tu allan,' meddai Adriana, 'felly does dim rhaid i ni ddisgwyl i gael bwcio lleoliad, a dwi am wisgo hen ffrog laes fy nain, felly does dim rhaid caniatáu amser ar gyfer archebu a ffitio ffrog. 'Dan ni am gadw pethau'n reit syml, ac oherwydd hynny roedden ni'n meddwl priodi mis nesaf. Wyt ti ar gael ar y 3ydd?'

Mae gwaith fel gweinydd priodas yn hynod gystadleuol, felly roedd hi'n syndod ei bod hi a Dafydd am fy newis i heb gyfweliad o unrhyw fath. Wrth gwrs, derbyniais i ar unwaith.

Y bore wedyn, es i draw i gwrdd â nhw yn y fan lle roedden nhw'n dymuno priodi; coetir ar dir coleg amaethyddol, lle'r roedden nhw'n rhedeg ysgol goedwig i blant a phobl ifanc. Dros baned o de mintys yn eu gardd wyllt ges i glywed sut ddaeth y tri ohonyn nhw i fod yn byw mewn hen fwthyn cipar.

Y gwyddorau amgylcheddol oedd maes Adriana, a chadwraeth oedd arbenigedd Dafydd. Mi wnaethon nhw gyfarfod yn Lloegr, wrth weithio ar brosiect ailwylltio. Un o

Wynedd oedd Dafydd yn wreiddiol. Ganed Adriana yn Swydd Efrog, ond o Jamaica ddôi ei mam a'i thad. Ar ôl i'r prosiect ailwylltio ddod i ben teithion nhw ledled Prydain yn chwilio am waith, gan dreulio rhai blynyddoedd yn byw mewn eco-gomiwn ('fel cwpl o *hippies*,' meddai Adriana yn ddireidus). Fodd bynnag, pan sylweddolon nhw fod Adriana yn disgwyl, mynnodd Dafydd y byddai ei fab yn cael ei fagu yng Nghymru ac yn siarad Cymraeg. Dychwelon nhw i ogledd Cymru, ac ers naw mis buon nhw'n byw ar dir y coleg fel gwarchodwyr rhai o'r anifeiliaid a oedd yn byw ar safle'r coleg amaethyddol, a hefyd yn gweithio fel tiwtoriaid addysg awyr agored. Roedden nhw'n byw mewn hen fwthyn cipar yng nghanol llannerch goediog, yn magu ieir ac yn tyfu eu llysiau a'u ffrwythau eu hunain. Caent ddefnyddio cerbydau'r coleg at ddibenion gwaith, ond beiciau oedd eu prif drafnidiaeth, gyda Josiah wedi'i glymu ar gefn ei dad. Eglurodd Dafydd eu bod nhw'n ceisio creu cyn lleied o wastraff a byw mewn modd mor gynaliadwy â phosib. Roeddent am gynnal y seremoni ei hun yn y goedwig o flaen y tŷ, a choginio'r wledd briodas eu hunain, gyda chymorth eu teuluoedd.

'Efo cacennau cri nain Dafydd a reis a phys fy mam i 'dan ni'n gobeithio creu *fusion food* newydd – Affro-Gymreig!' meddai Adriana. Byddai'r holl ddillad yn rhai a roddwyd gan aelodau o'r teulu, a byddai'r holl addurniadau yn naturiol. Roedd myfyrwyr y coleg wedi cynnig gwneud tusw Adriana, a chegin y coleg wedi cytuno i fenthyg llestri at y wledd briodas.

Cefais fy nhywys draw at ble y dymunent wneud eu haddewidion: o dan ganghennau hen dderwen a dyfai ryw ddau gan llath o'r bwthyn ei hun. Hon, yn ôl Dafydd, oedd coeden hynaf y goedwig.

Wrth i ni gerdded drwy'r coetir meddai Adriana, "Dan ni mor ffodus i gael byw a gweithio mewn rhywle mor brydferth. Roedden ni'n hoffi'r syniad o briodi yma, achos mae'r rhan fwyaf o bobl yn dewis gwesty neu gastell, ac ân' nhw fyth ar gyfyl y lle eto. Ond os ydan ni'n priodi yma, reit o flaen ein drws ffrynt, bob tro awn ni allan o'r tŷ wnawn ni gofio diwrnod hapusaf ein bywydau!'

Roeddwn i wrth fy modd yn gwylio Dafydd ac Adriana efo'i gilydd. Roedden nhw'n gorffen brawddegau ei gilydd, ac ambell dro yn ciledrych ar ei gilydd ac yn dechrau chwerthin heb i'r un ohonyn nhw ddweud yr un gair – yn amlwg yn deall meddyliau'r llall yn iawn.

Gofynnais iddyn nhw ysgrifennu paragraff yr un a'i ddanfon ataf fi heb i'r llall weld.

'Dwi am osod gwaith cartref i chi,' dwedais, gan swnio fel athrawes ysgol. 'Traethawd bychan yn nodi'r holl resymau rydych chi am dreulio gweddill eich bywydau efo'ch gilydd.'

Rydw i wastad yn cadw'r cyfraniadau yn gyfrinachol tan ddiwrnod y briodas, ac yn darllen yr holl resymau yn uchel yn ystod y seremoni.

Pan aeth Dafydd i newid clwt Josiah, sibrydodd Adriana ei chynllun i mi: heb yn wybod i Dafydd roedd hi wedi bod yn dysgu Cymraeg. Doedd hi ddim yn rhugl eto, ond roedd ganddi ddigon o Gymraeg i fedru gwneud ei haddewidion yn yr iaith. Y tro cyntaf i Dafydd glywed ei gariad yn siarad Cymraeg fyddai wrth iddi addo ei garu am byth.

Holais Adriana sut lwyddodd hi i ddysgu iaith newydd sbon, a hithau'n byw ac yn gweithio ochr yn ochr â Dafydd.

'Wel, unwaith bob wsnos dwi'n deud wrtho fy mod i'n mynd i *cross training* yn y ganolfan hamdden... ond yn lle hynny dwi'n mynd i'r llyfrgell at y dosbarth Sylfaen, ac yna'n rhedeg ugain gwaith o gwmpas y maes parcio nes fy mod i'n chwys domen!'

Ar ôl i mi gyrraedd adref cefais neges e-bost gan Dafydd – roedd ganddo yntau gyfrinach i'w chadw rhag ei gariad. Roedd o wedi trefnu i hoff fand gwerin Adriana gynnal twmpath yn rhan o'r dathliad, ond roedd o hefyd wedi comisiynu cân yn arbennig iddi hi, ac am gael hynny'n rhan o'r seremoni.

Ar ben hynny, roedd y ddau ohonyn nhw am i mi feddwl am ffordd symbolaidd o gydnabod y rhai a fyddai'n absennol o'r briodas, gan gynnwys ffrind gorau Adriana fu farw ychydig fisoedd yn ôl. Doedd Adriana heb ddewis neb arall yn forwyn, a doedd Dafydd chwaith ddim yn siŵr a fyddai ganddo was priodas. Roedden nhw am gael seremoni enwi i Josiah, ond am gadw hynny rhag eu teuluoedd tan y diwrnod mawr. Gadewais y bwthyn bach gyda fy llyfr yn llawn dop o nodiadau.

O fewn dim o dro roedd mis Mehefin yn tynnu at ei derfyn. Rhaid i mi ddweud, o blith yr holl briodasau rydw i wedi eu cynnal, dyma'r un oedd orau gennyf fi, o bell ffordd. Roedd Adriana yn byrlymu gan lawenydd, a Dafydd, oedd fel arfer yn benderfynol, yr un mor swil â Josiah.

Safent o dan fwa wedi ei addurno â blodau'r ysgawen, gyda'r gwesteion mewn siâp cryman o'u hamgylch. Eisteddai Josiah wrth draed ei rieni drwy gydol y seremoni, yn chwarae'n hapus braf gyda phentwr o flociau pren ac yn chwerthin yn uchel bob hyn a hyn, gan wneud i bawb arall chwerthin hefyd. Doedd yna ddim o'r gorymdeithio na'r ffurfioldeb sy'n rhan o seremonïau arferol: dim ond dau berson yn edrych i fyw llygaid ei gilydd fel petai yna neb arall yn bodoli.

Ond cefais sioc pan ofynnais am y modrwyau. Tybiwn eu bod nhw ym mhoced Dafydd, gan nad oedd neb yn was priodas iddo, ond camodd dyn allan o'r dorf a chynnig bocs lledr i mi – a'r dyn a gamodd ymlaen oedd Wayne. Yn sydyn, disgynnodd popeth i'w le. Claire oedd morwyn briodas Adriana, ac am y rheswm hwnnw doedd Wayne ei hun ddim yn dymuno cael rôl flaenllaw yn y seremoni. Edmygwn ei ddewrder yn dod i ddathlu, er mod i'n gwybod yn iawn pa mor boenus fyddai'r profiad iddo, dim ond pum mis ers iddo golli ei wraig ei hun.

Cawsom interliwd gerddorol wrth i'r band chwarae'r alaw a gyfansoddwyd yn arbennig ar gyfer Adriana, ac yna daethon ni at seremoni enwi Josiah. Fersiwn cwta o fy seremoni arferol oedd hi, yn para rhyw ddeng munud yn unig. Roeddwn i wedi mopio gyda Josiah bach. Roedd ganddo lygaid brown anferthol ei fam a chwiliai ganghennau'r goedwig yn chwilfrydig am wiwerod ac adar. Roedd o newydd ddechrau cerdded, a thrwy gydol y seremoni enwi arweiniodd ei dad, law yn llaw, mewn cylchoedd simsan o fy amgylch i. Pan ddaethon ni at addewidion ei rieni, cydiodd Dafydd ynddo a'i osod yn fy mreichiau i, er mwyn iddo fedru mynd i chwilota yn ei bocedi am ddarn o bapur; ac roedd Josiah yn fodlon aros ar fy nglin drwy gydol y ddefod, yn syllu ar ei rieni fel petai'n deall pob gair o'r hyn a ddwedent wrtho. Roedd ei rieni wedi ysgrifennu eu haddewidion eu hunain: rhestr hir a manwl gan Adriana o'r holl ffyrdd y bwriadai ddangos ei chariad tuag at ei mab, a'i ddysgu sut i wneud y byd yn lle gwell. Un addewid yn unig oedd gan Dafydd: 'Mi wna i dy garu di o dy anadl gyntaf hyd fy anadl olaf innau.'

Er i mi geisio paratoi fy hun o flaen llaw, wrth iddo ddweud y geiriau teimlwn fy llygaid yn llenwi â dagrau a chefais drafferth troi at y gynulleidfa ac annerch y rhieni arweiniol i ofyn iddyn nhw ymuno â ni. Yna, codais fy llygaid a gweld nad y fi oedd yr unig un oedd yn ddagreuol.

Chwech o rieni arweiniol oedd gan Josiah, sef pobl a ddewiswyd gan Dafydd ac Adriana i ymddwyn fel ffrindiau a chynghorwyr wrth iddo dyfu'n hŷn. Wayne oedd yr olaf o'r rhain i gamu ymlaen, ac ato fo yr ymestynnodd Josiah ei freichiau. Trosglwyddais y bychan i freichiau Wayne er mwyn i mi gael codi fy sgript unwaith eto. Wrth reddf, pwysodd Josiah ei ben ar ysgwydd Wayne a swatio ei ben yn ei wegil. Mwytho ei wallt du yn gariadus wnaeth Wayne, gan droi ei ben ryw fymryn fel na allai neb heblaw am Adriana, Dafydd a minnau weld y deigryn a redai i lawr ei foch.

Gorffennodd y seremoni gyda'r ddefod symbolaidd o blethu rhubanau lliwiau baner Cymru a lliwiau baner Jamaica, i greu byntin hardd a fyddai'n atgoffa Josiah o'i dreftadaeth ddeuol. Chwaraewyd alaw Adriana gan y band gwerin, a brysiodd mamau, chwiorydd a neiniau'r naill deulu a'r llall i ddadorchuddio a chynhesu'r bwffe, ac aeth y gwesteion eraill at ganghennau'r coed i greu plethi lliwgar a fyddai'n addurno ystafell wely Josiah.

Daeth Dafydd draw a 'ngwasgu mewn cwtsh.

'Roedd hynny'n berffaith, pob eiliad ohono,' meddai'n ddiffuant. 'Wna i gofio heddiw am byth. Diolch o galon, am bopeth.'

Cefais gwtsh tebyg gan Adriana.

'Wnei di aros a dathlu efo ni?' gofynnodd hi'n glên. 'Paid â deud "na"! Ti'n rhan o'n diwrnod – fedri di ddim mynd adref eto!'

Cefais fy nhemtio'n arw i aros, ond yna trois i weld Wayne yn sefyll nid nepell i ffwrdd, yn edrych arnom ni. Roedd o wedi pesgi rhyw ychydig ac edrychai'n iachach ers y cyfarfod anffodus yna yn y goedwig, ond daliai i edrych yr un mor dorcalonnus o drist. Sibrydais yng nghlust Adriana,

'Fyswn i wrth fy modd, ond dwi'n meddwl fyse'n well i mi beidio ag aros. Dwi'm yn meddwl bod fy ngweld i yma yn gwneud lles i Wayne.'

'Nonsens!' meddai hi. 'Wayne naeth dy argymell di! Dwedodd o fyset ti'n berffaith.'

Cydiodd hi yn fy llaw a fy hanner llusgo i at ble safai Wayne, yn llymeitian o wydriad o sudd oren.

'Onid oedd Gwawr yn wych, Wayne?' Nodiodd ei ben a rhyw hanner gwenu arnaf. Aeth Adriana yn ei blaen fel petai'n benderfynol o'n gorfodi i siarad â'n gilydd. 'Sgiws mi, ond rhaid i mi fynd i weld os oes angen help ar fam Dafydd... nei di nôl diod i Gwawr, os gweli di'n dda? Ac yna, falle byse'n neis iddi gael gweld coeden Claire...'

Gwenodd yn addfwyn arnom, ac yna rhedodd fel plentyn ar draws y llannerch, hem laes ei ffrog hir yn chwipio'n ysgafn yn yr awel i ddangos ei hesgidiau Dr. Martens coch. Am eiliad hir, letchwith safai Wayne a minnau gyferbyn â'n gilydd yn syllu ar y pridd wrth ein traed.

'Dwi'n deall bod arna i ddiolch i ti am y swydd hon...'

'Croeso,' atebodd yn swta. Herciodd ei ben at fwrdd yn llawn diodydd. 'Prosecco neu sudd oren?'

Cerddais draw at y bwrdd a chymerais sudd oren i fi'n hun.

'Dwedodd Adriana fod ti wedi plannu coeden er cof am Claire?' gofynnais, gan resynu nad oedd Betsan yna i dorri'r iâ unwaith eto.

'I lawr fanno mae hi...' Rhoddodd ei wydr gwag yn ôl ar yr hambwrdd a dechreuodd gerdded i gefn y bwthyn.

'Sut mae pethau 'di bod?' gofynnais. 'Sut wyt ti?' Oedodd, gan droi i edrych i lawr arnaf fi.

'Wyt ti wirioneddol isio gwybod yr ateb? Neu gofyn i fod yn gwrtais wyt ti, fatha pawb arall?'

'Fyswn i ddim yn gofyn heblaw mod i am wybod,' atebais, gan edrych i fyw ei lygaid tywyll. Arhosodd yn dawel nes ein bod ni bellter oddi wrth weddill y gwesteion, ac allan o glyw pawb arall.

'Os wyt ti am wybod – mis yn ôl, 'nes i feddwl lladd fy hun. Mwy na meddwl – es i allan i'r sied i nôl rhaff i neud cwlwm. A'r unig reswm 'nes i beidio â gwneud oedd am fod Betsan yn eistedd wrth fy nhraed... Ac wrth i mi glymu'r cwlwm clywais lais Claire yn deud wrtha i am beidio â bod mor wirion... a meddylies i, pwy wyt ti i gynghori fi, ar ôl be wnest ti? Nest ti 'ngadael i – pam mae rhaid i mi ddioddef ar ben fy hun? Be 'di'r blydi pwynt?'

Doedd Iolo ddim wedi sôn sut y bu Claire farw, ond wrth glywed geiriau Wayne, sylweddolais nad marw o afiechyd neu mewn damwain wnaeth hi.

'Lladd ei hun wnaeth Claire 'lly?' gofynnais yn dawel. Nodiodd Wayne ei ben.

'Crogi ei hun,' meddai, ei lais yn gryg. 'A fi ddaeth o hyd iddi.'

'Mae'n ddrwg gen i...' dwedais, yn boenus o ymwybodol o annigonolwydd fy ngeiriau.

'Dwi'm yn ei beio hi. Taswn i wedi dioddef fel y gwnaeth hi, fyswn i 'di rhoi'r ffidil yn y to flynyddoedd yn ôl. Dwi'n meddwl o hyd, petawn i 'mond wedi cwrdd â hi yn gynt, falle byse pethau wedi bod yn well a fyswn i wedi medru ei hachub hi cyn i'w hiselder gydio...'

Trodd Wayne ar ei sawdl a cherdded i ffwrdd unwaith

eto. Deallais ei fod yn gadael am nad oedd o am i mi ei weld o'n crio. Oedodd ryw ugain llath o ble safwn i, gan bwyso yn erbyn coeden. Trodd ei gefn, gan orchuddio ei lygaid. Ar ôl rhyw funud, sychodd ei lygaid gyda'i lawes. Yn betrusgar, es i draw a sefyll wrth ei ochr.

'Sut fedra i fynd ymlaen hebddi?' gofynnodd yn ddiymgeledd.

'Un diwrnod ar y tro,' atebais. 'Un awr ar y tro. Ac os ydi hynny'n ormod, un funud ar y tro. Os ydi'r funud yn rhy hir, rwyt ti'n canolbwyntio ar roi un troed o flaen y llall, a dal ati i anadlu. Mi neith y boen basio. Dwi'n addo i ti, mi neith hi bylu.'

Cyn i mi sylweddoli beth oedd yn digwydd, roedd ei freichiau am fy ysgwyddau ac yn fy ngwasgu i'n galed fel petai o'n llongwr yn cydio mewn darn o froc môr i atal ei hun rhag boddi. Daliodd fi mor hir, sylwais ar bob manylyn bach: curiad ei galon, cyhyrau cnotiog ei freichiau, a'r ffaith na wisgai bersawr o unrhyw fath. Clywn arogl y goedwig ar ei grys a'i wallt. Gwallt brown oedd ganddo, ond y math o frown a oedd yn agosach at lwyd na brown ei lygaid. Sylwais ar hyn oll, cyn cau fy llygaid ac ymgolli yn ei gwtsh.

'Diolch,' sibrydodd. 'Roedd angen i mi glywed hynny.' Sychodd ei lygaid gyda'i lawes unwaith eto. 'Est ti drwy rywbeth tebyg, do?' Nodiais fy mhen. 'Dyna pam fod ti'n neud hyn fel gwaith, ie?'

'Un o'r rhesymau. Ond dwi'm yn gwnselydd, felly fyse'n werth i ti siarad efo rhywun mwy profiadol na mi. Dim ond siarad o brofiad dwi.'

'Mi wna i hynny,' meddai. 'Wythnos diwethaf, ges i dridie lle nad es i'n bellach na'r drws cefn i adael Betsan allan i'r ardd. Ar ôl bron i bum mis fyset ti'n disgwyl i bethau fynd yn haws, ond os rhywbeth, mae'n mynd yn anoddach. Mae hi bron fel petai pobl yn disgwyl i fi ddechrau symud ymlaen a gwella, ac mae fan hyn...' – tapiodd ei ben gyda'i fys – '... mae fan hyn yn deud, *dim eto*.'

'Mae gen i ofn falle gwnei di deimlo felly am dipyn hirach eto,' atebais. 'Eto, siarad o brofiad personol ydw i, ond hyd yn oed rŵan, flynyddoedd wedyn, dwi'n cael diwrnodau lle mae'r galar yn ymosod yn annisgwyl, a dwi'n crio dros y peth lleiaf...'

'Wel, os byddi di byth yn teimlo fel siarad efo rhywun sy'n deall yn union sut ti'n teimlo, ti'n gwybod ble dwi'n byw...'

'A'r un peth i ti, Wayne. Cofia fod Josiah dy angen di'n rhiant arweiniol iddo.' Deuthum yn ymwybodol bod sawl person, gan gynnwys Dafydd ac Adriana, yn ein gwylio ni o bell. Synhwyrais gywilydd Wayne o'i osgo. Trois ac edrych i gyfeiriad y bwffe. 'Yli, dwi am bicied i'r tŷ bach. Fyddet ti'n iawn ar ben dy hun?' Nodiodd ei ben, heb gwrdd â'm llygaid. 'O, a Wayne... Diolch.'

Codais hem fy ffrog hir, i ddangos fy mod i'n gwisgo esgidiau cerdded ei wraig. Roedden nhw wedi ymdopi â llawr anwastad a thamp y goedwig dipyn gwell na fy sodlau arferol. Gwelais y wên leiaf yn crychu corneli ei geg.

'Fyse Claire 'di bod yn falch i'w gweld nhw'n cael eu

defnyddio. Dim ond newydd eu prynu nhw oedd hi. Does yna ddim atgofion yn perthyn iddyn nhw, felly mi fedra i adael i'r rheini fynd.'

Dychmygais ei hanner hi o'r cwpwrdd dillad, ei cholur a'i sanau a'i dillad isaf yn dal i lenwi hanner yr ystafell wely. Roedd yr holl boen o gael gwared ar ei phethau yn dal i fod o'i flaen, felly. Teimlwn drosto'n arw, ond llwyddais i guddio hyn â gwên.

'Dwi'n gwerthfawrogi dy garedigrwydd...'

'Wel, y tro nesaf paid â bod mor gyndyn o dderbyn cymorth gan rywun!' atebodd yn swta, ond yna, mi wenodd eto i ddangos nad oedd o ddifri. 'A'r tro nesaf mi wna i drio bod yn llai cyndyn o dy gael di i dderbyn fy nghymorth.' Cyfeirio roedd o at gydio yn fy mraich a cheisio fy nhywys i lawr ochr y bryn. Ymddiheuriad, o ryw fath.

Arhosais i ddathlu'r briodas. Mwynheais i'r wledd o fwyd figan a llysieuol roedd y teulu wedi'i pharatoi, a thrwy gydol y wledd ges i bobl yn dod draw i ganmol y gwasanaeth ac i ofyn y cwestiynau arferol ynglŷn â fy ngwaith. Perfformiodd y band gwerin unwaith eto wrth i bawb giniawa, a chriodd Adriana ddagrau o lawenydd wrth glywed yr alaw a gyfansoddwyd yn arbennig iddi hi. Yna, ail syrpréis y prynhawn: cododd hi ar ei thraed o flaen pawb ac adrodd 'Mi gerddaf gyda thi' yn berffaith – ei hanrheg i Dafydd, a oedd erbyn hyn yn eithaf dagreuol ei hun. Roedd o wedi synnu at ruglder ei wraig, ac wrth ei fodd gyda'r ffaith y byddai'r ddau ohonynt bellach yn medru siarad Cymraeg gyda'i gilydd, a chyda Josiah.

Wedi i'r llestri gael eu clirio, arweinion nhw'r twmpath unwaith eto, gan fynnu bod pawb yn ymuno â'r ddawns. Gan nad oedd gen i bartner cynigiais warchod Josiah, a syrthiodd i gysgu'n fodlon ei fyd gyda'i ben ar fy ysgwydd. Eisteddais ar ymyl y gymanfa yn gwylio'r miri, yr un mor fodlon fy myd. Sylwais ar Wayne yn eistedd fwy neu lai'n uniongyrchol gyferbyn â ni, yn gwylio'r dawnsio yn yr un modd. Bob hyn a hyn byddai rhyw ferch yn cydio yn ei law ac yn ceisio ei ddenu i ddawnsio, ond gwelais o'n ysgwyd ei ben bob tro.

Cefais hi'n anodd tynnu fy llygaid oddi ar Dafydd ac Adriana, a oedd yn troelli ac yn hercian o amgylch y cylch ac yn chwerthin a chwerthin. Roedd y ddau ohonyn nhw'n gymeriadau pur annhebyg, ond rhywsut, yn gweddu i'w gilydd yn berffaith. Roedd Josiah yn ffodus iawn i'w cael nhw'n rhieni iddo.

Fel petai'n medru darllen fy meddyliau, symudodd Josiah yn ei gwsg, gan symud ei ben o fy ysgwydd chwith i'r ysgwydd dde. Dechreuodd sugno ei fawd, a theimlwn bwl o genfigen at ei rieni arweiniol a fyddai'n cael y fraint o wylio'r bychan yn tyfu.

'Ti'n edrych yn reit gyfforddus yna,' sibrydodd llais yn fy nghlust. Codais fy mhen gyda braw i weld bod Wayne wedi sleifio ar draws y cylch a dod i eistedd wrth fy ochr. 'Oes gen ti blant?'

'Yn anffodus, nac oes,' atebais.

'Finne chwaith. Roedden ni'n gobeithio cael rhai, ar ôl i

ni briodi. Ond dirywiodd iechyd meddwl Claire, a doedd hi ddim am gael plant nes bod hi'n gryfach.'

'Falle gei di rai, rhyw ddydd,' dwedais, a gwingo'n syth gan mor ddi-dact y swniai hynny.

Ychydig o oriau'n gynt dwedodd o ei fod o'n dal i alaru am ei wraig, a dyma fi'n trafod cyfarfod dynes arall a chael plant... Diolch byth na chymerodd Wayne yr hyn a ddwedais i yn yr ysbryd anghywir.

'Na, mi fydda i'n bedwar deg pump y flwyddyn nesaf... Rhy hen i feddwl am bethau felly. Dwi'm isio bod mewn cadair olwyn yn rhedeg ar ôl plentyn.' Estynnodd allan a chyffwrdd llaw Josiah gyda'i fys. 'Ond mi fydda i'n dad arweiniol i'r boi bach yma, a bydd hynny'n ddigon.'

'Dwi yn yr un cwch â ti,' dwedais yn ysgafn, er bod meddwl am fy sefyllfa wedi peri ambell noson ddi-gwsg. 'Dwi'n dri deg saith. Hyd yn oed petawn i'n cyfarfod dyn ac yn syrthio mewn cariad ac yn ddigon sefydlog i feddwl cychwyn teulu, fyse fo ddim mor hawdd â hynny. Unwaith rwyt ti yn dy dridegau hwyr mae'r tebygrwydd o broblemau...' Stopiais fy hun rhag mynd ymhellach. 'Ond am bwnc diflas i'w drafod mewn priodas!'

Yr eiliad honno, crwydrodd un o ffrindiau Dafydd heibio gyda photel gwrw yn ei law. O'r ffordd sigledig y cerddai a'r olwg ddryslyd yn ei lygaid, roedd yn amlwg ei fod o wedi bod yn yfed ers cyn y seremoni. Pwyntiodd ei botel at Wayne.

'Wel, dwi 'di clywed am bobl yn cael *hookups* efo'r *bridesmaids* mewn priodas, ond byth y ficer...'

Mewn chwinciad roedd Wayne ar ei draed, yn dal yng ngholer crys y boi fel mai modfeddi'n unig oedd rhwng eu hwynebau. Sisialodd ei eiriau rhag ofn iddo ddeffro Josiah.

'Gwranda, taswn i'n unrhyw le arall heblaw am briodas fy ffrind gorau...'

'Ocê, mêt, jocian o'n i,' meddai'r dyn, gan geisio tynnu ei hun yn rhydd.

Pwyntiodd Wayne ataf fi, a ches i fy mrawychu gan yr olwg ffyrnig ar ei wyneb.

'Mae Ms Taylor yn ddynes broffesiynol, a dwi'n galaru am fy ngwraig a fu farw lai na chwe mis yn ôl. Ti'n dal i feddwl bod dy jôc fach yn ddoniol? Wyt ti?'

Ysgydwodd y dyn ei ben, gan ollwng ei botel gwrw i'r llawr a chodi ei ddwylo yn yr awyr fel petai'n ildio.

'Sori, mêt, sori...'

Gadawodd Wayne iddo fynd a safodd am eiliad yn rhythu ar ei ôl, fel petai'n flaidd yn barod i'w rwygo'n ddarnau. Synnais at ba mor gyflym y trodd hwyliau Wayne – o fod yn dadol i fod yn gynddeiriog mewn amrantiad llygad.

'Dwi am fynd adre,' meddai. 'Angen mynd â Betsan am dro.' Nodiais fy mhen, ond ni chodais i ffarwelio â fo gan fod Josiah yn dal mewn trwmgwsg yn fy mreichiau.

'Drycha ar ôl dy hun, Wayne,' dwedais.

'A tithe'r un fath,' meddai, gan godi llaw a throi i adael.

Oedd o'n mynd adref am fod ganddo gywilydd fod pobl wedi ein gweld ni'n siarad ac yn meddwl ein bod yn fflyrtian? Eisteddwn gyda Josiah yn fy mreichiau, ond roedd fy mochau'n boeth gan gywilydd. Teimlwn yn ddiolchgar pan ddaeth un o neiniau Josiah draw i fynd â fo i'r gwely. Ffarweliais â'r creadur bach annwyl, a dechreuais feddwl ei bod hi'n amser i mi fynd adref hefyd. Ond wrth i mi fynd i hel fy mhethau, gwelais y dyn y bu bron iddo gael cweir gan Wayne yn cerdded draw ataf fi.

'Sori am be ddigwyddodd o'r blaen,' meddai, gan swnio'n ddiffuant ac yn hollol sobr. 'Do'n i wir ddim yn gwybod ei fod o wedi colli ei wraig. Dim fy mwriad oedd ypsetio'r un o'r ddau ohonoch chi...'

'Mae'n iawn,' atebais yn swta, yn dal i gasglu fy nghardigan, fy mag llaw a fy ffolderi ynghyd.

'A deud y gwir, 'runig reswm i mi neud jôc mor wael oedd fy mod i'n ceisio gweld os oeddet ti a fo yn gwpl...' Edrychodd yn wylaidd ar y llawr.

'Yn amlwg, na, dydan ni ddim.' Saib ychydig yn lletchwith, ac yna mi gododd o'i lygaid i gwrdd â fy rhai i.

'Ti'm yn cofio fi o gwbl, nag wyt?'

Edrychais ar ei wyneb – yr ên sgwâr a'r llygaid diffuant, mor dywyll roedden nhw bron yn ddu. Roedd yna rywbeth cyfarwydd amdano, ond...

'Matthew. Oedden ni yn yr ysgol uwchradd gyda'n gilydd.'

Wrth iddo ddweud hynny, ffliodd fy llaw at fy ngheg. Y tro diwethaf i ni gyfarfod dim ond rhyw ddeuddeg oedd o – crwt swil gyda ffrinj oedd yn rhy hir o lawer iddo, yn gwneud llygaid llo bach arnaf fi o sedd flaen y bws. Fues i'n ffrindiau gyda'i chwaer hŷn, cyn i'r teulu symud i Wrecsam i fyw. Aeth yn ei flaen,

'Siŵr dwyt ti ddim yn fy nghofio i – ro'n i'n iau na ti.'

'Dwi'n dy gofio di rŵan – ond mae cymaint o amser 'di mynd heibio ers i ni weld ein gilydd. Sut wyt ti? Su' mae Rhiannon?'

Eisteddon ni ar foncyff i sgwrsio, a dyna lle roedden ni awr a hanner yn ddiweddarach, yn dal i hel clecs am y bobl fuon ni'n ffrindiau gyda nhw yn yr ysgol: ysgariadau, achosion llys, damweiniau a phriodasau a phlant lu. Ond roeddwn i'n ofalus i beidio ag ateb ei gwestiwn am fy statws carwriaethol, a hefyd i osgoi gofyn a oedd ganddo fo gariad.

Gwelais bobl yn gosod allan sosbenni mawr o gyrri a reis llysieuol i'r gwesteion. Pryderwn fy mod i wedi aros yn hirach nag oedd yn weddus, ond wrth i mi ffarwelio â Matthew a pharatoi i adael, ces i fy nal gan Dafydd ac Adriana, ac ar eu hanogaeth cytunais i aros am swper. Aeth Matthew i nôl diod arall i'r ddau ohonom ni, ac aethom i sefyll a gwylio pobl yn adeiladu coelcerth, yn bwydo'r tân fel bod y fflamau'n codi'n uwch ac yn uwch. Roedd yna rywbeth hudol am ddawns y fflamau, a safodd y ddau ohonom ochr yn ochr am sbel, yn ddigon cyfforddus yng nghwmni ein gilydd i ddweud dim. Ar ochr arall y llannerch, dechreuodd y band gwerin chwarae eto, ac yn sydyn trodd Matthew ataf fi.

'Dwi 'di cael cwpl o ddiodydd, neu fel arall fyswn i byth efo'r gyts i neud hyn, er mod i wedi bod isio neud ers mod i'n ddeuddeg oed... ond tisio dawnsio?'

7.

Huw Elias

(2012)

'Sori... sori... sori...' ymddiheurais wrth i mi ddringo i gar Tanya. Roeddwn i ugain munud yn hwyr yn cyfarfod â hi – anfaddeuol gan ei bod hi wedi cynnig gyrru'r ddwy ohonom draw i Lanystumdwy ar gyfer y cwrs yn Nhŷ Newydd.

Roeddwn i'n hwyr am i mi dreulio noson fythgofiadwy yn cysgu o dan y coed y tu allan i'r bwthyn. Dawnsiais gyda Matthew tan yn hwyr yn y nos, a thra oeddem yn hercian ac yn chwyrlïo i gyfeiliant acordion a ffidil, roedd teulu Dafydd wrthi'n gosod pebyll niferus dan ganghennau'r coed. Roedd croeso i'r gwesteion gysgu yn y pebyll, neu i fenthyg sach gysgu a dod o hyd i le o flaen y tân. Yn hytrach na chymryd pabell gyfan i fi'n hun neu orfod rhannu gyda dieithryn, cymerais le wrth ymyl y goelcerth. Siaradodd Matthew a minnau tan oriau mân y bore, a syrthiais i gysgu yn gwylio'r fflamau'n dawnsio o flaen fy llygaid.

Ddes i'n syth o'r briodas yn fy nillad gweinydd gydag arogl mwg yn fy ngwallt, ond doeddwn i ddim wedi teimlo mor hapus, nac wedi ymlacio cymaint, ers blynyddoedd. Ond doeddwn i ddim wir yn edrych ymlaen at fynd i Dŷ Newydd.

Mynychwyr eraill y cwrs oedd criw o ddeg o ferched yn tynnu at eu canol oed, i gyd yn mwynhau sgrifennu 'ond ddim yn siŵr sut i gychwyn ar rywbeth hirach'. Ar ôl paned braf, aethom i fyny'r grisiau i'r llyfrgell, i gwrdd â'n tiwtor, Clara Coleridge, Saesnes a ddysgodd Gymraeg yn ei hugeiniau ac a aeth ati i ennill mwy nag un o brif wobrau'r Eisteddfod. Roedd Tanya yn ei hedmygu'n fawr. Doeddwn i heb ddarllen yr un o'i llyfrau, er mawr gywilydd i mi, ond doedd Tanya ddim yn un am edmygu pobl anhaeddiannol.

Aethom o gwmpas y grŵp a chyflwyno'n hunain, ac yn ôl cyfarwyddyd Clara, rhoi crynodeb o'r rheswm pam roeddem wedi mynychu'r cwrs.

'Gwawr dwi, a des i yma achos ges i'r tocyn yn anrheg...' Sylweddolais fod hynny'n swnio braidd yn anghwrtais, felly ychwanegais yn gyflym, '... gan Tanya, aelod o 'nghlwb darllen, a ffrind annwyl.' Rhoddais law ysgafn ar ysgwydd Tanya, a gwenodd hi'n swil. 'Dwi'n ennill fy mywoliaeth drwy sgwennu. Dwi'n weinydd digrefydd, a seremonïau fydda i'n eu sgwennu fel arfer, nid pethau creadigol.' Nodiodd Clara ei phen a gwenu'n glên, cyn symud ymlaen i siarad â Tanya.

Dechreuodd y cwrs gyda thrafodaeth ar sut i fynd ati i greu a datblygu syniadau. Roedd Clara o'r farn mai'r ffordd orau i ddatblygu egin stori oedd dewis delwedd neu eitem anghyfarwydd, a'i hystyried: o ble ddaeth hi? Pwy oedd bia hi? Pa ddefnydd a wneir ohoni? Dylid ysgrifennu heb syniad clir o'r *genre* na'r fformat, 'gan adael i'r syniad ddatblygu'n organig, a chan dynnu ar brofiadau personol, defnyddio eich dychymyg, neu gyfuniad o'r ddau. Peidiwch â sensro'ch hun yn ormodol. Tywalltwch bopeth allan, bydd yna gyfle i olygu a datblygu wedyn.' Cododd Clara sach felfed a'i phasio i'r ddynes ar ei hochr chwith.

'Dewiswch wrthrych neu gerdyn post ar hap,' meddai hi. 'Dyna fydd eich man cychwyn ar gyfer y dasg gyntaf.'

Plymiais fy llaw i berfeddion y sach a thynnais focs bach lledr ohoni. Cawsom orchymyn gan Clara, 'Ewch i chwilio am rywle braf i eistedd, a mwynhewch adael i'ch ymennydd grwydro. Wna i alw chi'n ôl ymhen rhyw hanner awr.'

Cymerais fy mocs a'm llyfr ysgrifennu allan i'r ystafell haul, a des i o hyd i gornel lle fyddai neb yn debygol o darfu arnaf. Agorais y bocs a gwyddwn yn syth beth fyddai pwnc fy ysgrif. Mwy na thebyg, dyna fyddai'r pwnc beth bynnag, ond roedd y tedi bach seramig a oedd yn swatio yn y bocs yn teimlo'n debyg iawn i ffawd neu arwydd o ryw fath.

Dros y chwe blynedd diwethaf, heblaw am fy ngwaith fel gweinydd, un math o ddogfen yn unig roeddwn i wedi ei gyfansoddi, a llythyr oedd hwnnw. Llythyrau y byddwn i'n eu hysgrifennu ac yna'n eu cadw mewn bocs o dan y gwely a byth yn eu darllen.

Annwyl Huw,

Dyma'r tro cyntaf i mi ysgrifennu atat ti ers rhai blynyddoedd. Sori. Dydw i ddim yn dweud dy enw'n aml, ddim hyd yn oed wrth Mam a Dad. Nid bod gen i gywilydd, na mod i am dy anghofio di. Creda fi, dwyt ti byth ymhell o fy meddyliau. Fy nhrysor. Ond dydw i ddim am dy rannu di gyda neb arall. Rydw i'n dy garu di gyda phob gronyn yn fy nghorff; fodd bynnag, mae'n haws i mi beidio â sôn amdanat ti wrth bobl eraill. Mae gen i gywilydd o 'ngwendidau. Mae pobl yn medru bod mor ddideimlad a thwp weithiau, a dydw i ddim yn ymddiried ynof fi fy hun i ymateb yn ddoeth. Fel y ferch wirion a ddwedodd, 'Mae'n siŵr dy fod di'n difaru na wnest ti gael gwybod yn gynharach, er mwyn i ti...'

'Er mwyn i mi be...?' gofynnais yn oeraidd, gan

edrych i fyw llygaid fy ffrind, er mod i'n gwybod yn iawn beth roedd hi'n ceisio'i ddweud. Doedd hi ddim yn ffrind i mi ar ôl hynny. Ond dwedodd dy dad yr un peth: byddai'n greulon i ti ddod i'r byd a threulio dy fywyd cyfan mewn ysbyty. Un arall wnes i dorri cyswllt â fo. Roedd o am i fi gael erthyliad, ac mae'n siŵr bod rhai yn cytuno mai dyna be ddylwn i fod wedi'i wneud. Amser maith yn ôl, mi fyddwn innau wedi sbio ar y ffeithiau moel a dweud yr un peth: haws ei golli cyn iddo gael ei eni. Ond erbyn hynny, erbyn y chweched mis, roeddet ti'n berson go iawn – i fi, o leiaf. Byddai wedi bod yn haws i mi adael iddyn nhw dorri fy mraich neu fy nghoes na chael gwared arnat ti. Yr holl bobl wenwynig, y rhai wnaeth fy meirniadu – cefais wared arnyn nhw. Gest ti dy amgylchynu gan gariad a thynerwch.

Byr oedd dy fywyd, ond fy nghysur yw na phrofaist ti erioed dristwch, dicter nac ofn. Treuliais i bob awr o dy fywyd yn ceisio sicrhau dy fod di'n gyfforddus ac yn hapus. Chlywaist ti erioed air cas gan neb. Pan ddaeth dy amser i fynd, doedd o ddim gwaeth na chwsg. Dim ffarwelio wnest ti, ond cysgu yn glyd ym mreichiau dy fam, a pheidio â deffro. Dwi'n difaru dim ar fy mhenderfyniad i roi'r gorau i driniaeth feddygol, a pheidio â mynnu dy fod di'n mynd ar system cynnal bywyd. Gyda'r holl broblemau efo dy iechyd, byddai wedi bod yn hunanol i mi geisio dy gadw di'n hirach. Doeddet ti ddim mewn poen pan gest ti dy eni, ond byddai'r llawdriniaeth ar dy galon wedi rhoi gormod o straen ar dy gorff, a gwneud dim byd heblaw rhoi ychydig o fisoedd ychwanegol o fywyd i ti. 'Gad iddo fynd,' dwedais wrth y meddyg.

Rydw i'n gobeithio i mi wneud y peth iawn, mai

dyna'r hyn y byddet ti wedi gofyn i mi ei wneud, pe bai modd i ti leisio a mynegi dy deimladau. Gawson ni ddeufis gyda'n gilydd, ac roedd hynny'n ddigon i mi. Pan ddaeth dy amser, roeddwn i'n barod i adael i ti fynd.

Rhai o fy atgofion mwyaf gwerthfawr ydi gorwedd yn yr hosbis gyda ti yn fy mreichiau, pawb heblaw am y nyrs nos yn cysgu, a minnau'n gwneud dim byd heblaw edrych ar dy wyneb bach hyfryd a dwyn pob rhan ohonot ti i gof. Cofiaf o hyd pa mor fach oedd dy fysedd, arogl dy groen, a'r haen o fflwff ysgafn ar dy gefn a dy ysgwyddau. Hyd fy anadl olaf, mi fydda i'n cofio'r tro cyntaf i mi dy ddal di. Cofiaf bob un manylyn bach – pob un dim. Does dim rhaid i mi siarad amdanat ti gyda neb arall, achos rwyt ti'n dal i fyw yn fy meddwl. Mor glir yw'r atgofion mae'n rhaid i mi eu pylu, a gorfodi fy hun i beidio â meddwl amdanat ti o hyd. Chwerwfelys yw'r atgofion: maent yn braf tra maen nhw'n para, ond yna mae'r hiraeth a'r golled fel agendor yn barod i'm llyncu. Mae'n hawdd i mi gael fy ngorlethu. Mae hunanddisgyblaeth yn frwydr barhaus i mi. Felly rydw i'n dy lapio di yn nüwch melfedaidd fy meddwl ac yn caniatáu i mi fy hun dy ddadlapio dim ond ar achlysuron arbennig, yng nghwmni pobl rwy'n ymddiried ynddyn nhw. Dydi dy luniau di ddim uwchben y lle tân, i'r werin gael eu gweld, ond o flaen fy llygaid, yn fy meddwl i. Fel yna, rwyt ti, a minnau, yn ddiogel rhag y byd.

Diolch am roi deufis i mi. Deufis gyda'r mab anwylaf yn y byd. Deufis gorau fy mywyd. Y blynyddoedd dilynol aeth yn drech na fi. Er hynny, dwi'n difaru dim ar fy mhenderfyniad i dy gadw di er gwaethaf y cyngor ges i. Mae'n drist gen i ddweud mai dy dad oedd un o'r

bobl a fu'n fy meirniadu am fod yn 'hunanol'. Dwedodd
o sawl tro y dylwn i fod wedi diweddu dy fywyd cyn i ti
ddod i'r byd. Ond gwrandewais ar ein calonnau ni, yn
curo fodfeddi ar wahân i'w gilydd, a phenderfynais ei
anwybyddu; a hyd heddiw, dwi'n difaru dim. Yr unig
beth sy'n edifar gen i yw nad oedd hi'n bosib cyfnewid
dy fywyd di am fy mywyd innau. Petai wedi bod yn
bosib dy adael di yn ddiogel ym mreichiau dy nain,
byddwn i wedi bod yn hapus i farw er mwyn rhoi fy
holl nerth ac iechyd i ti. Rydw i'n cofio dweud wrthi...

Canodd Clara y gloch i ddatgan diwedd yr ymarfer ysgrifennu,
ac yn frysiog sychais fy llygaid gyda fy llawes. Doeddwn i ddim
yn teimlo fel ailymuno â'r criw yn y llyfrgell; ond doeddwn i
ddim am edrych yn anghwrtais unwaith eto.

'Sut hwyl gafodd pawb arni? Oes rhywun yn fodlon
rhannu gyda ni?' gofynnodd Clara. Roedd mwy nag un yn
eiddgar i rannu'r pytiau roedden nhw wedi eu hysgrifennu,
ac i dderbyn y gymeradwyaeth gwrtais a'r sylwadau caredig.
Ysgydwais fy mhen yn benderfynol pan ofynnodd Clara a
oeddwn i am rannu, a rhaid ei bod hi wedi gweld cochni fy
llygaid, achos ni ofynnodd hi yr eildro.

Roedd Tanya wedi ysgrifennu 'ffuglen', gan adrodd
yr helynt gyda'r graffiti, yr heddlu a'i thad. Darllenodd
ei champwaith dychanol yn uchel, gan wneud i bawb
chwerthin. Roedd ganddi ddawn arbennig nad oedd yn
amlwg pan oedd hi'n trafod llyfrau pobl eraill. Tybiwn
y byddwn i'n gweld ei hysgrifau mewn llyfr ryw ddydd.
Roedd pawb yn gefnogol ac yn glên, yn hael eu hadborth

a'u canmoliaeth, a dan amgylchiadau gwahanol rydw i'n siŵr y byddwn i wedi llwyddo i ymlacio a mwynhau dod i adnabod pawb yn well. Ond pwysai'r atgof o Huw arnaf yn drwm. Doeddwn i heb ysgrifennu at fy mab ers blynyddoedd lawer. Doeddwn i byth yn mwynhau gwneud, a byth chwaith yn siŵr pam mod i'n dewis gwneud. Doedd hi ddim fel petai o am glywed na darllen y geiriau. Rhyw fympwy *mea culpa* a orfodai fi i wneud; i geisio cyfiawnhau fy mhenderfyniadau, i ymddiheuro iddo er nad oeddwn i wedi gwneud dim o'i le. Arllwys fy holl deimladau ar bapur oeddwn i. Yn y gorffennol roeddwn i'n teimlo'n well ar ôl ymwacáu yn y fath fodd. Ond nid heddiw. Y cwbl wnes i heddiw oedd ailadrodd yr hyn roeddwn i eisoes wedi'i ysgrifennu hanner dwsin o weithiau ynghynt, ac edrych unwaith eto i ddyfnderoedd yr agendor.

Aethom ni yn ôl i'r ystafell fwyta i gael cinio, ac roeddwn i'n falch o gael cyfle i eistedd a bwyta ac ymgolli yn straeon a helyntion pobl eraill. Cynhaliwyd yr ail sesiwn yn syth ar ôl cinio, a'r tro hwn rhoddodd Clara dasg bur wahanol i ni. Es i eistedd mewn rhyw gilfach glyd, yn benderfynol o ysgrifennu rhywbeth ysgafn a ffraeth y tro hwn. Ond yno fues i'n eistedd ac eistedd am bron i hanner awr, heb deimlo'r awydd i roi pìn ar bapur. Daeth Tanya â phaned o de mintys i mi, a'm cael yn eistedd ac yn syllu ar lun ar y wal, y papur yn wag ar y ddesg o 'mlaen i.

'Ti'n iawn, cyw?' gofynnodd Tanya. 'Dwyt ti'm yn mwynhau dy hun, nag wyt?' Ysgydwais fy mhen.

'Sori,' dwedais wrthi, gan deimlo mod i'n difetha ei

mwynhad hithau.

Daeth dagrau annisgwyl i'm llygaid, gan fy ngadael i'n ddiymadferth. Doeddwn i heb sôn wrth Tanya, nac aelodau eraill y clwb darllen, am Huw.

'Ty'd yma, 'nghariad i...' meddai hi, gan fy sgubo'n famol i'w breichiau. Gadewais i fi'n hun grio ar ei hysgwydd. 'Dweda beth sy'n ypsetio ti.'

Estynnais fy mag, codi fy llyfr ysgrifennu a'i gynnig iddi. Darllenodd Tanya fy llythyr at Huw, a phan gododd hi ei llygaid i edrych i fyw fy rhai i, roedden nhw hefyd yn llawn dagrau.

'Gwawr, pam na ddwedest ti wrthan ni...'

'Dwi'n deud rŵan,' atebais yn gryg.

'Helô?' Clara oedd yno, ei hwyneb del yn bradychu ei phryder. 'Dros ginio roeddet ti'n edrych yn drist iawn, Gwawr, felly ro'n i am neud yn siŵr does yna ddim byd allwn i wneud i helpu...'

'Sgwennu am bwnc anodd ydw i, dyna'r cwbl,' dwedais.

'Dangosa fo,' anogodd Tanya. Gwthiais y llyfr dros y bwrdd.

Darllenodd Clara y cynnwys yn dawel, gan ymateb yn yr un ffordd â Tanya; anghrediniaeth yn troi'n dristwch.

'Sgrifennu o brofiad wyt ti?' gofynnodd hi'n ysgafn. Nodiais fy mhen. 'Rwyt ti'n ddewr iawn, iawn,' meddai hi'n garedig. 'Os ydi o'n helpu, dalia ati i ysgrifennu; ac i rannu dy brofiadau os wyt ti'n teimlo dy fod di'n gallu. Mae yna dal tabŵ ynglŷn â cholli plant, ac ynglŷn â galar ac iechyd meddwl...'

Roedd hi'n iawn ynglŷn â hynny, fel y gwyddwn i o brofiad. Roedd pobl yn barod iawn i leisio barn ynglŷn â 'hunanoldeb' rhoi genedigaeth i blentyn a fyddai'n marw'n ifanc, eraill yn barod i 'nghanmol am beidio â chael erthyliad, ac eraill yn ceisio fy nghysuro trwy alw Huw yn 'angel oedd yn rhy dda i'r byd hwn'. Ond roedd yna nifer fawr o bobl eraill oedd yn ansicr sut i fynd i'r afael â'r pwnc, ac felly eu dewis nhw oedd anwybyddu fy ngholled, fel pe na bai Huw erioed wedi bodoli. Sylweddolais fod nifer o fy hen ffrindiau yn llai parod i'm gwahodd allan, gan boeni efallai y byddai gweld neu glywed am eu plant nhw yn rhy boenus i mi. Yn y pen draw, rhoddais innau'r gorau i sôn am Huw hefyd. Pan ddes i'n weinydd, penderfynais beidio â sôn am Huw o gwbl rhag ofn i bobl amau fy ngallu i gyflawni seremonïau. Dydi pobl ddim yn hoffi meddwl am dristwch pobl eraill ar un o ddiwrnodau hapusaf eu bywydau. Mae gan bobl ofn marwolaeth, fel petai'n fwystfil, ac y bydd ynganu'r gair yn eu gadael nhw'n agored i ymweliad ganddo.

Hoffwn ddweud i mi wneud rhywbeth i herio'r tabŵ drwy ddarllen fy llythyr yn uchel o flaen gweddill y criw yn y llyfrgell. Dan amgylchiadau gwahanol, efallai y byddwn i wedi gwneud hynny. Ond roedd hiwmor dychanol Tanya wedi sbarduno sawl ymgais tebyg, a chrio chwerthin oedden ni erbyn diwedd y prynhawn. Penderfynais gadw'n dawel fel y byddai'r prynhawn yn gorffen ar nodyn llon.

A diolch i Tanya, mi ddaru'r prynhawn orffen ar nodyn annisgwyl o lon i minnau hefyd. Ar y ffordd adref gofynnodd hi, 'Ble gafodd Huw ei eni?' Ymhen dim o dro roedd y ddwy ohonon ni'n cymharu genedigaethau, yn clodfori Entonox a'r bydwragedd a ofalodd amdanon ni; yn chwerthin am y profiad o orfod lapio dy hun mewn lliain gwely a shifflo i'r gawod i olchi ar ôl yr enedigaeth ('Dydyn nhw byth yn dangos hynny mewn ffilmiau, ydyn nhw?'), ac yn cymharu sut newidiodd pethau 'i lawr fanno'.

'Ar ôl yr ail un... wel, gawn ni jest ddweud, *when marital relations resumed*, roedd o fel lluchio sosej i lawr coridor,' meddai Tanya, gan wneud i mi boeri llond ceg o ddŵr dros ei char hi.

Gan na ches i erioed gyfle i fynychu'r Cylch Ti a Fi na'r sesiynau rhigwm a darllen gyda rhieni eraill, ges i brofiad newydd sbon y pnawn hwnnw, sef y cyfle i drafod fy mhrofiad fel mam. Sylweddolais fod nifer o 'mhrofiadau i wedi bod yr un fath â rhai Tanya. Fues i'n fam, yr un fath â hi.

'Iesgob, rwyt ti *yn* fam, yn dal i fod yn un!' meddai Tanya. 'Est ti drwy bopeth mae mamau yn dioddef; y salwch, y boen, y rhwygo a'r nosweithiau di-gwsg. Ond y peth pwysig ydi wnest ti ddysgu sut i garu rhywun yn fwy na ti dy hun, ac unwaith rwyt ti'n dysgu'r wers yna, chei di mo'i hanghofio. Mam wyt ti wedyn, am byth.'

8.

John
(1923)

Yr wythnos wedyn gyrrais draw i Ruthun, i'r cartref gofal lle preswyliai Taid. Es i drwy'r dderbynfa ac i fyny at yr ail lawr lle roedd Taid yn eistedd yn y lolfa fach breifat.

'Taid!' Rhoddais gwtsh iddo. 'Sut dych chi?'

'Dwi'n *champion*, heblaw am dwtsh o'r hen *arthritis*. Methu dal fy mhìn i gwblhau'r croesair. A sut wyt ti, cyw? Dwedodd dy fam fod pethau'n parhau yn anodd i ti o ran gwaith?' Gwenais yn ddireidus.

'Gad i mi roi'r tegell 'mlaen a wna i esbonio'r diweddaraf.' Rhoddais y tegell i ferwi ac es i nôl cwpanau Taid o'r cwpwrdd. 'Chi'n cofio i mi gael rhywun yn canslo seremoni enwi. Wel, ar ôl hynny ges i neges arall yn deud doedd 'na neb arall ar gael ac yn gofyn fyswn i'n cynnal y seremoni eto – meddyliwch holi ar ôl iddi fy sarhau i a chau'r drws yn fy wyneb i.'

'Sguthan!' poerodd Taid.

'Ie, wel... Ddoe ges i ail neges ganddi...'

Tynnais fy ffôn o 'mhoced a darllen yr e-bost yn uchel:

Annwyl Gwawr,

Mae'n anodd i mi orfod gwneud hyn ar ôl i ti wrthod fy nghynnig blaenorol, ond mae'n rhaid i mi ofyn unwaith eto. A wnei di plis gynnal y seremoni enwi? Rydw i wedi talu am yr arlwyo a'r lleoliad a'r cerddorion a'r disgo a'r addurniadau. Dydi hi ddim yn bosib i mi eu haildrefnu, a does yna neb ar gael ar ŵyl y banc i gynnal y seremoni. Byddwn £3000 ar ein colled os ydym yn canslo'r seremoni. Rydw i wedi gwneud smonach llwyr o bethau drwy wylltio a rhoi pryd o dafod i ti heb roi cyfle i ti roi dy ochr di o'r stori. Mae'n ddrwg gen i am sut wnes i dy drin. Mae gen i gywilydd gwirioneddol. Dwedodd Henry fy mod i'n fyrbwyll ac annheg, ac mae o'n iawn. Roeddwn i'n anghywir yn dy drin di felly. Os gweli di'n dda, a wnei di gynnal y ddefod enwi? Rydw i'n barod i dalu costau teithio a dwbl dy ffi arferol, neu fwy – beth bynnag sydd ei angen i dy gael di i weithio gyda ni unwaith eto.

Yn ddiffuant,
Clarissa

Darllenais y llythyr â gwên fuddugoliaethus ar fy wyneb.

'Felly gest ti ddwbl dy ffi arferol – be 'di hynny, pedwar cant?' gofynnodd Taid. Teimlwn fy ngwên yn troi'n un sbeitlyd.

'A mwy. Dwedais i fyswn i'n hapus i gynnal y ddefod enwi – am fil o bunnoedd.'

Ceisiodd Taid chwibanu, ond heb ei ddannedd gosod doedd o ddim yn medru.

'Mil... chwarae teg i ti, Gwawr!'

'A chostau teithio. Ro'n i'n meddwl fyswn i'n ei sarhau hi drwy ofyn gymaint, ond roedd hi a'i gŵr yn fodlon talu'r pris. Bydd hynny'n golygu diwedd ar fy nhrafferthion ariannol am fis arall!'

'Wel, dwi'n falch o glywed hynny,' meddai Taid, wrth i mi dywallt y dŵr berwedig i'r tebot a gosod bisgedi ar blât. 'Rwyt ti'n rhy styfnig i dderbyn unrhyw gymorth gen i, yn dwyt ti?'

'Yr un mor styfnig â chi,' atebais, gan gymryd y tebot poeth allan o'i ddwylo chwyddedig. 'Steddwch lawr a gadewch i mi edrych ar eich ôl chi!'

Yn ôl ei arfer, tywalltodd Taid ei de i'r soser i'w oeri, er iddo gael mwy o drafferth nag arfer. Wrth iddo chwythu ar yr hylif euraidd dwedodd o,

'Beth am i ni gychwyn o ddifri ar y busnes hunangofiant 'ma? Nid jest fel rhywbeth i'r teulu, ond yn llyfr go iawn. Danfon o at gyhoeddwr. Mae lot o bobl yn hoffi darllen am yr Ail Ryfel Byd. Yn 2020 byddwn ni'n dathlu 75 mlynedd ers diwedd y rhyfel. Dwi'n meddwl fyse'n beth amserol i lansio llyfr pryd hynny.'

'Bydd yn rhaid i ni weithio'n gyflym os ydyn ni am sgwennu llyfr cyfan mewn blwyddyn!'

'Lwcus felly does gan yr un ohonan ni waith arall o bwys i ddenu'n sylw ni!' meddai Taid â gwên lydan. Tynnu coes oedd o, fel arfer. 'Well i ni frysio rhag ofn i mi'i snwffio hi yn fy nghwsg!'

Roeddwn i'n eithaf cyfarwydd â manylion ei fywyd. Gwyddwn ei fod wedi gweithio fel peilot yn ystod yr Ail Ryfel Byd a bod ei awyren wedi cwympo yn Ffrainc ac iddo, o ganlyniad, dreulio dros flwyddyn mewn gwersyll i garcharorion rhyfel. Ond doedd o erioed wedi trafod ei brofiadau mewn unrhyw fanylder o'r blaen.

Roedd Taid yn gryf iawn ei farn nad oedd yna ddiben ailymweld â phrofiadau anodd bywyd. 'Drychwch at y gorwel' ydi un o'i ddywediadau. Oerodd ein perthynas ryw ychydig ar ôl i mi golli Huw, wedi iddo wneud rhyw sylw diamynedd tebyg i, 'Wyt ti'n dal i grio ar ôl blwyddyn?' Cymerodd amser i mi dderbyn ei fod o'n perthyn i genhedlaeth oedd ag agwedd wahanol at alar, iselder ac iechyd meddwl. Dydi Taid erioed wedi bod yn un am ddangos ei emosiynau. Unwaith erioed – yn angladd Nain – y gwelais i o'n crio. Ond wrth eistedd yn ei barlwr y diwrnod hwnnw, sylweddolais pa mor gamarweiniol y gall y gragen allanol fod.

Doedd Taid erioed wedi sôn yn fanwl am ei ran yn y rhyfel, ac oherwydd hynny roeddwn i wedi cymryd nad oedd o'n meddwl rhyw lawer am ei brofiadau. Ond o'n sgwrs, daeth yn amlwg ei fod o'n dal i ddioddef yn sgil cael ei garcharu. O wybod iddo fod yn beilot, a'i fod wedi hedfan Hurricanes a Spitfires, disgwyliwn y byddai'n awyddus i rannu'r profiad o fod yn yr awyrlu, ac o ddysgu sut i lywio'r awyrennau eiconig. Ond yn hytrach, mi ganolbwyntiodd o'n fwy ar ei amser yn y gwersyll i garcharorion rhyfel yng ngogledd yr Almaen: y pethau erchyll a welodd yn digwydd i garcharorion nad oedden nhw'n Brydeinwyr nac yn Americanwyr, a'r diffyg bwyd, oerni'r gaeaf, a'r salwch a oedd yn rhemp.

Buodd Taid yn ffodus iawn i ddianc yn fyw o'i awyren, ond cafodd ei anafu'n ddrwg, gan gynnwys torri ei goes a'i glun chwith. Er iddo gael gofal gan feddyg, ni wellodd ei goes yn iawn, ac roedd yn gloff ac mewn poen barhaus am sawl mis. Daliodd bron bob salwch a ddaeth i'r gwersyll, ac am rai wythnosau roedd o'n gaeth i'r gwely, yn dioddef o salwch a'r dolur rhydd a thwymyn, yn llwglyd ac yn methu cysgu o ganlyniad i'r boen yn rhan isaf ei gorff. Clywodd un o'i ffrindiau yn dweud, 'Mae John ar ei ffordd allan. Syndod iddo bara mor hir.' Credai Taid ei fod o ar fin marw, a disgrifiodd y profiad o orwedd ar ei wely a cheisio paratoi ei hun. Roedd o'n rhy wan i wneud dim heblaw am weddïo wrth orwedd ar ei gefn. Ceisiodd arddweud llythyr i'w ddanfon at ei rieni, ond cafodd eiliad o eglurder a sylweddolodd, er gwaethaf y boen ddifrifol, doedd o ddim yn barod i gau ei lygaid a gadael i'r düwch ei gipio.

'Dychmygais Mam yn derbyn telegram yn deud fy mod i wedi marw, ac wrth gwrs, roedd hi'n crio. Cofiwn gael *hiding* gan Dad am roi *cheek* i Mam, a fo'n rhoi bonclust i mi ac yn deud, "Don't you ever make your mother cry again, do you hear me?" Ac wrth i mi orwedd yn fy ngwely penderfynais yn y fan a'r lle do'n i ddim am neud i Mam grio eto. Ti'n gwybod mod i'n fastad styfnig, a phenderfynais i do'n i ddim am roi'r *satisfaction* i'r Jyrmans o 'nghladdu i. Ro'n i am wella, a mynd yn ôl adref rhyw ddydd. Roedd gan un o'r bechgyn eraill radio fach ac roedd o'n medru derbyn y newyddion yn eitha rheolaidd, felly mi wyddem ni fod y Jyrmans *on the back foot* a fysen ni'n cael ein rhyddhau o fewn misoedd os nad wythnosau. Penderfynais mod i am fyw'n ddigon hir i sefyll ar dir Prydeinig unwaith eto, neu drwy ryw wyrth, petai'r Jyrmans yn llwyddo i adennill tir ac ennill y rhyfel, fyswn i'n cerdded i gwrdd â'r *firing squad*.' Oedodd i besychu, a thywalltais baned arall iddo.

'Haws dweud na gwneud, ys dywedant. Roedd fy ffrind yn iawn – ro'n i ar fin marw. Ges i'r *last rites* gan ryw foi Catholig, jest rhag ofn. Wnes i ddim gofyn amdanyn nhw, ond ro'n i'n rhy sâl i wrthwynebu. A hyd yn oed petawn i wedi bod mewn cyflwr i'w wrthod, dwi'n meddwl fyswn i wedi eu derbyn fatha rhyw fath o bolisi insiwrans.' Gwenodd ei wên wyrgam. 'Ti'n meddwl mod i'n rhagrithiol, ond disgwylia di nes dy fod di wedi bod yn yr un sefyllfa – dim fy mod i am dy weld di hanner mor wael ag o'n i, cyw... ta waeth, roedd pawb heblaw amdana i'n hun yn argyhoeddedig fy mod i ar fin marw.'

'Sut naethoch chi oroesi, felly?'

'Fel dwedes i wrthat ti pan gollest ti dy grwt: un diwrnod ar y tro. Un awr ar y tro. Ac os ydi hynny'n ormod, un funud ar y tro. Os ydi'r funud yn rhy hir, rwyt ti'n canolbwyntio ar roi un droed o flaen y llall, ar ddal ati i anadlu. Os oes gen ti'r nerth a'r penderfyniad i oroesi am un funud, allet ti oroesi am un arall, a'r un ar ôl hynny... Cymerodd fisoedd i mi wella, a dydw i ddim yr un fath yn gorfforol ers hynny – ond pan ddaeth yr amser i adael y gwersyll wnes i gerdded allan, nid cael fy nghario. Ro'n i'n ffodus i gael hogiau clenia'r byd yn ffrindiau ac yn *bunk mates* – fyswn i byth wedi byw heblaw amdanyn nhw, a phan oedden nhw'n wael ro'n i'n medru chwarae fy rhan ac ad-dalu eu caredigrwydd. *No man is an island* medden nhw, ac mae hynny mor, mor wir. Mae'n bosib goroesi ar ben dy hun, ond dim ond trwy weithio gyda'n gilydd a dibynnu ar ein gilydd medrwn ni *fyw*.' Edrychodd i fyw fy llygaid dros dop ei sbectol. 'Wyt ti'n fy neall i, cyw?'

'Ydw, Taid.'

'Stopia fod mor styfnig. Os oes angen cymorth arnat ti, dim ond gofyn sy rhaid.'

Efallai fod Taid yn cyfeirio at fy sefyllfa ariannol, a'r ffaith fod yr esgid yn dal i wasgu; neu efallai ei fod o'n ceisio dweud wrthyf fi ei fod o'n deall fy mod i'n dal i alaru am Huw, ac yn methu symud ymlaen heb gymorth.

Am yn rhy hir roeddwn i wedi ceisio cuddio fy ngalar, ond doedd hynny heb weithio. Roedd Taid newydd leisio rhywbeth a deimlwn yn mudferwi'n dawel yn fy mherfedd ers peth amser; teimlad ei bod hi'n amser i bethau newid, i mi roi'r gorau i ymdopi, i roi'r gorau i ysgrifennu'r llythyrau torcalonnus at Huw, i roi'r gorau i guddio tu ôl i Gwawr y Gweinydd, ac i ddechrau ceisio byw unwaith eto.

9.

Josiah

(2018)

Adriana, Dafydd, dyma ni unwaith eto
Heddiw, down ynghyd i
Josiah, bachgen bach mor annwyl, mor arbennig
Y tro olaf y daethom at ein gilydd fel hyn oedd i ddathlu
Yn rhiant fy hun, mae'n
Boed tangnefedd y dyfnder mawr i chi
Boed tangnefedd yr awel fwyn i chi
Boed tangnefedd y ddaear hen i chi
Boed tangnefedd y sêr uwchben i chi.

Diolch i chi oll am ddod heddiw.
Yma, ymhlith y coed a'r blodau
Yma, yn y goedwig, un o hoff lefydd Josiah
Yn ddiogel ym mreichiau ei fam a'i dad
Does dim geiriau i geisio cyfleu'r

Does dim geiriau
Dim ond tawelwch.
Oes ganddo hoff dedi bêr, Mam?
Beth am y flanced hon?
Gwiail neu helygen?
Wyt ti'n barod?
Sut alla i fod yn barod?
Sut alla i ddeud?
Does dim geiriau.

Roedd gweld Iolo ar stepen fy nrws, yn gwisgo crys rygbi Cymru a phâr o jîns du, yn dipyn o syndod. Roeddwn i wedi arfer ei weld yn ei ddillad gwaith. Ymweliad cymdeithasol oedd hwn felly. Ro'n i'n difaru ateb y drws yn fy nyngarîs llnau, yn drewi o finag gyda chadach yn fy llaw. Ceisiais dwtio fy ngwallt heb iddo sylweddoli fy mod i'n gwneud.

'Iolo, am syrpréis neis! Ty'd mewn!'

Camodd dros y trothwy gan fy nilyn i i'r lolfa. Hyd yn oed mewn sefyllfaoedd cymdeithasol, daliai i gerdded â'r un urddas a phwyll ag a ddangosai wrth gerdded o flaen hers.

Aeth o draw at y lle tân, i edrych ar lun roeddwn i newydd ei fframio ar ôl ei gadw mewn albwm am flynyddoedd – llun o Huw a minnau yn syth ar ôl ei eni. Ni wenodd o weld y llun, dim ond troi ac eistedd yn drwm ar y soffa, gan edrych i fyny arnaf yn brudd. Felly, doedd o heb ddod draw i ofyn a fyddwn i'n mynd ar ddêt gyda fo.

'Paned?' gofynnais, goslef wichlyd fy llais yn bradychu fy nerfau. Ochneidiodd yn ddwfn.

'Ella ddylet ti eistedd, Gwawr,' meddai, gan gyffwrdd y glustog wrth ei ochr yn ysgafn. Suddais i'r soffa yn ufudd. Croesodd fy meddwl am eiliad ei fod o wedi dod i dorri'r newydd fod Taid wedi marw, a llamodd fy nghalon yn fy mrest, ond na, Mam neu Dad fyddai wedi rhoi gwybod i mi.

'Be sy'n bod?' gofynnais.

'Do'n i ddim yn meddwl byddai'n ddoeth i mi ddeud dros y ffôn. Mae'n ddrwg gen i darfu arnat ti ar ddydd Sadwrn, ond do'n i ddim am...'

Torrais ar ei draws.

'Iolo, plis, jest dweda wrtha i...'

Edrychodd i lawr ar ei draed a chymerodd anadl ddofn.

'Josiah,' dwedodd o'n dawel. 'Mae Josiah Llywelyn wedi marw.'

'Josiah... mab Dafydd ac Adriana?' Nodiodd ei ben.

'Do. SIDS, maen nhw'n tybio ar hyn o bryd.'

'SIDS?'

'Marwolaeth anesboniadwy. *Sudden Infant Death Syndrome*.'

'Pryd?'

'Echdoe. Aeth Adriana ato yn y bore a... marw yn ei gwsg wnaeth o. Dan yr amgylchiadau rown i'n meddwl y byddai'n well i ti gael gwybod o flaen llaw... Maen nhw am ofyn i ti gynnal yr angladd.'

Teimlwn y gwaed yn draenio o fy wyneb. Roeddwn i wedi claddu pobl ifanc, y canol oed, yr henoed, ond doeddwn i heb gynnal angladd i fabi.

'Dwedais wrth Dafydd y byddwn i'n dy holi, i weld os oeddet ti ar gael... ond os fyse'n well gen ti beidio, dwi'n siŵr fysen nhw'n deall yn iawn...'

Codais fy mawd at fy ngheg a brathu i lawr yn galed ar fy ewin.

'Mi wna i,' atebais yn reddfol.

'Wyt ti'n siŵr bod hynny'n ddoeth? Yn y gorffennol rwyt ti wedi...'

'Dwi'n dal i gofio sut deimlad ydi colli plentyn. Os naethon nhw ofyn amdana i, fedra i ddim mo'u gwrthod nhw. Dwi'n gwybod popeth am Josiah, fedrwn ni hepgor y cyfarfod cynllunio a'u harbed nhw rhag y boen yna, o leiaf...'

Ges i alwad ffôn gan fam Adriana yn ddiweddarach y diwrnod hwnnw. Cytunais i gynnal y seremoni, a chefais fy ngalw'n 'angel' ganddi o leiaf ddeg gwaith. Eglurais na fyddai'n rhaid i mi ddod draw i gynnal cyfarfod trefnu oni bai fod Adriana neu Dafydd am fy ngweld i. Dweddodd hi nad oedd Adriana'n ffit i fod yn siarad â neb ar hyn o bryd. Dafydd oedd wedi gorfod ymgymryd â'r trefniadau.

'Fedra i ddefnyddio'r nodiadau gymerais i wrth baratoi at ei seremoni enwi,' dwedais, a dechreuodd nain Josiah a minnau grio'r un pryd.

Llai na mis ers i mi ei gyflwyno i'r byd fel Josiah Adam Llywelyn, a dyma ni'n trefnu ei angladd. Roedd hynny'n groes i'r drefn naturiol. Wylodd ei nain, 'Pam fo ac nid fi? Dwi 'di byw fy mywyd,' a chofiais deimlo'r un fath yn union ar ôl marwolaeth Huw. Gresynais nad oedd yn bosib ymestyn allan drwy'r llinell ffôn a'i chofleidio hi.

Dwedodd hi fod Dafydd yn dal i fod mewn sioc, yn drefnus ac yn ddiemosiwn am y peth, fel petai o heb lawn sylweddoli fod Josiah wedi mynd. Roedd y meddyg wedi bod at Adriana ac wedi rhoi tawelydd iddi.

'Does yna ddim byd arall allwn ni wneud,' meddai hi, a chlywais boen mam yn ei llais. Mi wn i y byddai hi wedi gwneud rhywbeth, unrhyw beth o gwbl, i ysgwyddo baich amhosib ei merch a'i mab yng nghyfraith.

Cymerodd bron i wythnos i mi ysgrifennu sgript angladd Josiah. Roedd gen i hen ddigon o amser, gan fod yn rhaid i'r teulu ddisgwyl bron i fis i'r *post mortem* gael ei gynnal – cyfnod arswydus o anodd i bawb. Ar rai diwrnodau, eisteddwn am oriau yn syllu ar y dudalen wag o 'mlaen i, yn ceisio meddwl am eiriau fyddai'n gysur o ryw fath, cyn derbyn na fyddai'r fath beth yn bosibl. Doedd yna ddim geiriau fyddai'n medru tawelu'r boen a deimlai ei rieni, ei deulu a'i ffrindiau. Heb gysur 'Cynllun Duw' roedd yn amhosib rhoi gogwydd cadarnhaol neu gysurlon ar farwolaeth y bachgen bach diniwed. Un o greulondebau anesboniadwy bywyd oedd hi; un o drasïedïau mawr bywyd yr ydym yn ceisio'i gohirio a'i hanwybyddu cyn hired â phosib a fynnodd ddod yn gynnar. Doedd dim ffordd i mi wneud synnwyr taclus o ddiwedd y bywyd bach bron cyn iddo gychwyn. Yr unig beth fedrwn i ei wneud oedd ei gofio a'i ddathlu, ac roedd yna gymaint o bethau i'w dathlu am y bachgen bach heulog ei natur.

Gan fy mod i wedi osgoi cynnal angladd i blentyn bach hyd yn hyn, bu'n rhaid i mi gysylltu â sawl gweinydd arall i ofyn eu cyngor ar sut i eirio'r ddefod. Ond erbyn diwrnod yr angladd roedd gen i sgript; un roeddwn i'n ffyddiog y byddai'n gwneud cyfiawnder â chymeriad Josiah.

Dewisodd Adriana a Dafydd gladdu eu mab mewn mynwent naturiol, lle byddai coeden yn garreg fedd iddo. Roeddwn i'n falch o gyrraedd yn gynnar ar brynhawn yr angladd, gan fod y maes parcio bychan bron yn orlawn, ac eto, daliai'r galarwyr i ddod yn eu cannoedd. Diolch i'r drefn doedd hi ddim yn ddiwrnod gwyntog, felly byddai fy llais yn cario'n glir ac yn cyrraedd y galarwyr yng nghefn y dorf.

Es i sefyll ger y fynedfa i ddisgwyl am yr hers, ochr yn ochr ag Iolo. Gwelais fod ei lygaid ychydig yn goch, fel petai o wedi bod yn crio hefyd. Fo oedd wedi gofalu am Josiah a'i deulu dros yr wythnosau diwethaf.

Anghofiaf fyth yr olwg ar wyneb Adriana wrth i'r car ddod i aros yn y maes parcio. Camodd hi allan o'r car gan gydio'n dynn yn nhedi bach Josiah. Yn ôl y drefn, dylwn i fod wedi mynd at Iolo a'r trefnwyr angladdau eraill a cherdded o flaen yr arch er mwyn arwain pawb at fan y claddu, ond es i'n syth ati hi a'i chofleidio, ac yna gwnes i'r un peth i Dafydd. Gwyddwn fod Dafydd wedi trefnu mai fo fyddai'n cludo arch fechan Josiah at ochr y bedd; ond pan welodd o'r arch wiail yn gorwedd yng nghefn yr hers, pwysodd ei ddwylo yn erbyn ei geg ac ysgydwodd ei ben. Gwelais Iolo yn edrych i fy nghyfeiriad i fel petai'n ansicr a ddylai o gamu ymlaen neu roi rhagor o amser i Dafydd, neu ofyn i aelod o'i deulu ymgymryd â'r rôl, ond cyn iddo fedru gwneud hynny, ymddangosodd Wayne a rhoi braich o amgylch ysgwydd ei ffrind. Er mawr syndod, Adriana gamodd ymlaen i godi'r arch, gan osod y tedi bach yn ofalus ar ei phen. Sychodd Dafydd ei lygaid ac aeth i gynorthwyo ei wraig, a chludodd y ddau eu mab at ei gartref olaf gyda'i gilydd.

Does gen i fawr o gof am weddill y seremoni. Roedd fy llais yn gryf ac yn glir, ac roeddwn i'n bendant fod pawb yn medru fy nghlywed i. Fodd bynnag, teimlwn fel petawn i'n gyrru car mewn glaw trwm ofnadwy, a'r sychwyr yn methu'n lân â chlirio'r sgrin wynt. Sychais fy llygaid droeon, ond o fewn eiliadau roedd y testun o 'mlaen yn aneglur unwaith eto. Wrth ddarllen y traddodiant cedwais fy llygaid ar y dudalen o 'mlaen i er mwyn osgoi edrych ar wynebau'r galarwyr:

> Josiah, mae'n amser i ti fynd.
> Ond fe ddoi di'n ôl atom yn y gwynt a'r glaw,
> Ym mhrydferthwch yr haul a'r lloer a'r awyr las.
> Wrth weld y blodau a'r coed,
> Wrth glywed cân yr adar
> Fe gofiwn amdanat.
> Byddi gyda ni yn harddwch a goleuni'r byd,
> Yn ein hatgofion,
> Yn ein calonnau,
> Am byth. Cwsg yn dawel.

Gwyddwn yn iawn sut deimlad oedd sefyll yna a cheisio gorfodi fy hun i ddweud ffarwél. Gwyddwn nad oedd ots am ba mor hir yr arhoswn wrth y bedd, ni fyddwn i byth, byth, byth yn teimlo'n barod i adael. Gwyliais rieni Adriana yn dal ei breichiau, a chofiais Mam a Taid yn fy nal yn yr un modd, yn fy nhywys i gyda'r un caredigrwydd, ond yn bendant er hynny, i ffwrdd o'r fan lle gorweddai fy mhlentyn.

Colli Huw oedd y peth a wnaeth anffyddiwr ohonof. Am flynyddoedd fues i'n synfyfyrio ar natur bodolaeth a'r syniad o gael rhyw fod uwchddynol yn gyfrifol amdanon ni. Yn y brifysgol darllenais ysgrif gan Charlotte Brontë a ddisgrifiodd gyflwr yr anffyddiwr:

... we are called on to rejoice over this hopeless blank – to receive this bitter bereavement as great gain – to welcome this unutterable desolation as a state of pleasant freedom. Who could do this if he would? Who would do this if he could?

Am flynyddoedd lawer, dyna oedd fy nheimladau i hefyd. Doeddwn i ddim yn credu yn Nuw, na'r syniad bod yna bethau tu hwnt i'n dealltwriaeth yn siapio'r bydysawd yn unol â chynllun penodol. Ond roedd gen i ofn y dewis amgen, sef bod ein bywydau heb fwy o ystyr na phwrpas iddynt na bywyd morgrugyn ar y palmant.

Newidiodd hynny gyda marwolaeth Huw. Dwedodd cyfaill (neu gyn-gyfaill) yn nawddoglyd fy mod i'n symleiddio pethau, a bod rhaid ymddiried yn Nuw a'i gynllun. Hoffwn ei roi gerbron Adriana a Dafydd a gofyn iddo egluro wrthyn nhw sut wnaeth marwolaeth eu plentyn gyfrannu at y cynllun mawr.

Well gen i goelio nad oes neb yn tynnu'n llinynnau. Gwyddoniaeth yw popeth: cawsom ni, a phopeth o'n cwmpas, ein creu gan egni o'r sêr, ac yn ein tro byddwn yn dychwelyd at y sêr, fel llwch yn ymuno â'r pridd a'r awyr a'r dŵr. Damwain a hap hyfryd a dirgel ydi popeth, hyd yn oed ein bodolaeth, a rhaid gwneud y gorau o'r amser prin a roddwyd i ni ar y ddaear hon.

Er nad ydw i'n credu mewn bywyd tu hwnt i'r un sydd gennym ni, fyddwn i byth, byth yn meddwl sarhau neb arall am gredu'n wahanol. Mae bywyd yn anodd ac mae'n rhaid i ni i gyd ymdopi gorau gallwn ni, drwy gredu a gwneud beth bynnag sy'n rhoi pwrpas a chysur i ni fel unigolion.

A'r noson honno, penderfynais i mai un peth yn unig fyddai'n dod â chysur i mi. Es i adref, cyfnewid fy nillad du am byjamas cyfforddus, gwrando ar fiwsig trist a chodi bar anferthol o siocled. Er i mi aros yn dawel a chadw fy urddas er mwyn cynnal y seremoni, roedd y profiad o weld yr arch fechan wedi corddi'r dyfroedd unwaith eto. Eisteddais o flaen y tân yn crio'n dawel bach wrth gofio erchyllter angladd Huw, a'r seremoni olaf un i osod ei lwch i orwedd ym mynwent y plant. Os rhywbeth, roedd hwnnw'n brofiad anoddach na'r angladd, gan mor fach oedd y bocs oedd yn dal ei lwch ac mor derfynol oedd y ffarwél.

Iolo oedd yr un a berswadiodd fi i adael ochr y bedd. Aeth ar ei gwrcwd a sibrydodd,

'Fyse Huw ddim am weld ei fam yn sefyll yn y glaw fel hyn. Tyrd rŵan... Dwyt ti ddim yn ei adael o. Bydd o yn dy galon di am byth, felly fedri di byth, byth ei adael o.' Gyda hynny, rhoddodd Mam a Taid eu breichiau amdanaf a fy arwain i allan o'r fynwent.

Wrth i mi gofio geiriau doeth Iolo, daeth cnoc ar y ffenest a barodd i mi neidio, a bu bron i mi ollwng fy mhaned dros y llawr. Codais fy mhen i weld amlinelliad tywyll oedd, erbyn hyn, yn ddigon cyfarwydd. Agorais fy nrws ffrynt i weld Wayne, gyda Betsan yn eistedd wrth ei draed. Wrth fy ngweld i, safodd hi ar ei thraed unwaith eto, ei phlufyn o gynffon yn chwifio'n hapus. Edrychais ar wyneb Wayne. Roedd y croen o amgylch ei lygaid yn gignoeth gan alar.

'O'n i'n bwriadu ffonio ti i weld sut oedd pethau, ond es i am dro gyda Betsan i glirio 'mhen a... wel, wnes i gerdded yma,' meddai, gan swnio ychydig yn wylaidd.

'Tyrd mewn felly,' dwedais, gan gamu yn ôl i adael iddyn nhw ddod i mewn i'r lolfa.

Mynnodd Wayne oedi a sychu pawennau Betsan ar y mat ger y drws.

'Prynhawn anodd,' meddai yn ei ffordd ddidaro. 'Ond gwasanaeth da iawn.'

'Diolch,' dwedais, gan deimlo fy llwnc yn tynhau eto.

'Ond ddim yn hawdd i ti...'

Trois a cherddais i'r gegin yn frysiog.

'Paned?' gofynnais. 'Diod o ddŵr i Betsan?'

'Gollest ti blentyn, do?' gofynnodd yn dawel.

Estynnais gwpanau o'r cwpwrdd a mynd ati'n brysur gyda'r te, y llaeth a'r siwgr, gan esgus nad oeddwn i wedi ei glywed. Ond teimlwn ei lygaid yn syllu. Roedd o'n disgwyl ateb, er bod yr ateb ar gael iddo o flaen ei lygaid, ar ben y lle tân. Seiliwyd ein perthynas ar ryw ddealltwriaeth *quid pro quo*. O'r tro cyntaf i mi ofyn 'sut wyt ti?' dangosodd Wayne ei fod o'n barod i ymddiried ynof fi. Ond rŵan ddeallwn fod yn rhaid i mi fod yr un mor barod i ymddiried ynddo fo. Roedd o'n agored i drafod ei deimladau a'i alar gyda fi, ond mynnai'r un peth gennyf finnau hefyd.

'Do,' dwedais, o'r diwedd. 'Mab. Huw. Roedd Syndrom Edwards arno fo. Ro'n i'n gwybod o'r ail sgan ymlaen na fyse

142

fo'n debygol o fyw heibio ei ben-blwydd cyntaf. Gawson ni ddeufis a deuddydd efo'n gilydd. Ond doedd ei dad ddim eisiau gwybod.'

'Naeth o ffeindio allan bod ti'n disgwyl plentyn sâl a'i heglu hi?'

Teimlais y gwaed yn rhuthro i fy mochau.

'Mae'n gymhleth... Ond ges i berthynas... â gŵr priod. Roedden ni efo'n gilydd am dros flwyddyn... Efo'n gilydd ond roedd o'n briod, hynny yw. Meddylies i o ddifri ei fod o am adael ei wraig. Naïf, twp... ond dyna ni. 'Nes i ganfod mod i'n disgwyl a ro'n i'n argyhoeddedig ei fod o am ddod i fyw efo fi... Ond ro'n i'n anghywir. Hollol anghywir.'

Cofiais y sgan deuddeg wythnos. Cofiais wyneb Arwel wrth iddo weld corff yr un siâp â ffeuen yn gwthio'i ffordd drwy'r cwmwl amniotig ar y sgrin. Cyflymodd curiad fy nghalon wrth weld y coesau bach yn ymestyn a'r pen yn amneidio. Ond arhosodd wyneb Arwel yn hollol ddiemosiwn. Er iddo ddweud ar y pryd ei fod o'n hapus, wrth edrych yn ôl, dydw i ddim yn meddwl ei fod o erioed wedi croesawu Huw, hyd yn oed cyn i ni ganfod ei gyflwr.

'Arhosodd o ddim efo ti, dim hyd yn oed ar ôl dallt bod eich mab yn sâl?' gofynnodd Wayne yn anghrediniol.

Ysgydwais fy mhen, gan gofio'r diwrnod ges i'r apwyntiad gyda'r fydwraig ynglŷn â chanlyniadau fy mhrofion gwaed. Ffoniais i Arwel yn syth ar ôl gadael y clinig. 'Mae angen i ni gael sgwrs,' dwedais i, gan geisio peidio â chrio dros y ffôn. Amniocentesis, cael fy nghyfeirio at Ysbyty'r Merched yn

Lerpwl, cael cynnig erthyliad meddygol... Roedd fy mhen yn troi. 'Fel mae'n digwydd, ro'n i am gael sgwrs gyda ti hefyd,' meddai Arwel, a chyn i fi fedru egluro canlyniadau'r profion, soniodd ei fod wedi cyfaddef y cwbl wrth Simone, a'i bod hi wedi cytuno i roi ail gynnig ar bethau. 'Mae hi fy angen i,' meddai. 'Beth amdana i?' sgrechiais arno. 'Beth am ein mab? Bydd o dy angen di hefyd!' Dwedodd y byddai'n fy nghefnogi i drwy ddod i'r ysbyty i gael yr erthyliad.

'Bastad,' meddai Wayne, dan ei wynt. 'Pa fath o gachgi sy'n gadael i ferch ddioddef ar ei phen ei hun? Ddaeth o ddim i weld ei blentyn?'

'Naddo. Gafodd o wahoddiad, sawl gwaith, ond fo benderfynodd beidio â bod yn rhan o fywyd Huw. Mae rhan ohona i'n deall ei resymeg... Ond roedden ni'n iawn, Huw a minnau. Mam oedd efo fi'n geni Huw. Roedd ganddo deulu o'i amgylch. Treuliodd ei fywyd cyfan yn yr ysbyty neu'r hosbis...' Llyncais yn galed i gael gwared ar y grawc yn fy llais. 'Rhyddhad oedd ei farwolaeth, os dwi'n hollol onest, achos roedd ganddo broblemau cymhleth ofnadwy, problemau efo'i galon a'i ymennydd... Doedd dim gobaith iddo gael dim byd tebyg i fywyd normal. Fyswn i byth isio dod â fo'n ôl, nac iddo fod mewn rhagor o boen... fyddai hynny'n hunanol... Ond fedra i ddim mo'i anghofio chwaith.'

Erbyn hyn roeddwn i wedi symud i eistedd ar y soffa, gyferbyn â Wayne. Daeth Betsan a gwthio ei phen i fy nwylo i gael ei hanwesu.

'Sdim angen i ti anghofio amdano. Jest cofia dy fod di'n

uffernol o gryf,' meddai Wayne, gan bwyso llaw yn ysgafn ar fy nglin. Symudodd ei law i ffwrdd yr un mor sydyn i anwesu Betsan. 'Dyma pam rwyt ti mor dda wrth dy waith; ti'n cydymdeimlo efo pobl eraill, yn dallt sut maen nhw'n teimlo, achos rwyt ti wedi bod trwy'r un profiad dy hun.'

'Ges i weinydd digrefydd i gynnal angladd Huw. Marged. Roedd hi – ac Iolo hefyd – yn wych. Ro'n i'n arfer gweithio efo Arwel, felly doedd hi ddim yn bosib i mi ddychwelyd at fy hen swydd. Pan ddechreues i feddwl am symud i swydd newydd, cychwyn llechen lân, meddylies i falle byswn i'n medru helpu pobl fel wnaethon nhw fy helpu i. Dyna'r rheswm dwi'n dal ati. Fel bod rhywbeth da yn deillio o'r cyfnod drwg.'

Soniais i ddim wrth Wayne mai fy rheolwr i oedd Arwel. Roedd yn ormod o ystrydeb: yr eneth ifanc, naïf yn syrthio mewn cariad â dyn hŷn, cyfoethog a phrofiadol. Teimlwn gywilydd mawr wrth feddwl pa mor awyddus oeddwn i gredu mod i mewn cariad â fo. Diolch byth na allai Wayne ddarllen fy meddyliau a chael gwybod am yr holl amseroedd fues i'n hunanol a dan din a difeddwl – aros yn hwyr i weithio ar 'brosiect arbennig', teithio i Lundain gyda fo ar dripiau 'busnes' ac yntau'n cuddio ei ffôn lôn fel na fyddai galwadau gan Simone yn tarfu ar yr amser prin oedd gennym ni gyda'n gilydd. Dydw i ddim yn hoff iawn o feddwl am y Gwawr ifanc, ac yn bendant, dydw i ddim yn ei hoffi hi. Wrth gwrs, achosodd ein perthynas sgandal yn ein cymuned fach glòs. Mae yna bobl sy'n fy anwybyddu i hyd heddiw.

Cododd Wayne Betsan ar ei lin. Wrth i mi estyn allan i fwytho ei chlustiau dwedodd yn gyflym,

'Dwi'm yn meddwl y byddi di'n hoffi be dwi am ddeud nesaf... Ond dwi'n poeni amdanat ti, Gwawr. O ddifri. Dwi'n meddwl bod gen ti iselder, fatha sy gen i. PTSD hefyd, o bosib.'

Nid fo oedd y cyntaf i ddweud y fath beth. Roedd Mam a Dad wedi crybwyll y pwnc fwy nag unwaith.

'Ai dyna be ti'n meddwl?'

'Ie. Fues i yn y fyddin am chydig o flynyddoedd. Dwi'n gwybod tipyn am ôl-effaith trawma. Dwi 'di gweld ffrindiau yn stryglo ar ôl gadael y fyddin. Welish i Claire yn cael ei llyncu gan iselder. Dwi'n gweld fy hun yn dechrau mynd i'r un cyfeiriad hefyd. A dwi'n edrych arnat ti, Gwawr, ac uffarn, mae o fatha edrych mewn drych. 'Dyn ni'n dau'r un fath: yn ceisio colli ein hunain yn y gwaith, yn cadw draw rhag pobl eraill, yn ceisio esgus wrth bobl eraill fod popeth yn iawn. Ond dwi ddim yn ymdopi'n iawn efo colli Claire. Dwi'n sylweddoli hynny rŵan, a dwi'n meddwl bod yr un peth yn wir amdanat ti. A dwi'n meddwl bod dy waith fel gweinydd yn rhoi esgus i ti grio, heb i ti orfod cydnabod bod gen ti iselder.'

Eisteddais yn dawel bach am ennyd wrth i mi ystyried ei eiriau. Roeddwn i wedi teimlo'n isel ers cymaint o amser, roedd hi'n anodd i mi gofio sut oedd peidio â theimlo'n drist.

Aeth yn ei flaen, 'Ti'n cofio fi'n deud fy mod i wedi ystyried mynd i weld therapydd? Wel, dwi 'di cymryd y penderfyniad i fynd. Mae 'na gynnig sesiynau am ddim gan elusen. A dwi'n meddwl dylet ti ddod efo fi.'

'Nid apwyntiad ar y cyd?'

'Na, na. Ond pact – y ddau ohonan ni'n ymrwymo i gefnogi'r llall drwy fynd i'r holl sesiynau.' Awgrymodd y dylen ni ffonio'n gilydd neu fynd am dro i drafod unrhyw beth a godai o'r sesiynau.

Edrychais i lygaid Wayne. Roeddwn i wedi llwyddo i dwyllo pawb arall fy mod i wedi dod dros fy ngalar, wedi llwyddo i guddio fy nhristwch rhag y rhan fwyaf o bobl y dois i'w hadnabod dros y blynyddoedd diwethaf. Ond nid Wayne.

Cofiais eiriau Taid, rai wythnosau yn ôl erbyn hyn: 'Dim ond trwy weithio gyda'n gilydd a dibynnu ar ein gilydd medrwn ni *fyw.*' Byddai'n haws cychwyn ar y daith gyda chyd-deithiwr wrth fy ochr, ac roeddwn i'n falch mai Wayne fyddai'r cyd-deithiwr hwnnw.

'Iawn,' atebais. 'Therapi amdani.' Ysgydwon ni ddwylo, a chododd Betsan ei phawen chwith, fel petai hi am ymuno â'r pact.

10.

Adriana

Ym mis Awst, aeth Clwb Darllen Cymraeg Rhuddlan a'r
Cyffiniau i lawr i Gaerdydd i'r Eisteddfod Genedlaethol.
Roedd merch hynaf Cassie yn y brifysgol yng Nghaerdydd,
felly cawson ni aros yn ei thŷ hi ym Mhontcanna gan ei bod hi
a'i ffrindiau wedi mynd i Falia am wythnos o wyliau. Aethom
i lawr ar brynhawn Mercher, er mwyn cael treulio'r dydd Iau
cyfan ar y Maes. Buasai wedi bod yn braf cael aros drwy'r
wythnos a gweld mwy o'r ddinas, ond roedd gan bawb arall
waith ac roedd gen i fy sesiwn therapi ar y bore Gwener, felly
roedd yn rhaid bodloni ar un diwrnod yn unig. Ond doeddwn
i ddim am gwyno. Roedd y llety am ddim, a gan fod yr esgid
yn dal i wasgu dyma'r peth agosaf at wyliau fyddwn i'n ei
gael eleni.

Dyma oedd tro cyntaf Megs yn yr Eisteddfod, a gyda'i
brwdfrydedd arferol roedd hi wedi llunio amserlen i'w
galluogi i weld cymaint o'r cystadlu a'r gwobrwyo a'r
darlithoedd a'r perfformiadau ag oedd yn bosib. Gwnaeth hi
hyd yn oed baratoi pecynnau cinio fel nad oedd angen i ni
wastraffu amser yn ciwio am fwyd.

Ar ôl brecwast dalion ni'r bws draw i'r Bae, ac yna
penderfynu gwahanu'n ddau grŵp a chyfarfod am ginio, gan
nad oedd gan Cassie na minnau fawr o ddiddordeb mewn
mynd i'r pafiliwn na'r babell lên. Ein hunig ddymuniad
oedd crwydro'r Maes, gwneud tipyn o siopa, a gweld faint o
enwogion Cymraeg fedren ni eu gweld yn y dorf.

Cerddon ni o gwmpas yn sgwrsio a mwynhau'r heulwen.
Roedd hi'n tynnu at hanner dydd pan aethon ni heibio stondin

y Cyngor Llyfrau, a gwelais fod Clara Coleridge wrthi'n cynnal sesiwn o ryw fath – llofnodi copïau o'i nofel newydd, gredwn i.

'Dyna'r ddynes oedd yn diwtor ar Tanya a finnau ar y cwrs yn Nhŷ Newydd...' sibrydais wrth Cassie.

'Dos draw i ddeud helô wrthi,' awgrymodd Cassie.

'Hisht, neith hi'm 'y nghofio i...' atebais, gan grwydro heibio ac anelu am stondin oedd yn gwerthu nwyddau'r cartref.

Ond roeddwn i'n anghywir. Pan ddaethom allan o'r babell, gyda Cassie'n berchennog newydd ar gwpanau a soseri chwaethus iawn, teimlais gyffyrddiad ysgafn ar fy mraich. Trois i weld Clara yn gwenu'n swil arnaf fi.

'Gwawr, weles i ti'n mynd heibio o'r blaen, dwi mor falch fy mod i wedi medru cael gafael arnat ti...' meddai hi.

Trois at Cassie a'i chyflwyno hi i Clara. Nofel Clara oedd yr un ddiwethaf i ni ei thrafod fel clwb, a fuodd y ganmoliaeth yn unfrydol.

'Ydych chi'n gweithio ar nofel arall?' gofynnodd Cassie.

'Nid nofel, ond prosiect arall. Dyna pam dwi mor hapus i mi ddod ar draws Gwawr eto...' Trodd i siarad â fi. 'Dwi'n gweithio gyda gwasg sydd wrthi'n creu cyfrol yn ymdrin yn benodol â galar. Maen nhw'n ceisio casglu amrywiaeth mor eang â phosib o brofiadau, ac ers i mi ddarllen dy lythyr yn Nhŷ Newydd dwi wedi bod yn meddwl amdanat ti. Mae'n cymryd dewrder go iawn i fedru ysgrifennu ar bwnc mor anodd, a ches i fy nghyffwrdd gan dy eiriau. Dydw i ddim yn dweud y dylet ti ddanfon yr union lythyr at y wasg...' (oedd yn beth da, am i mi ei losgi yn y lle tân yn syth ar ôl cyrraedd gartref) '... ond pe byddet ti'n fodlon ysgrifennu am dy brofiad eto, dwi'n meddwl byddai'n helpu llawer o bobl sy'n mynd trwy rywbeth tebyg.'

'Diolch, ond dim diolch,' atebais yn benderfynol, ac o gornel fy llygad gwelais fod Cassie yn gegrwth. 'Dwi'n meddwl bod y gyfrol yn syniad da, ond dwi'm yn gyfforddus yn trafod fy ngalar i mewn ffordd mor gyhoeddus. Ar hyn o bryd yr unig beth sydd angen arna i ydi cydnabyddiaeth o fy ngholled, dim mwy na hynny.'

Yn dilyn trafodaethau gyda Benjamin, fy nghwnselydd, ro'n i wedi dechrau deall yn well pam fy mod i'n dueddol o ynysu fy hun a pheidio â sôn wrth bobl am Huw. Roeddwn i wedi profi gymaint o bobl yn ceisio 'datrys' fy ngalar, ac wedi cael hen ddigon ar sylwadau fel, 'Tyrd i'r eglwys efo fi i oleuo cannwyll dros y bychan. Wnei di deimlo'n agosach ato wedyn', neu 'Ddylet ti ddim gweithio gyda phlant pobl eraill', neu 'Dos yn ôl i fyw at dy fam a dy dad fel na fyddi di ddim yn teimlo'n unig', neu'r un gwaethaf oll: 'Amser i ti ddod o hyd i ddyn newydd a rhoi ail gynnig ar bethau...'

Roeddwn i wedi cael hen ddigon ar bobl yn ceisio fy ngorfodi i fabwysiadau eu dulliau nhw o ymdopi. Y peth da am Benjamin oedd y ffaith nad oedd o'n cynnig y datrysiad i mi; dim ond gwrando'n astud a gofyn cwestiynau oedd yn fy ngorfodi i feddwl yn ddwys ac yn fy nghynorthwyo i ddod o hyd i atebion fy hun.

Doeddwn i chwaith ddim eisiau sylw gan y wasg unwaith eto. Ar ôl genedigaeth Huw ges i fwy nag un cwmni cynhyrchu yn cysylltu â diddordeb mewn recordio rhaglen ddogfen yn dilyn 'ein stori ni'. Roedden nhw am recordio cyfnod mwyaf bregus ac anodd fy mywyd er mwyn gwneud sioe deledu a denu gwylwyr. Ges i'r un peth gan sawl papur newydd hefyd. Na, doedd gen i ddim diddordeb o gwbl mewn cyhoeddi fy stori i, rhag ofn i'r un peth ddigwydd eto.

Edrychai Clara fymryn yn siomedig wrth glywed hyn, ond nodiodd ei phen.

'Wrth gwrs, dwi'n deall yn iawn. Ond dwi'n gobeithio wnei di ddal ati gyda'r sgrifennu, a rhoi cynnig ar rywbeth llai bywgraffiadol. Mae gen ti ddawn efo geiriau.'

Gyda gwên garedig arall, diflannodd hi yn ôl i berfedd y dorf oedd yn disgwyl iddi lofnodi copïau o'i nofel. Trodd Cassie ataf fi, ei hanghrediniaeth wedi ei mynegi'n glir ar ei hwyneb.

'Paid,' dwedais wrthi. 'Mae'n neis bod hi'n meddwl fy mod i'n medru sgwennu, ond ti'n gwybod dwi 'mond yn trafod Huw efo pobl dwi'n trystio.'

'A dwi'n cytuno'n hollol,' meddai Cassie yn dawel 'ond dwi'n cytuno efo hi hefyd, i raddau. Dylet ti ysgrifennu nofel neu rywbeth. Storïwr wyt ti, does dim amheuaeth am hynny.'

'Wel, falle wna i roi cynnig arni,' atebais, gan feddwl am hunangofiant Taid. Ar ôl sawl wythnos o waith ysgrifennu dwys roedd y drafft cyntaf bron wedi ei orffen, ac roedd Taid wedi crybwyll ei ddanfon at wasg fwy nag unwaith. 'Awn ni i gwrdd â Tanya a Megs am ginio rŵan?'

Yn y prynhawn, wedi i ni grwydro'r Maes sawl gwaith,

penderfynodd Cassie a minnau ymweld â rhagor o'r brifddinas. Ymhen dim o dro roedd hi'n amser dychwelyd i'r tŷ am swper, ac yn gynnar y bore wedyn, neidiodd pawb i gar Tanya i fynd yn ôl i'r gogledd. Ychydig iawn o'r Eisteddfod a brofais, ond a dweud y gwir, roedd yn ddigon i mi gael diwrnod neu ddau yng nghwmni'r merched. Ers i mi sôn wrthynt am Huw roedd eu hagweddau tuag ataf fi wedi newid. Gynt roeddwn i wedi celu pethau rhagddynt ac felly roedden nhw wedi meddwl mod i'n un am gadw ar wahân. Am y rheswm hwnnw, ches i fawr o wahoddiadau i ddim byd heblaw am gyfarfodydd swyddogol y clwb darllen. Dros y mis diwethaf, wedi i mi ganfod yr hyder i ddiosg fy mwgwd, newidiodd ein perthynas. Am y tro cyntaf mewn dros hanner degawd, roedd gen i rywbeth yn debyg i fywyd cymdeithasol. Roedd gen i ffrindiau, pobl allwn i fod yn fi'n hun o'u cwmpas a dangos fy emosiynau heb ofni beirniadaeth. Fuon nhw mor gefnogol a charedig. Profiad braf oedd ymlacio yng nghwmni pobl eraill unwaith eto.

Teithiais yn ôl o Gaerdydd ar y bore Gwener ac es i'n syth i fy sesiwn cwnsela yn y prynhawn. Rhaid i mi gyfaddef nad oeddwn i'n edrych ymlaen at y cwnsela. Er bod Benjamin ei hun yn glên ac yn garedig, roedd y sesiynau'n ddwys iawn, yn corddi'r dyfroedd ac yn gofyn i mi ailymweld â phrofiadau ro'n i wedi ceisio'u hanghofio, ac yn waeth na hynny, roedd gofyn i mi eu dadansoddi'n fanwl. Ar ddiwedd pob sesiwn teimlwn fel petawn i newydd oroesi corwynt; fy meddwl yn corddi â syniadau a safbwyntiau newydd mewn ffordd oedd yn aflonyddu arna i. Roedd yn gwbl normal teimlo ychydig yn fregus ar ddiwedd y sesiynau cyntaf, rhybuddiodd Benjamin. Roedd cwnsela yn gofyn i berson herio ei ffyrdd o ymdopi, ei ragfarnau a'r patrymau ymddygiad oedd wedi siapio ei fywyd hyd yma. Roeddem yng nghanol y broses, a byddai'n rhaid i mi dderbyn na fyddwn i'n gadael pob sesiwn yn teimlo mod i wedi llwyddo i gael 'datrysiad' neu 'ateb' – o leiaf, dim ar hyn o bryd.

Dyna pam roeddwn i mor falch fod Wayne yn mynd drwy'r profiad ar yr un pryd â mi.

Câi sesiwn peth cyntaf bob bore Gwener, felly ein harferiad oedd mynd am dro gyda'n gilydd yn y prynhawn. Ni ddwedon ni ryw lawer wrth ein gilydd ar y daith gerdded gyntaf, dim ond cymryd cysur o bresenoldeb ein gilydd, ac wrth gwrs, o gwmni Betsan. Ond wedi hynny, daethom yn fwy cyfforddus yng nghwmni ein gilydd, a daeth y teithiau cerdded yn gyfle i'r ddau ohonom i feddwl yn uchel, i bendroni ac i fanteisio ar bersbectif gwahanol. Roedd trafod gyda Wayne yn gymorth i mi roi rhyw fath o drefn ar fy nheimladau ar ôl awr arbennig o ddwys ac emosiynol; i gymryd cam yn ôl, i adalw'r pynciau a drafodwyd ac i geisio canfod gwers neu ystyr. Er i Benjamin rybuddio na fyddwn i'n canfod neges ym mhob un o'r sesiynau, mynnai'r storïwr ynof fi chwilio am naratif o ryw fath. Efallai fod Cassie yn iawn amdanaf fi, wedi'r cwbl.

'Sut aeth dy sesiwn heddiw?' gofynnodd Wayne, wrth i ni gerdded ar hyd afon Elwy.

'Da. Reit debyg i wythnos diwethaf – 'dyn ni'n dal i drafod "anrhydeddu fy ngalar".'

'Sy'n golygu...?'

'Derbyn y bydda i'n dal i alaru mewn rhyw ffordd neu'i gilydd am weddill fy mywyd.'

'Champion. Ga i edrych ymlaen at hynny felly,' meddai, a do'n i ddim yn siŵr ai bod yn wawdlyd neu'n ddifrifol oedd o. Teimlwn y gallwn ei wthio ar y mater.

'Ond dwi'n credu dy fod di eisoes *yn* anrhydeddu dy alar. Rwyt ti'n barod i siarad am Claire, ac yn barod i geisio cymorth, yn un peth. Mae honno'n sefyllfa iachach na'r un o'n i ynddi cyn i mi gychwyn ar y cwnsela.'

'Fi, yn iachach na ti? Ti'm o ddifri?'

'Yndw. Tua blwyddyn ar ôl i mi golli Huw, penderfynais mai'r peth hawsaf i bawb oedd i mi geisio cario 'mlaen heb ffws na ffwdan. Rhoi'r gorau i sôn am Huw. Ro'n i mor ddesbret i geisio mynd yn ôl at ryw fath o normalrwydd er mwyn osgoi cael fy meirniadu a fy nhrin yn wahanol, wnes i guddio'r profiad rhag pawb heblaw 'nheulu. Fel dwedest ti, dechreues i feio fy iselder ar natur fy ngwaith. Ond dwi'n deall rŵan a' i fyth yn ôl at deimlo'n "normal". Rhaid i mi ddysgu sut i fyw efo galar yn hytrach na cheisio'i anwybyddu. Hyd yn oed os na fedra i ei anrhydeddu, mae'n rhaid i mi ddysgu sut i fyw efo fo'n agored. Fydd hynny'n anodd, mi wn i; ond dwi'n meddwl bod y cwnsela'n dechrau gwneud lles i mi yn barod.' Edrychais yn ôl dros fy ysgwydd ar Wayne a gwenu arno. 'Diolch i ti am fy mherswadio i roi cynnig arni.'

Plygodd Wayne i godi brigyn oddi ar y llwybr i chwipio'r mieri, a chydiodd yng nghôt Betsan.

'Does dim angen i ti ddiolch. Cwbl dwi'n neud ydi addalu dy garedigrwydd di. Dwi'n gwybod nest ti ddim codi ar Adriana a Dafydd am yr angladd ac maen nhw wedi deud drosodd a throsodd pa mor ofalgar fuost ti. Ac roeddet ti'n gymorth i mi efo trefnu angladd Claire hefyd. Ti'n neud y job 'ma er mwyn helpu pobl, yn hytrach nag ennill arian, felly dwi isio dy helpu di yn yr un modd. '

'Ti'm yn meindio fi'n gofyn – beth wnest ti i ffarwelio â Claire?'

'Dringo i ben mynydd a gadael i'r gwynt ei chymryd hi. Wnes i jest codi un bore a meddwl, pa ddiben cadw bocs o ludw ar ben y lle tân?'

Buom yn cerdded mewn tawelwch am ychydig, a llygaid y ddau ohonom yn gwylio Betsan yn gwibio 'nôl a 'mlaen wrth iddi ddilyn ei thrwyn ar antur arogleuol. Yna'n sydyn dwedodd Wayne,

'Collais Claire flynyddoedd yn ôl, wsti. Doedd o ddim yn sioc pan agorais i ddrws y sied a'i chanfod hi'n crogi. Naeth hi rybuddio fi droeon mai dyna sut fyddai pethau'n gorffen iddi. Welish i'r blydi afiechyd yn ei llyncu hi'n fyw. Y ddynes a laddodd ei hun, nid Claire oedd hi. Fuodd hi'n dioddef iselder ers ei harddegau, ond dros y blynyddoedd diwethaf suddodd hi'n is ac yn is fel do'n i ddim yn medru ei helpu hi, na'r meddygon chwaith... Tua'r diwedd dechreuodd hi ymosod arna i, a cheisio cychwyn ffrae er mwyn cychwyn ffrae...

Roedd o fel petai hi'n meddwl y byddwn i'n rhoi'r gorau i'w charu hi os o'n i'n flin efo hi, felly fyddwn i ddim yn ei cholli hi ar ôl iddi fynd... Yn ei meddwl hi, roedd hi'n gweithredu ar sail cariad, yn ceisio fy arbed i rhag y boen...'

Oedodd Wayne a chymerodd eiliad iddo'i hun. Cerddais ychydig ar y blaen ac yna stopio i edrych ar adlewyrchiad yr haul yn disgleirio ar wyneb yr afon. Ar ôl munud neu ddwy roedd Wayne wrth fy ochr eto, ei lygaid yr un lliw â'r cerrig llyfn a orweddai dan y dŵr, yn wlyb gan ddagrau ac yn syllu heb weld.

'Nesh i golli Claire ymhell cyn iddi farw. A deud y gwir, rhai boreau dwi'n deffro ac yn diolch does dim rhaid i mi wylio hi'n brwydro mwyach. Ond yna dwi'n gweld yr holl bethau, yr holl bethau gafodd eu dwyn gan y bastad iselder a dwi'n meddwl am yr holl brofiadau na chawson ni efo'n gilydd, yr holl lefydd na fuon ni, y blynyddoedd, y dyddiau, y nosweithiau hebddi... Dwi'n gynddeiriog. O hyd. Am bopeth. Blin efo'i theulu am ei cham-drin. Blin efo'r doctoriaid am fethu ei helpu hi. Blin efo fi'n hun am yr un peth, er dwi'n gwybod nad fi na nhw oedd yn gyfrifol am ei chadw hi'n fyw, felly does dim rhaid i ti ddweud hynny wrtha i, Gee... Dwi'n gwybod yn iawn mod i'n bod yn afresymol, ond dwi'n gynddeiriog yr un fath. A dwi'n poeni os na wna i rywbeth am y peth, bydda i'n glanio mewn helynt eto.' Oedodd unwaith eto ac edrych allan dros y dŵr. 'Ac os dwi'n llwyddo i gael diwrnod lle dwi ddim yn teimlo'n flin am bawb a phopeth, yna dwi'n teimlo'n euog. Dwi'n teimlo'n euog am fyw 'mywyd, er mai hi benderfynodd orffen ei un hi.' Pwysodd yn erbyn boncyff. 'O leiaf does dim rhaid i ti deimlo'n euog.'

Ond mi ydw i, meddyliais, gan gofio ymateb Arwel pan ddwedais i na fyddwn i'n cael erthyliad: 'Mae miloedd o ferched yn eu cael nhw bob dydd, pam wyt ti mor arbennig? Pam mae'n rhaid i'r baban ddioddef achos bod gennyt ti ofn gwneud y peth trugarog?' Ers hynny, erys yng nghefn fy meddwl yr amheuaeth fod Arwel yn iawn ac efallai mod i *yn* hunanol wrth ddod â Huw i'r byd gan wybod y byddai'n byw ei fywyd cyfan yn wael, yn hytrach na gadael iddo 'lithro i'r llonyddwch mawr yn ôl', chwedl T. H. Parry-Williams. Ond gwyddwn i hefyd petawn i wedi ufuddhau i gais Arwel y byddwn i'n dal wedi teimlo'r un mor euog am fy mhenderfyniad. Fel dwedodd Mam wrthyf fi hanner cant o weithiau, doedd yna ddim 'ateb cywir' moesol i fy nghyfyng-gyngor. Yr unig ddewis oedd y dewis cywir i fi. Pan ddaeth yn glir i mi na ddymunai Arwel fod yn bresennol ym mywyd Huw wnes i'r hyn oedd orau i mi, er mwyn diogelu fy iechyd meddwl, ac yn y pen draw, hynny a ganiataodd i mi fod yn fam dda i fy mab. Ac mi oeddwn i'n fam dda i Huw, er gwaetha'r euogrwydd a'r iselder.

Ond nid dyna oedd yr amser i drafod Huw. Roedd angen sylw ar Wayne rŵan. Ysgydwodd ei ben fel petai ei ddicteryn ddiferion o ddŵr y gallai eu hysgwyd ymaith, ac ochneidiodd yn ddwfn ac yn ddiamynedd.

'Mae 'mhen i ar chwâl, Gwawr. Dwi 'di cael hen ddigon ar deimlo fel hyn.'

Fel petai Betsan yn synhwyro cynnwrf ei meistr, brysiodd hi yn ôl ato a gorwedd wrth ei draed, ei llygaid siocled yn llawn pryder.

'Dwi'n iawn, Betsi,' meddai'n dawel. 'Wel, mi fydda i.'

'Un diwrnod ar y tro,' cynghorais unwaith eto. 'Dwi'n cofio teimlo'r un fath yn union. Ro'n i'n lluddedig o hyd. Ond mi wneith basio, ac yn y cyfamser, yr unig beth i neud ydi gofalu amdanat ti dy hun – yfed, cysgu orau gelli di, cadw'n brysur...'

'Sôn am gadw'n brysur... Dwedes i wrth Dafydd y byddwn i'n galw draw i'w weld o ac Adriana rywbryd.'

'Siŵr fydden nhw'n falch o dy weld di.'

Roedden ni ar fin gorffen ein tro. Daeth ein ceir i'r golwg, ac estynnais fy allwedd o'm poced. Oedodd Wayne i glymu tennyn ar goler Betsan cyn camu i'r maes parcio. Agorais fy ngheg i ffarwelio â fo tan ddydd Gwener nesaf, ond cyn i mi fedru dweud dim, dywedodd,

'Dwi am fynd i weld Daf rŵan. Sgen ti awydd dod efo fi?'

Teithiais i draw i'r coleg yng nghar Wayne er mwyn arbed petrol. Roedd o'n dawel iawn yn ystod y siwrne, ond yn wahanol i'r tawelwch gynt, roedd yn dawelwch annifyr, lletchwith. Sawl tro gwelais o'n amneidio â'i ben neu'n llyfu ei wefusau fel petai am ddweud rhywbeth arall wrthyf fi, ond arhosodd yn dawel. O'r diwedd, bu'n rhaid i mi fentro,

'Tisio trafod?'

'Mae gen i rywbeth i gyfadde. 'Nes i rywbeth gwirion, a dwi'n ffieiddio ata i'n hun.' Dyna oedd y rheswm iddo sôn am deimlo'n euog yn gynharach, felly. Aeth yn ei flaen, 'Dwi am i ti fod yn geryddgar, falle bydd hynny'n helpu fi i roi'r gorau...' Ochenaid ganddo, fel petai'n colli amynedd ag o'i hun. 'Penwsnos diwetha 'nes i fachu merch.'

'Ges i berthynas efo gŵr priod, felly dwi'm mewn sefyllfa i geryddu neb, na rhoi cyngor ar foesau rhywiol,' atebais. 'Ond os neith trafod pethau helpu rhywfaint, cer amdani.'

'Yn y Llew Du o'n i, efo ffrind, ond roedd yn rhaid iddo adael ar frys. O'n i newydd brynu peint, felly arhosais yna i'w orffen, a tra o'n i'n sefyll wrth y bar daeth rhyw fenyw draw a dechrau siarad efo fi... Digwyddodd y cyfan yn syndod o gyflym. Ac roedd hi'n eneth ifanc a del, yn reit debyg i ti o ran golwg... Sgenna i'm clem pam naeth hi fy newis i. 'Nes i ddim hyd yn oed cael gwybod ei henw hi. 'Nôl i'w fflat hi, *wham, bam,* a dyna hi'n awgrymu dylswn i ffonio tacsi a mynd adre cyn i mi gymaint â gorffen gwisgo.'

Ceisiais feddwl beth fyddai Benjamin yn ei ddweud dan y fath amgylchiadau.

'A sut wyt ti'n teimlo am hynny?'

'Ar y pryd nesh i fwynhau fy hun. Ond rŵan dwi'n teimlo fel rêl bastad. Fel petawn i wedi bradychu Claire, er mai hi naeth 'y ngadael i. A dwi'n flin efo'n hun am gysgu efo hogan heb wybod dim amdani... A'r peth gwirion oedd mod i'n gwybod yn iawn fyswn i'n teimlo'n ffiaidd ac yn euog y bore wedyn. Gas gen i nad oedd gen i'r hunanreolaeth i gau 'malog a mynd adre. Ond mae'n anodd, ti'n gwybod?'

'A deud y gwir, nacdw,' atebais, ond aeth Wayne yn ei

flaen fel petai o heb fy nghlywed i.

'Dwi isio aros yn ffyddlon i Claire. Hi ydi fy ngwraig i. 'Run pryd, mae o mor anodd, achos fedra i ddim gwadu'r ffaith fy mod i'n colli cael secs. Dyma'r hiraf i mi fynd hebddo ers mod i'n bymtheg oed, a fedra i'm helpu'r ffaith mod i'n...' Ochneidiodd eto, a gwyddwn ei fod yn ddiamynedd am nad oedd gen i gyngor na hyd yn oed farn i'w chynnig. 'Dysgu byw gyda'r euogrwydd, neu deimlo fel llew ar ddeiat figan. Dyna'r dewis.'

'Falle ei bod hi'n brofiad gwahanol i ferched, achos dwi heb... ti'n gwybod... ers cyn genedigaeth Huw, a rhaid i mi ddweud, dydw...'

'Pum, chwe blynedd?' ebychodd Wayne. 'Dyna'r tro diwethaf i ti...?' Er fy mod i'n ddynes sy'n agos at fy neugain, teimlwn fy hun yn gwrido rhyw fymryn, a dechreuais ddifaru rhannu 'mhersbectif. 'Chwe blynedd!' dwedodd eto, gan ysgwyd ei ben. 'Sut ti'n ymdopi?'

'Dwi'm o gwmpas dynion sengl a golygus rhyw lawer, felly dwi'm yn meddwl gormod am y peth. A doedd o ddim mor wych â hynny, o be dwi'n cofio.'

'Doeddech chi ddim yn ei neud o'n iawn, felly,' chwarddodd Wayne yn ochelgar.

Roedd o'n iawn am fy nghariadon cyntaf, dibrofiad a diglem, ond roedd Arwel yn gwybod pa fotymau i'w gwasgu. Y broblem efo Arwel oedd yr euogrwydd byddai'n disgyn arnaf fi fel pen mawr y bore wedyn, wrth i mi feddwl am ei wraig. Ond eto, yn hunanol, yn gaeth iddo, es i yn ôl ato dro ar ôl tro, ar ôl tro.

O'r ffordd hyderus y siaradai Wayne, daeth yr awgrym ei fod o *yn* gwybod sut i 'neud pethau'n iawn'. Cofiais gyhyrau cryf ei freichiau a chyffyrddiad ysgafn ei law ar fy nglin, ac am eiliad yn unig dychmygais sut brofiad gafodd yr eneth yn y Llew Du.

Rŵan roedd gen innau reswm i geryddu fy hun. Roedd yn amlwg fod Wayne yn ymddiried ynof fi fel ffrind a chyddeithiwr drwy alar. Doeddwn i ddim am ddisgyn i'r un twll â fo drwy adael i deimladau anghofiedig gorddi'r dyfroedd. Yma i'w gefnogi o, Dafydd ac Adriana oeddwn i, nid i fodloni fi'n hun na rhoi rheswm arall i mi deimlo'n euog.

Roedd Adriana ar ei phen ei hun yn yr ardd o flaen y bwthyn, yn tendio'r planhigion. Wrth iddi'n gweld ni'n dod, gollyngodd ei rhaw a rhedodd at y car. Taflodd ei breichiau am fy ngwddw.

'Gwawr! Diolch am ddod! Mor hyfryd dy weld di eto!'

Dwedodd hi hyn oll yn y Gymraeg. Rhaid ei bod hi wedi cael y maen i'r wal er mwyn dod mor rhugl mewn cyn lleied o amser. Roedd ei llygaid yn ddisglair a'i chroen yn loyw. Cofiais sut olwg oedd arni yn yr angladd, a phrin y gallwn gredu mai dyma'r un ferch. Trodd hi at Wayne.

'Sori, Wayne, ond ti newydd fethu Dafydd. Mae o wedi mynd allan ar ei feic.'

Estynnodd Wayne i boced ei grys, gan dynnu swp o bres papur a'i gynnig iddi. Cymerodd Adriana'r pres, gan droi ataf fi i egluro,

'Mae'r ddau ohonom ni'n gwneud Her y Tri Chopa i godi pres at elusen sy'n helpu teuluoedd sy'n colli plant a babanod. Mae Wayne wedi bod yn anhygoel. Mae bob un o'i gwsmeriaid wedi rhoi tuag at yr achos. Mae ganddon ni dros dair mil o bunnoedd yn barod.'

'Wel, dwi'n siŵr fyse aelodau fy nghlwb darllen i'n fodlon cyfrannu hefyd, os oes gennyt ti ffurflen noddi,' atebais.

'Wna i godi un i ti wedyn,' meddai hi, gan ddangos ei bysedd mwdlyd. 'A gewch chi baned 'run pryd. Ond ga i jest orffen plannu'r rhain yn gyntaf?'

Plygodd Wayne a chodi hambwrdd o blanhigion ifanc.

'Ble wyt ti am i'r rhain fynd?' gofynnodd.

Codais raw a'i ddilyn, ac yno fuon ni'n gweithio nes i Dafydd ddychwelyd o'i daith, y tri ohonom yn plannu blodau bach yn y gwlâu er mwyn llenwi'r pridd o amgylch coeden goffa Josiah. Dywedodd Adriana ei bod hi'n treulio'r rhan fwyaf o'i hamser sbâr yn yr ardd, gan mai dyma lle roedd ei hatgofion hapusaf. Wrth i ni weithio, soniodd ei bod hi'n meddwl dychwelyd i'r gwaith, a thrafodon ni'r sialens o baratoi at Her y Tri Chopa; ond ni ddwedodd hi enw Josiah unwaith.

O bosib, roedd Adriana yn un o'r bobl hynod gryf yna oedd yn dysgu sut i ymdopi â'u colled yn aruthrol o gyflym. Ond tybiwn fod ei phrofiad hi'n agosach at fy un i. Ges i nifer o bobl yn fy nghanmol i am 'symud ymlaen' mor dda ar ôl colli Huw. Wrth gwrs, nid 'symud ymlaen' oeddwn i, ond cuddio fy nheimladau er mwyn osgoi bod yn destun sylw.

Ar ddiwedd ein hymweliad, wrth i Wayne sgwrsio â Dafydd, es i draw at Adriana a'i helpu hi i glirio'r cwpanau a'r platiau oddi ar y bwrdd.

'Diolch am ddod heddiw,' meddai, ac er bod ei llais yn ysgafn ac yn siriol, gwelais fod cyhyrau ei cheg a'i gwddw yn dynn. Gosodais y cwpanau yn ôl ar y bwrdd.

'Dwi'n deall yn union sut wyt ti'n teimlo,' sibrydais, gan gydio'n dynn ynddi. Teimlwn gryndod ei chorff, mor ysgafn ag aderyn. 'Does yna ddim byd fedra i ddweud fydd yn gwneud i ti deimlo'n well, ond os daw amser pan wyt ti'n teimlo fel siarad â rhywun... Dwi 'di bod trwy'r un peth. Os wyt ti angen siarad, dwi yma i wrando.'

'Beth oedd ei enw?' gofynnodd hi.

'Huw,' atebais. 'Huw Elias Taylor.'

'Enw hyfryd,' meddai hi, gyda chryn drafferth. 'Dydw i ddim yn barod i siarad ar hyn o bryd. Ond does dim rhaid siarad o hyd, nag oes? Ty'd draw am baned y tro nesaf rwyt ti yn yr ardal. Fedrwn ni eistedd yn yr ardd a gwrando ar yr adar a chofio amdanyn nhw.'

11.

Aaron

(2017) (ii)

Aaron, y diwrnod dest ti'n rhan o'r teulu, newidiest ti fywydau dy rieni am byth. Cofia, wrth i ti dyfu'n hŷn, i ble bynnag yn y byd yr ei di a beth bynnag wnei di efo dy fywyd, bydd eu cariad nhw'n gyson a dianwadal ac yn ddiddiwedd. Nhw fydd y goleuni sy'n dangos y ffordd, a'r dwylo i'th godi pan wnei di gwympo; y bobl gyntaf y gelli di droi atynt mewn cyfyng-gyngor, a byddan nhw'n llawenhau'n fwy na neb wrth glywed am dy lwyddiannau.

I HENRY A CLARISSA: Mae'n fraint cael gwylio plentyn yn tyfu, ac yn fwy o fraint cael bod yn gyfrifol am ei arwain ar y daith drwy fywyd. Trysorwch bob eiliad o'r chwerthin a'r dysgu a'r hwyl a'r sbri – a'r dagrau a'r pwdu hefyd. Mae llygaid plentyn yn cynnig persbectif a ffordd gwbl wahanol o edrych ar y byd. Mae gan ein plant gymaint o wersi i'w dysgu i ni.

Ar ŵyl banc mis Awst gyrrais draw i Abersoch unwaith eto i gynnal seremoni enwi Aaron, ac i ddathlu ei ben-blwydd cyntaf. Y tro diwethaf i mi gwrdd â'i rieni cefais lond ceg gan ei fam, felly roedd hi'n ddealladwy mod i'n fwy pryderus nag arfer wrth gynnal seremoni enwi; ond cefais fy siomi ar yr ochr orau gan groeso'r teulu. I ddechrau, meddyliais i fod Clarissa yn gwrtais dim ond am ei bod hi'n ddiolchgar i mi am gytuno i weithio dros ŵyl y banc pan doedd neb arall ar gael; ond pan gawsom ni eiliad ar ein pen ein hunain y peth cyntaf wnaeth hi oedd ymddiheuro eto am fod mor fyrbwyll a chas.

Gallwn weld pam ei bod hi mor anfodlon aildrefnu'r dathliad. Roedd oddeutu dau gant o bobl yn bresennol, gyda diddanwyr plant, paentwyr wynebau, byddin lythrennol o arlwywyr, fan hufen iâ ffansi yn gweini Prosecco a *mocktails* yn ogystal â Mr Whippy, ffotograffydd swyddogol yn tynnu lluniau o bawb, a chacen â deuddeg haen – un am bob mis o fywyd Aaron bach.

Roedd seren y diwrnod yn ddi-hid mai er ei fudd o roedd yr holl ffwdan, ac yn ddigon hapus yn cropian o amgylch traed ei deulu ac yn chwarae â thegan a roddwyd iddo gan un o'i gefndryd.

Y seremoni hon oedd y pres hawsaf i mi ei ennill erioed. Roedd Henry am draddodi araith yn rhan o'r seremoni ei hun, felly doedd dim angen i mi ddweud stori Aaron, a doedd Clarissa ddim am i'w mab gael rhieni arweiniol, felly'r cyfan oedd yn rhaid i mi ei wneud oedd croesawu pawb, gofyn i'r rhieni ddarllen eu haddewidion, a chynnal y ddefod enwi ei hun. Rydw i'n eithaf siŵr y byddai ffrind neu aelod o'r teulu wedi medru ymgymryd â'r rôl, ond yng ngeiriau Clarissa ei hun, 'gwell cael rhywun proffesiynol'. Roedd hynny'n arwydd pellach mod i wedi adennill fy statws yn ei golwg hi.

Athro yn y brifysgol oedd Henry. Roedd ei araith ef ar ffurf llythyr at ei fab yn gampwaith huawdl a rhaid i mi gyfaddef i mi ollwng deigryn bach wrth ei glywed yn annerch ei fab gan ddweud iddo 'wireddu pob dymuniad; dymuniad hir oes a deimlai, ar brydiau, mor bell ac anghyraeddadwy â'r sêr'. Diolchodd i fam enedigol Aaron am 'fod yn ddigon dewr i roi'r rhodd fwyaf gwerthfawr yn y byd a chaniatáu i Clarissa a minnau'r profiad o fod yn rhieni, o'r diwedd'. Roedden nhw wedi disgwyl degawd i weld wyneb eu mab, ac er bod angen i'w fam ddysgu sut i bwyllo cyn agor ei cheg, roeddwn i'n ffyddiog y byddai Aaron yn cael magwraeth gariadus gan rieni a fyddai'n ei werthfawrogi a'i gefnogi bob dydd.

Anrheg annisgwyl ond hyfryd oedd y tusw o flodau a'r botel win ddrud ges i gan Clarissa fel 'ffordd o ddweud sori am y gamddealltwriaeth'. Gyda fy nwylo'n llawn dychwelais at y car; ond wrth i mi adael des i wyneb yn wyneb â'r ffrind fuodd Clarissa mor gyflym i'w hamddiffyn: Maxine Monroe.

Rhewais yn fy unfan, a gwnaeth hithau'r un fath. Buom ni'n sefyll wyneb yn wyneb am sbel, yn ansicr a ddylem ddweud rhywbeth neu gerdded heibio ac anwybyddu'n gilydd. Hi dorrodd y tawelwch trwy egluro,

'Yma i gefnogi Clarissa ydw i. Dwedodd hi doedd yna neb fyddai'n medru cynnal y seremoni heblaw amdanat ti, felly rhoddais fy mendith iddi a dweud y byddwn i'n cadw draw o'r seremoni i osgoi ffrae.'

'Wel dwi am adael rŵan,' atebais yn oeraidd. 'Gei di ledaenu rhagor o gelwyddau amdanaf fi a cheisio difetha fy ngyrfa unwaith eto.'

Crychodd corneli ei llygaid wrth iddi wgu arnaf fi, ond arhosodd ei thalcen mor llyfn â phorslen; mwy na thebyg o ganlyniad i'r holl *botox* roedd hi'n brolio am ei ddefnyddio.

'Oes gennyt ti unrhyw gywilydd o gwbl?' gofynnodd hi.

'Pam ddylai fod gen i gywilydd? Wnes i ddim o'i le.'

Sisialodd hi dan ei gwynt, 'Paid â deud celwyddau! Weles i'r negeseuon! Maen nhw gen i yma!'

Daliodd ei bag llaw yn uchel, gan bwyntio at y lledr drud gydag un bys. Sylwais nad oedd hi'n gwisgo ei modrwy briodas, a'i bod hi wedi symud ei modrwy ddyweddïo at ei bys canol. Roedd hi'n garreg rhy ddisglair i hel llwch mewn bocs gemwaith.

Yn sibrwd fel na fyddai'r gwesteion eraill yn ein clywed, dwedais wrthi,

'Un neges yn unig ddanfonais i at Darren, yn gofyn be uffarn oedd o'n neud yn cysylltu efo fi ar noson ei briodas! Pwy bynnag ddanfonodd y negeseuon eraill a'r lluniau anweddus atat ti, nid y fi wnaeth!' Dylwn i fod wedi ei gadael hi fan'na, ond roedd hi wedi fy nghythruddo i gymaint, ychwanegais yn gas, 'Siŵr dy fod di'n mwynhau bod yn destun sylw eto. Synnen i daten na wnest ti ddanfon y negeseuon atat ti dy hun!'

Gyda hynny aeth i chwilota yn ei bag am yr iPhone

diweddaraf. O fewn eiliadau roedd hi'n chwifio *screenshots* o dan fy nhrwyn ac yn sisial,

'Dyma'r dystiolaeth! Wyt ti'n dal i wadu pethau rŵan?'

'Ydw!' Roedden ni'n hisian fel dwy gath, yn barod i grafangu ein gilydd. Cipiais y ffôn o'i llaw i gael darllen y negeseuon drosof fy hun. Roedd yna gyfres ohonyn nhw gan gyfrif o'r enw DawnCelebrantsy, a'r rhan fwyaf ohonyn nhw yn bornograffig. Ar waelod y sgrin roedd yna luniau o fenyw gyda'i choesau ar led a'i bronnau'n dangos. Byddai Nain wedi ei disgrifio'n 'fenyw nobl' – y cluniau a'r pen ôl llydan a'r fynwes helaeth mor annhebyg i fy nghorff cul i. Fyddai neb a welai'r lluniau yna yn meddwl mai fi oedd ynddyn nhw... Ond roedd rhywun wedi mynd i'r drafferth o greu cyfrif ar y cyfryngau cymdeithasol ac esgus mai fi oedd yn danfon y negeseuon, a roedd gen i syniad pwy a wnaeth, achos wnaeth hi bethau tebyg i mi ar ôl iddi ganfod fy mod i'n disgwyl plentyn Arwel. Yn reddfol, gwyddwn mai Simone oedd yn gyfrifol am y negeseuon.

Edrychais i fyw llygaid Maxine. 'Nid fi sydd yn y lluniau, ac mi fedra i brofi hynny.' Codais hem fy ffrog i ddangos tatŵ o ddraig goch ar fy nghlun chwith.

'Wyt ti'n gweld draig goch yn unman ar y llun 'na?' gofynnais.

Edrychodd hi eto ar y llun a sylweddoli nad oedd y glun flonegog yn perthyn i mi, wedi'r cwbl.

'Yn ail,' dwedais wrthi, 'enw fy nghyfrif ydi "Gwasanaethau Digrefydd Gwawr". Dydw i erioed wedi galw fy hun yn Dawn, a dydi "Celebrantsy" ddim hyd yn oed yn air go iawn!'

Roeddwn i'n falch o weld fflach o amheuaeth yn llygaid Maxine, ond yna dwedodd hi,

'Wel, mi wnest ti siarad â Darren ar Tinder. 'Nes i ffeindio swp o negeseuon ar ei ffôn gan ferched...'

'Ond dim ond un ddaeth gen i, yn deud wrtho am feddwl am ei wraig! Defnyddia feddalwedd cyfiethu a gei di weld y gwir. Ar fy llw, Maxine, does gen i ddim diddordeb o gwbl yn dy ŵr neu dy gyn-ŵr, neu beth bynnag ydi o erbyn hyn. Do'n i ddim eisiau clywed ganddo eto, na derbyn yr un *dick pic* arall. Ar noson dy briodas nesh i ddileu'r ap gwirion ac anghofio amdano'n llwyr nes i mi weld y stori yn y papurau newydd.'

'Ond... ond...' Edrychai fel pysgodyn aur gyda'i cheg ar agor. 'Na, wnest ti ddim. Danfonest ti'r negeseuon yma wedyn, o gyfrif arall...'

Daliodd hi'r ffôn allan eto, a'r tro hwn sylweddolais i fod y negeseuon o DawnCelebrantsy wedi eu dyddio sawl diwrnod ar ôl y briodas.

'Derbyniodd Darren y negeseuon yma *ar ôl* i'r stori ymddangos yn y wasg, ie? Felly fyddai pawb erbyn hynny yn gwybod ei fod o'n defnyddio Tinder i gysylltu â merched eraill?' Nodiodd hi ei phen.

'Ro'n i'n meddwl bod o'n beth hynod haerllug, bo' ti'n dal i ddanfon negeseuon ato fo, hyd yn oed ar ôl i ti gael dy lambastio yn y papurau newydd, hyd yn oed ar ôl i ti gysylltu efo fi i wadu'r honiad... Dyna pam wnes i anwybyddu dy alwadau.'

'Nid y fi oedd yn danfon y negeseuon, ond rhywun yn ceisio pardduo fy enw a difetha fy musnes!' Ceisiodd hi godi ei haeliau, ond roedd y *botox* wedi rhewi ei thalcen. 'Wir yr, Maxine. Mae rhywun wedi neud pethau tebyg i mi o'r blaen. Byth yn ddigon difrifol i'r heddlu weithredu, ond mae hi wedi penderfynu fy nifetha i. A bron iddi lwyddo. Os ei di at yr heddlu gyda'r negeseuon a'r lluniau gwreiddiol, dwi'n addo, ar fy llw, ddôn nhw ddim o hyd i gyswllt rhyngdda i a'r cyfrif "DawnCelebrantsy". Nid y fi sydd wedi bod yn danfon y negeseuon. Dos at yr heddlu a falle medran nhw wneud ychydig o gloddio a chanfod cyfeiriad IP neu rif ffôn neu rywbeth fyddai'n adnabod y negesydd. Fyse hynny'n profi mod i'n hollol ddieuog. Dwi am fynd at yr heddlu fy hun. Falle bydd yna fodd iddyn nhw ei hadnabod hi a'i herlyn hi...'

'Wyt ti'n gwybod pwy sydd y tu ôl i'r lluniau, felly?' gofynnodd hi.

'Mae gen i syniad go dda pwy wnaeth.' Sylweddolais i fod Taid yn iawn am rywbeth arall: roeddwn i'n un am osgoi gwrthdaro, hyd yn oed pan oedd ei angen. Yng nghefn fy meddwl, gwyddwn o'r dechrau mai Simone fyddai y tu ôl i bopeth. Ond er iddi stelcian a chreu trafferthion i mi, roedd gen i ormod o'i hofn i'w chyhuddo.

Roedd y daith adref yn un hir, ac wrth i mi yrru meddyliais i am yr holl rwystrau a'r heriau wynebais i wrth geisio sefydlu fy musnes yn weinydd digrefydd. Fesul un, pethau bach oedden nhw. Ond gyda synnwyr trannoeth, gwelais mai un weithred yn rhan o ymgyrch hir oedd danfon lluniau pornograffig o gyfrif "DawnCelebrantsy". Simone fuodd wrthi'n sicrhau bod fy hysbysebion yn cael eu tynnu oddi ar dudalennau Facebook a grwpiau cymunedol; efallai mai hi hefyd oedd yn gyfrifol am nifer helaeth o'r ffug adolygiadau. Blynyddoedd yn ôl, dywedodd Iolo ei fod o wedi derbyn galwad ffôn 'od' gan 'rywun oedd yn amlwg yn ceisio newid ei llais', yn cwyno bod 'y gweinydd digrefydd yn ofnadwy ac na ddylai cwmni parchus o safon ddim ei defnyddio hi', ond pan holodd o at ba angladd yr oedd hi'n cyfeirio diweddwyd yr alwad. Ar y pryd, cymerais mai un o fy nghystadleuwyr neu rywun oedd ddim yn hoff o'r syniad o angladdau digrefydd oedd y tu ôl i'r alwad; ond os mai Simone wnaeth, digon posib ei bod hi wedi bod yn gwneud yr un peth gyda threfnwyr angladdau eraill, a fuon nhw'n llai gwyliadwrus na Iolo. Dyna pam roeddwn i wedi derbyn llai o angladdau yn ddiweddar, ac fel arfer, y rheini oedd fy ngwaith bara menyn. Rhaid bod 'llwyddiannau' Simone wedi'i gwneud hi'n orhyderus, achos roedd hi newydd groesi'r ffin rhwng yr anfoesol a'r anghyfreithlon.

Bu'n rhaid i mi dderbyn rhywfaint o ddifrïo yn rhan o'r adlach ddaeth yn sgil fy mherthynas ag Arwel. Ond chwe blynedd yn ôl oedd hynny, ac roeddwn i'n benderfynol o beidio â goddef rhagor. Do, ges i berthynas efo gŵr Simone, ond erbyn hyn roeddwn i wedi talu am fy ffolineb.

Wedi i mi gyrraedd adref, es i ati i hel yr holl dystiolaeth gasglais i dros y blynyddoedd, yr holl *screenshots* a llythyrau a ffug adolygiadau... dim byd mawr yn unigol, ond efallai, gyda'r dystiolaeth newydd gan Maxine, byddai'n ddigon.

Ffoniais 101 a cheisio egluro'r sefyllfa wrth yr heddwas ar y llinell gymorth Gymraeg.

'Well i ti ddod i mewn i'r orsaf,' meddai o. 'Mae hwn yn swnio braidd yn gymhleth.'

12.

Enfys
(2012)

Heddiw, Enfys, rwyt ti'n cymryd enw dy deulu
newydd, ond yn fwy na hynny, rwyt ti'n cymryd
enw newydd sbon danlli – enw wnest ti ei ddewis
drosot ti dy hun. Dwi'n siŵr fod hynny'n beth
cyffrous ofnadwy i'w wneud, achos efo dy enw
newydd gest ti hefyd deulu a ffrindiau a chartref
ac ysgol ac iaith a phob math o brofiadau newydd
sbon. O heddiw ymlaen, Enfys Alaw Seren Ross
fydd dy enw di, a ti sy'n cael penderfynu pa fath o
berson rwyt ti am fod. Ac efallai rhyw ddydd, wnei
di benderfynu newid dy enw eto – mae pobl yn
newid eu henwau am bob math o resymau! – ond
does dim ots faint o weithiau wnei di newid dy
enw, o heddiw ymlaen bydd un peth yn aros yr un
fath am byth: a hwnnw yw cariad dy deulu. Does
dim ots ble wyt ti yn y byd mawr hwn, dim ots
pa mor bell ei di o dy gartref, mi fyddi di'n cario
cariad dy deulu gyda ti.

Enfys, os gweli di'n dda, wnei di ddarllen y geiriau
ar y cerdyn yma? PASIO'R CERDYN I ENFYS.

ENFYS: Fy enw i ydi Enfys Alaw Seren Ross.
BRIAN & MANON (AR Y CYD): Ein merch.
DEIAN, MEGAN & LLOYD (AR Y CYD): Ein chwaer.
ENYS ANN & IFOR (AR Y CYD): Ein hwyres.

PAWB I GAEL CWTSH.

A dyna ni ddiwedd y seremoni enwi – amser
am hufen iâ am wn i... (FFUGIO SYNDOD.) Beth
sydd gan Mam yn ei llaw, tybed, Enfys? (MANON
I GYFLWYNO'R ARWYDD DRWS NEWYDD AR
GYFER STAFELL WELY ENFYS.)

MANON: Enfys, ar ôl i ni fynd adref rydym ni am
baentio dy stafell wely efo holl liwiau'r enfys, fel
oeddet ti eisiau. A rŵan ein bod ni wedi cwblhau'r
gwaith papur, gawn ni newid dy enw di ar bopeth
– a dyma hefyd gas pensiliau a bag ysgol a phob
math o bethau newydd i ti, efo dy enw arnyn nhw.

HELPU ENYS ANN EFO'R HUFEN IÂ TRA BOD
ENFYS YN AGOR EI HANRHEGION NEWYDD.

Ym mis Medi daeth cais i gynnal seremoni enwi arall, gan un o'r gwesteion fuodd ym mharti Aaron fel mae'n digwydd. Daeth Manon a Brian i adnabod Clarissa a Henry drwy fforwm i bobl oedd yn mynd trwy'r broses fabwysiadu, a daethant yn gyfeillion agos. Roedden nhw wedi maethu merch o'r enw Enfys ers ei bod yn saith oed, ac ar ôl sawl blwyddyn ac achos llys hir a dyrys, daeth y ferch ddeg oed yn rhan barhaol o'i theulu maeth.

Dewis peidio â siarad a wnaeth Enfys pan ddaeth hi at ei rhieni maeth am y tro cyntaf. Nid Enfys oedd ei henw hi bryd hynny, ond gwrthododd hi ymateb i'w hen enw. Ni fanylodd Manon na Brian ryw lawer ar gefndir Enfys, heblaw dweud ei bod hi wedi 'dioddef pethau na ddylai plentyn byth eu dioddef', a phan ddaeth atynt roedd hi'n beth gwyllt, yn llawn poen ac ofn. Saesneg oedd iaith y bobl wnaeth ei cham-drin. Dwedodd Manon ei bod fel petai dysgu iaith newydd wedi cynnig cyfle iddi gychwyn â llechen emosiynol ac ieithyddol lân. Doedd ei phrofiadau drwy'r Gymraeg ddim yn perthyn i'w gorffennol truenus. Am y rheswm hwnnw, gofynnodd y ferch ifanc am gael dewis enw newydd, ac enw Cymraeg ddewisodd hi.

'Mae hi wrth ei bodd efo enfysau,' meddai Manon. 'Hyd yn oed cyn iddi sylweddoli mai symbol o gariad a gobaith ydyn nhw, roedd hi wrth ei bodd.'

Bob nos eisteddai Enfys gyda llyfr enwau i fabanod ar ei glin, yn pori ac yn rhestru enwau oedd yn apelio ati. Ar brynhawn heulog ym mis Medi felly, croesawodd y teulu Ross aelod newydd i'w plith, sef Enfys Alaw Seren Ross.

Doedd Enfys ddim yn hoff o dorfeydd o bobl, felly hi, ei rhieni, ei brodyr a'i chwaer a'i nain a'i thaid yn unig oedd yn bresennol. Cynhaliwyd y seremoni yn y parc lleol, gan mai dyna lle ofynnodd Enfys i'w rhieni newydd, 'Ga i aros gyda chi am byth?' Yn sefyll wrth ochr y llithren lle ofynnodd hi'r cwestiwn, bu'n dathlu gwireddu ei breuddwyd o gael teulu oedd yn ei charu ac a fyddai'n ei chadw hi'n ddiogel. Trist oedd sylweddoli pa mor ddiolchgar oedd Enfys am rywbeth mor sylfaenol â diogelwch, am gael mynd i gysgu bob nos heb deimlo'n ofnus. O waelod fy nghalon gobeithiwn na fyddai hi byth yn teimlo'n unig nac yn profi camdriniaeth eto, ac y byddai ei theulu newydd yn medru ei helpu i roi trawma'r gorffennol y tu ôl iddi'n barhaol.

Doedd dim parti crand, dim ond picnic syml yn y parc gyda hufen iâ o'r siop gyfagos. Wrth i Taid dynnu lluniau o bawb es i draw gydag Enys Ann, Nain y teulu, i godi'r archeb. Dechreuodd Enys Ann holi am fy ngwaith: ai dyma oeddwn i'n ei wneud o ddydd i ddydd? Oeddwn i'n sgrifennu'n greadigol? Oeddwn i erioed wedi ystyried gwaith fel rhith-awdur, yn cofnodi hanesion pobl cyn iddyn nhw farw? Soniodd hi ei bod yn olygydd i wasg yng ngogledd Cymru. Mentrais sôn fy mod i bron â chwblhau hunangofiant fy nhaid, a nodiodd hi ei phen.

'Llyfrau am yr Ail Ryfel Byd wastad yn gwerthu'n dda. Unwaith i ti orffen y gyfrol, cofia ei danfon hi draw i mi gael golwg.'

Y prynhawn hwnnw, ffoniais Taid i ofyn ei ganiatâd i wneud hynny gyda'r drafft cyntaf.

'Beth?' ebychodd, gan ffugio anghrediniaeth. 'Dwyt ti heb ei danfon hi allan yn barod? Beth sy'n bod efo ti, 'ngeneth i? Allwn i gwympo'n farw unrhyw ddiwrnod a dwi am gael fy *fifteen minutes of fame*. Danfona hi, *post haste*!'

Agorais y ffolder i brawfddarllen y ddogfen un tro olaf cyn ei danfon draw at Enys Ann, ond ar ganol pennod 5 ges i alwad ffôn:

'Ai dyma Gwawr Efa Taylor?'

'Ie.'

'Ditectif Conway ydw i. Hoffen ni gael gair efo chi ynglŷn â'r achos, os fedrwch chi ddod i lawr i'r orsaf.'

Er mod i heb wneud dim o'i le, clywais fy hun yn gofyn yn wichlyd, 'Ydw i mewn helynt?'

'Na, dim o gwbl. Ond hoffwn drafod ein canfyddiadau efo chi.'

Er nad oeddwn i dan amheuaeth o unrhyw fath, roeddwn i'n dal i deimlo'n sâl gan nerfau wrth i mi fynd i'r orsaf heddlu drannoeth. Cynigiodd Dad fy ngyrru draw, ac arhosodd o y tu allan i ddisgwyl amdanaf. Wrth i mi gau drws y car galwodd o,

'Deuda "*no comment*" i bopeth heblaw bod gen ti gyfreithiwr yn bresennol.'

Swniai Ditectif Conway yn ddifrifol iawn ar y ffôn, ond doedd o ddim mor frawychus yn y cnawd, diolch byth. Fodd bynnag, roeddwn i'n dal i grynu ryw ychydig wrth iddo egluro'r rheswm dros fy ngalw draw am gyfweliad arall.

'Yr unigolyn enwodd chi... beth yw natur y berthynas rhyngoch chi?'

Edrychodd i fyw fy llygaid wrth ofyn y cwestiwn, a theimlwn fy mochau'n cochi.

'Ges i berthynas â'i gŵr hi. Wel, ges i blentyn gyda'i gŵr hi. Bron i saith mlynedd yn ôl, ond bu farw fy mab yn ddeufis oed. Hyd y gwn i, mae hi'n dal i fod yn briod gydag Arwel, ei gŵr, ond heb faddau i mi am y berthynas.'

Nodiodd Ditectif Conway ei ben, ac aeth ymlaen i egluro bod Maxine a Darren wedi rhannu'r negeseuon gwreiddiol a gawsant gan DawnCelebrantsy, a thrwy'r rheini roedd yr heddlu wedi medru olrhain cyfeiriad IP. Doedd yr anfonwr heb ddefnyddio VPN i guddio ei chyfeiriad, felly hawdd oedd canfod lleoliad a manylion yr anfonwr. Daeth y negeseuon o swyddfa Simone, gwraig Arwel, a chanddi hi'n unig. Dangosai'r profion ar ei chyfrifiadur gwaith fod yna dros hanner cant o negeseuon yn dal i fod ar go'r cyfrifiadur, oll wedi eu danfon trwy amryw o gyfrifon e-bost dros dro. Mewn drôr yn swyddfa Simone daethant o hyd i ffôn gyda cherdyn SIM heb ei gofrestru. Defnyddiwyd y ffôn yma i wneud galwadau i amryw o drefnwyr angladdau, bwytai a gwestai. Doedd hi heb drafferthu i wacáu'r rhestr alwadau, a gwelwyd ei bod hi wedi bod yn gwneud galwadau o'r ffôn penodol yma ers 2016. Ond y peth pwysicaf oedd mai dyma'r ffôn a ddefnyddiwyd i lawrlwytho'r lluniau noeth a anfonwyd at Darren oddi ar y we.

'Hefo'r dystiolaeth yma fedrwn ni ei herlyn hi dan Ddeddf Cyfathrebu Maleisus 1988,' meddai'r Ditectif.

Dangosodd swp o bapurau i fi, argraffiadau o'r holl negeseuon a ddarganfuwyd ar ei chyfrifiadur. Bron i gant ohonyn nhw, a ffug adolygiadau yn bennaf. Doeddwn i ddim yn paranoid, felly. Mi fuodd hi'n ceisio difetha fy ngyrfa fel gweinydd o'r cychwyn cyntaf.

'Be ddigwyddodd?' gofynnodd Dad yn chwilfrydig ar ddiwedd fy nghyfweliad.

'Maen nhw 'di dal y person fu'n gyrru'r holl negeseuon gwenwynig. Mae ganddyn nhw dystiolaeth i'w harestio hi. Simone, fel o'n i'n tybio.'

'Pam na naethon nhw ymchwilio flynyddoedd yn ôl?' gofynnodd Dad yn filain. 'Yr holl bethau ffiaidd ddwedodd hi... pe bai hi heb ddal ati fel ryw *stalker* byddai hi 'di cael *get away* gyda'r cyfan.'

'Dwedodd yr heddlu iddi guddio ei gweithredoedd yn well yn syth ar ôl i Huw farw. Mae'n amlwg fod ganddi fwy o ofn cael ei darganfod bryd hynny. Aeth hi'n flêr neu'n orhyderus wedyn, yn meddwl na fyse'r heddlu'n dod ar ei hôl hi.'

Ysgydwodd Dad ei ben.

'I ddal ati am chwe blynedd... Ma hynny'n cymryd lefel arbennig o falais. A hithau'n ddynes mor uchel ei pharch, yn un o hoelion wyth y gymuned... Dwyt ti byth yn gwbod be sy'n mynd ymlaen tu ôl i ddrysau caeedig, nag wyt?'

Cefais fy ngollwng adref gan Dad, ond yn hytrach na mynd

i'r tŷ crwydrais o gwmpas yr ardd gefn, gan obeithio dod
o hyd i rywfaint o'r heddwch a gâi Adriana yn ei gardd hi;
ond ofer fu'r ymgais. Eisteddais ar y fainc fach yng nghornel
bellaf yr ardd, gan bwyso cledrau fy nwylo dros fy llygaid.
Doeddwn i ddim yn siŵr a ddylwn sgrechian neu grio, er
mwyn cael gwared ar y teimlad annifyr oedd yn corddi oddi
mewn. Am flynyddoedd roedd hi wedi bod yn ceisio difetha
fy ymdrechion i farchnata fy musnes a denu cwsmeriaid, yn
gadael ffug adolygiadau dan ffugenwau ar fforymau priodas,
yn cysylltu â threfnwyr angladdau, a phwy a ŵyr beth arall
wnaeth hi! Faint o gwsmeriaid a gollais o'i herwydd hi? Pam,
o wybod ei bod hi'n chwarae'r fath driciau, na fues i'n fwy
craff?

Teimlwn fel lluchio neu dorri rhywbeth, ond bodlonais ar
riddfan yn dawel bach gyda fy mhen yn fy nwylo.

'Ahoy hoy...' galwodd llais gwrywaidd, a gwelais wallt
tywyll Wayne uwchben fy llidiart.

'Ty'd mewn,' galwais yn wangalon.

Daeth i'r ardd, ond doedd Betsan ddim wrth ei sawdl fel
arfer. Gwisgai ei gôt wrth-law a'i esgidiau cerdded.

Rhoddais ochenaid arall, yn flin gyda mi fy hun unwaith
eto. Ein taith gerdded wythnosol... Cofiais aildrefnu'r sesiwn
cwnsela gyda Benjamin, ond ni soniais wrth Wayne mod i'n
brysur heddiw.

'Anghofio nest ti?' gofynnodd, gan gamu dros y wal isel a
rannai'r ardd yn ddwy ran daclus. 'Paid ag edrych mor drist.
Gawn ni fynd rŵan, os lici di. Mae Bets yn y car yn disgw–'

Oedodd. 'Ti'n iawn, Gee?'

'Nacdw.'

'Rhywbeth alla i neud i helpu?' Ysgydwais fy mhen.

'Nag oes. Mae'r difrod eisoes 'di'i neud. Mae o yn nwylo'r heddlu erbyn hyn.'

Eisteddodd Wayne wrth fy ochr, gan bwyso llaw yn ysgafn ar fy ysgwydd. Yn reddfol, fel plentyn bach yn ceisio mwythau, pwysais yn erbyn ei ysgwydd ac ymatebodd yntau drwy fy nal i'n dynn yn erbyn ei frest. Caeais fy llygaid ac unwaith eto, am eiliad braf, teimlwn yr un llonyddwch ag a deimlwn yng ngardd Adriana. Tawodd y lleisiau yn fy mhen: y lleisiau beirniadol, truenus, cenfigennus, dolurus. Clywais a theimlais y tawelwch fel petai'n flanced drwchus yn lapio'i hun amdanaf. Teimlwn fy anadl yn dyfnhau, a'r tensiwn yn gadael fy nghorff.

'Daw eto haul ar fryn, Gee,' meddai Wayne yn dawel, yn Gymraeg.

Roedd o'n bell o fod yn rhugl, ond wedi dysgu ambell ymadrodd a dywediad er mwyn siarad â rhai o'i gwsmeriaid hŷn. Roedd ei ynganiad yn dal i'w rwystro, ond gwenais wrth glywed ei eiriau. Efallai ei fod o'n iawn. Efallai mod i wedi byw am chwe blynedd o dan gwmwl, ac o hyn ymlaen byddwn i'n cael cipolwg ysbeidiol ar yr haul.

'Diolch,' dwedais, pan ddaeth y cwtsh i ben. 'Fydda i'n iawn rŵan.'

'Ti'n siŵr?' gofynnodd o. Nodiais fy mhen a gwenu arno.

'Hollol iawn.'

'Os na ti isio mynd am dro heno, well i mi beidio â gadael Betsan yn y car ar ei phen ei hun.'

'Gawn ni fynd ryw dro arall, cawn?' gofynnais. 'Fory, falle?'

'Fory'n bendant,' atebodd Wayne, ac roedd yna rywbeth yn ei wên a'i lygaid a wnaeth i mi deimlo'n gynnes braf drwy fy nghorff cyfan.

Cododd a cherdded at y giât gefn. Dilynais o draw er mwyn cau'r giât ar ei ôl. Oedodd a'i law ar y follten. Synhwyrais ei fod yn anfodlon ymadael. Roeddwn i ar fin dweud 'wna i nôl fy sgidiau cerdded' pan gamodd Wayne ymlaen a fy nghusanu. Smacar o gusan fel y rhai mae plant bach yn ei rhoi wrth brofi crysh cyntaf – cusan ddiniwed nad oedd yn breliwd i rywbeth dyfnach. Ac yna, fel bachgen bach swil yn cusanu ei gariad cyntaf ar stepen ei drws ffrynt, penderfynodd Wayne ei heglu hi, gan ddiflannu drwy'r giât heb air arall. Sefais yno am eiliad gyda fy mysedd yn pwyso'n ysgafn ar fy ngwefusau, yn gwenu.

13.

Arwel

Yn ddiweddarach y noson honno, ar ôl i mi gael swper a newid i 'mhyjamas, daeth cnoc ar y drws. A barnu wrth y pilipalod annisgwyl yn fy mol, sylweddolais mod i'n gobeithio mai Wayne oedd wrth y drws. Heb oedi dim ond i dynnu fy slipers fflwfflyd enfawr, brysiais i agor y drws a gweld Arwel yn sefyll o 'mlaen i.

'Helô, Gwawr. Ga i ddod i mewn?'

'Os oes rhaid i ti,' atebais yn oeraidd.

'Wyt ti am i ni drafod Simone ar dy stepen drws, lle all dy gymdogion glywed?'

Cymerais gam yn ôl ac ystumiais y dylai o fynd drwodd i'r lolfa. Sychodd ei esgidiau'n drylwyr ar y mat, er ei bod hi'n sych y tu allan. Cerddodd i ganol y lolfa ac aros o flaen y lle tân, yn amlwg yn disgwyl i mi roi caniatâd iddo eistedd. Estynnodd allan a throi llun mewn ffrâm ryw fymryn gyda'i fys, iddo gael ei weld yn well. Fy hoff lun yn y byd – Huw a minnau ar ôl ei eni, fo a'i geg fach yn agored yn chwilio am fy nheth i, a finnau gyda fy ngwallt mewn bynnen Sali Mali flêr, yn chwys domen ond â golwg bur fuddugoliaethus ar fy wyneb. Teimlwn fel cipio'r llun o'i fysedd.

'Paid â chyfwrdd fy mhethau i,' dwedais yn ddig. Plygais fy mreichiau dros fy mrest. 'Pam wyt ti yma, Arwel?'

Edrychodd arnaf dros dop ei sbectol, fel bachgen bach yn erfyn ar ei fam i faddau ei ddrygioni. Rhaid i mi gyfaddef ei fod wedi heneiddio'n dda. Roedd o'n dal i fod yn *silver fox*. Fuodd Arwel wastad yn ymwybodol iawn o'r ffaith ei fod o'n ddyn golygus, ac mi wyddwn fod ei ddelwedd yn un fwriadol a gofalus. Yn ei siwt ddrud a'i sbectol ffasiynol edrychai'n debyg i'r athro roedd pob un ferch ysgol yn ei chwantu, a dyna oedd ei fwriad.

O bosib, roedd yr olwg ostyngedig ar ei wyneb yn ymgais i fy swyno unwaith eto, ond y tro hwn fyddai o ddim yn tycio gan mod i'n gwybod cymaint o fastad oedd o mewn gwirionedd.

Eisteddodd Arwel. Arhosais innau ar fy nhraed yn yr un osgo ddiamynedd, yn disgwyl iddo ddweud ei ddweud fel mod i'n gallu ei hel o'r tŷ. Pam adawais i o dros y trothwy? Pesychodd i glirio ei wddw, ac yna edrychodd i gyfeiriad y llun ohonof fi a Huw unwaith eto.

'Mae'n ddrwg gen i, Gwawr. Dwi'n gwybod wneith o ddim gwahaniaeth, ond mae'n rhaid i mi ymddiheuro am sut orffennodd pethau rhyngddan ni. Fyddwn i wedi hoffi cwrdd â Huw, bod yno i chi'ch dau...'

'Wel, gest ti ddigon o gyfleoedd.' Edrychodd ar y llawr fel petai ganddo gywilydd.

'Roedd pethau'n gymhleth... adref... gyda...' Torrais ar ei draws.

'Simone. Dyna pam ddest ti yma.'

'Gafodd hi ei harestio'n gynharach ac mae'n edrych yn debygol y bydd hi'n colli ei swydd. Os gaiff ei chanfod yn euog gan lys bydd hi'n cael ei gwahardd rhag gweithio yn ei maes, a dyna fo, bydd ei gyrfa drosodd.' Edrychodd i fyw fy llygaid yn ymbilgar. 'Gwawr, dwi'n deall ei bod hi wedi brifo ti'n ofnadwy. Dydw i ddim yn ceisio ei hesgusodi, na chyfiawnhau ei hymddygiad, heblaw dweud bod ganddi ei phroblemau ei hun... problemau sydd wedi gwreiddio'n ddwfn... Os gweli di'n dda, Gwawr, paid â'i herlyn hi. Dweda wrth yr heddlu dy fod di wedi newid dy feddwl. Mae hi wedi gwneud rhywbeth drwg, fedra i ddim gwadu hynny, ond ydi hi'n haeddu colli ei gyrfa dros gwpl o negeseuon ar-lein?'

Ffrwydrais. 'Arwel, am chwe blynedd mae'r ddynes 'di bod yn lledaenu celwyddau amdana i i'r byd a'r betws! Nid "cwpl o negeseuon" oedd hyn, ond ymgyrch dros gyfnod o flynyddoedd i ddifetha 'mywyd i. A bron iddi lwyddo!'

Brasgamais at y cwpwrdd ffeilio yng nghornel fy ystafell, tynnu cerdyn lliw hufen allan a'i gynnig i Arwel.

'Wyt ti'n gwybod be wnes i, ar ôl i mi dderbyn neges o gydymdeimlad gan dy wraig ar ôl i mi golli Huw? Es i nôl fy mhaced o dabledi a cheisio lladd fy hun yn ei stafell wely! Lwcus i Mam ddod a 'nal i cyn i mi gymryd gormod. Petai hi heb wneud, dyma'r neges fyddai'r heddlu wedi'i chanfod yn fy llaw...' Gwthiais y cerdyn ato. Doedd dim rhaid i mi edrych arno i gofio'r geiriau a seriwyd ar fy nghof:

> *Dwyt ti ddim yn ffit i fod yn fam. Roedd dy gorff yn gwybod hynny. Roedd dy fab yn hyll ac yn wael am fod ei fam felly. Ti sydd ar fai am hyn oll, ac rwyt ti'n cael dy haeddiant o'r diwedd. O leiaf fydd dim rhaid i'r bachgen ddioddef oherwydd dy bechodau di. Mae'n fendith iddo osgoi dy gael di'n fam iddo.*

Ddwedodd Arwel yr un gair am funud gyfan. Er bod y llythyr yn ddienw, roedd o'n adnabod llawysgrifen ei wraig, yn gwybod yn iawn mai hi a ddanfonodd y neges a ddaliai yn ei law.

'Mae'n ddrwg gen i, Gwawr. Fedra i ddim esgusodi hyn. Ond roedd yr affêr yn sioc iddi, aeth hi'n wyll–'

'Nac oes, does dim modd esgusodi ei hymddygiad, ond dyma ti'n trio'i neud unwaith eto!' Bron i mi sgrechian y geiriau. 'Rhag dy gywilydd Arwel, am fod yn llwfrgi, am ei galluogi hi i neud pethau mor ofnadwy o greulon a sbeitlyd! Mae gen ti gymaint o'i hofn hi wnest ti anwybyddu bodolaeth dy fab hyd yn oed tra oedd o'n marw! Wnest ti erioed, dim unwaith, gysylltu i ofyn sut oedd o!'

Taflais y geiriau ato fel saethau, gan wybod y byddent yn siŵr o'i gywilyddio. Trwy gydol ein perthynas roedd hi'n glir iawn mai fo oedd y rheolwr, y dyn mawr. Meddyliais y byddai ei sarhau a'i fychanu fel hyn yn ei frifo. Ond wrth i mi rythu arno dros y bwrdd coffi, gwelais mod i'n iawn. Byddai'n gwneud unrhyw beth o gwbl i gadw Simone yn wraig iddo, am ei fod o'n gwybod yn iawn beth oedd hyd a lled ei gallu i fod yn sbeitlyd a dinistriol. Petai'n ysgaru Simone byddai ei fywyd a'i yrfa'n rhacs. Roedd ganddo ei hofn hi, felly rhoddodd y bai am ein perthynas arnaf fi a gadael i mi deimlo ei chynddaredd. Roedd llwfrgi yn air rhy garedig i'w ddisgrifio.

'Cer o 'ma Arwel. Dwn i'm sut fedri di ddod yma a gofyn i mi beidio â'i herlyn hi. Beth oedd y cam nesaf? Fy mygwth i? Wyt ti'n meddwl medri di fy nghadw i'n dawel ar ôl popeth dwi wedi'i ddioddef?'

Safodd Arwel o 'mlaen i, yn gegrwth. Nid oeddwn wedi siarad gydag o fel hyn erioed o'r blaen, dim hyd yn oed yn nyddiau olaf ein perthynas. Es i ymlaen heb oedi i gymryd gwynt.

'Dwi am sôn wrth yr heddlu am yr ymweliad bach yma, coelia fi. Felly dwi'n meddwl fyse'n well i ti fynd, a deud wrth Simone mod i'n edrych ymlaen at ei gweld hi'n ceisio'i hamddiffyn ei hun yn y llys.'

Safodd yna am eiliad fel petai'n wirioneddol yn methu credu mod i newydd ei wrthod. Pwyntiais at y drws.

'Dos!' poerais. 'Dwi'm isio dy weld di byth eto!'

Trodd ar ei sawdl a gadael heb air nac edrychiad arall. Caeais y drws yn glep ar ei ôl.

Pam ddwedais i wrth Arwel am fy ymgais i ladd fy hun? Roedd gen i gymaint o gywilydd mod i wedi ystyried gwneud. Roeddwn i'n wyllt pan es i nôl y tabledi ac eistedd yn ystafell wely Huw i'w llyncu; fodd bynnag, wnes i orliwio pethau braidd wrth siarad ag Arwel, achos nid fy nghanfod i â bol llawn poenladdwyr wnaeth Mam, ond dod o hyd i fi yn eistedd ar y llawr, yn cydio yn un o deganau Huw ac yn beichio crio, gyda'r pecyn wrth fy ochr. Es i ddim mor bell â thrio. Sawl gwaith yn ystod fy meichiogrwydd ac yn ystod gwaeledd Huw roeddwn i wedi ysu am gael dianc rhag fy mywyd. Es i mor bell â dweud wrthyf fy hun: 'Ar ôl yr angladd. Gei di neud ar ôl yr angladd, pan dydi Huw ddim yma.' Ond ar yr eiliad dyngedfennol, gwelais i wyneb Mam o 'mlaen i. Bu'n rhaid i mi ffarwelio â fy unig blentyn, a doeddwn i ddim am orfodi

Mam, na Dad na Taid chwaith, i brofi'r un peth.

Cedwais nodyn Simone fel atgof o'm gwendid a 'nghywilydd mwyaf. Fyddwn i byth, byth eto'n gadael i rywun fel Simone neu Arwel gael y fath effaith arnaf. Y noson honno, gwnes i addewid i fi fy hun: fyddwn i byth eto'n caniatáu i berson arall fy mrifo i'r byw. Yn fwy na hynny, byddwn i'n treulio gweddill fy mywyd yn ceisio osgoi peri niwed na loes i bobl eraill. Byw bywyd fel petawn i'n dal i ofalu am fabi diymadferth, a'i warchod rhag holl bethau drwg y byd. Fy ngwarchod i fy hun fel y byddwn i wedi gwarchod Huw.

Ar ôl dipyn o synfyfyrio, penderfynais roi caniad i Mam i drafod fy nghyfarfod gyda'r heddlu ac ymweliad Arwel. Yr her fyddai ei rhwystro rhag mynd draw i dŷ Arwel a Simone a rhoi pryd o dafod i'r ddau ohonyn nhw.

'Ti'n iawn, 'nghariad?' gofynnodd hi.

'Mae Arwel newydd fod yma.'

'Arwel... Arwel tad Huw?'

'Gofynnodd a fyswn i'n fodlon mynd at yr heddlu a gofyn iddyn nhw beidio â dwyn achos yn erbyn Simone.'

'Y cythraul! Dwi'n gobeithio dwedest ti "na" wrtho!'

'Be dych chi'n feddwl, Mam? Na, na, can gwaith na! A ges i'r pleser o ddeud wrtho byddwn i'n mwynhau gweld Simone yn y llys...' Bron i mi neidio allan o fy nghroen wrth weld siâp tywyll yn sefyll y tu allan i'r ffenest, ond llwyddais i guddio fy mraw rhag Mam. Sylwais fod y person tu allan yn chwifio'i law arnaf fi. 'O, mae rhywun wrth y drws...'

'Simone?' gofynnodd Mam yn betrusgar. 'Paid ag agor y drws, rhag ofn y bydd hi'n...'

'Y bydd hi'n beth? Os yw hi am fy mygwth i neu ymosod arna i, a' i'n syth at yr heddlu. Fyse'n rhaid iddi fod yn hollol wirion i drio rhywbeth fel'na...'

'Gwirion fel oedd hi pan naeth hi'r holl alwadau o'r un ffôn?'

'*Touch*é, Mam.'

'Bydda'n ofalus. Ffonia fi os oes angen i mi ddod draw.'

Sleifiais at y drws, gan ei agor rhyw fymryn fel na fyddai Simone, pe bai hi y tu ôl iddo, yn medru taflu'r drws ar led a gwthio'i ffordd i mewn i'r ystafell. Ond nid Simone oedd yno. Safai Wayne o 'mlaen i. Heb Betsan.

'Pam wyt ti'n gwenu?' gofynnodd.

'Achos dwi'n hapus i dy weld di,' atebais.

Camodd dros y trothwy, a heb air arall, cymerodd fy wyneb rhwng ei ddwylo a 'nghusanu i. Nid smacar o gusan fel y tro diwethaf, ond un araf a thyner a barodd i'r gwaed ruthro i fy ngwefusau, ac i mi deimlo'n chwil. Dychwelais y gusan, gan lithro fy mreichiau o amgylch ei ysgwyddau llydan a rhedeg fy mysedd drwy ei wallt.

Roedd caru gyda Wayne mor naturiol. Doedd yna ddim o'r swildod na'r ofn tynnu fy nillad a brofais yn fy ugeiniau, dim o'r euogrwydd a brofais gydag Arwel. Ar ôl egwyl o chwe blynedd poenwn mod i ychydig yn drwsgl, ond gwnaeth Wayne yn iawn am hynny – doedd o ddim yn ymffrostio pan ddwedodd ei fod o'n 'gwybod sut i wneud pethau'n iawn', a fodlonodd o ar ddim byd llai na phrofiad a 'ngadawodd i'n brathu fy nghlustog er mwyn peidio â denu sylw'r cymdogion.

Gorweddais yn ei freichiau wedyn gyda fy mhen ar ei frest a theimlo'i galon yn curo o dan fy nghlust. Gan gofio'r pwl o iselder ac euogrwydd a ddaeth y tro diwethaf iddo fynd i'r gwely â merch arall, gwyddwn na fyddai pethau mor syml â dweud, 'Ti a fi felly... beth amdani?'

Ddwedais i ddim byd wrtho. Ceisiais beidio â meddwl sut fyddai pethau y tu allan i'r ystafell wely. Gorweddais yn ei freichiau gan deimlo boddhad a rhyddhad na theimlais ers blynyddoedd maith; a diolchais am gael y profiad hwnnw eto, hyd yn oed os mai dim ond un tro y byddai'n digwydd.

14.

Simone

Deffrais y bore wedyn ar fy mhen fy hun. Ni lwyddais i berswadio Wayne i aros am weddill y noson. Ar ôl i ni garu'r eildro mi gododd a gwisgo amdano, gan ddweud nad oedd o erioed wedi gadael Betsan ar ei phen ei hun dros nos. Cusanodd fi wrth adael, ond heb addewid y byddem yn gweld ein gilydd yn nes ymlaen. Byddai'n rhaid i mi ddisgwyl iddo fo gymryd y cam nesaf, os oedd o am gymryd un o gwbl.

Es i lawr y grisiau i wneud brecwast, a chanfod y papur newydd leol yn gorwedd ar y mat. Gyda thristwch, gwelais lun Dr Bowden ar y dudalen flaen. Fo oedd meddyg y pentref ers degawdau, a bu farw'r wythnos diwethaf. Talodd y papur deyrnged ddiffuant a chynnes iddo. Fo oedd meddyg fy mhlentyndod a fy arddegau, a boed yn bigyn clust neu ofyn am y bilsen atal cenhedlu, roeddwn i wedi mynd ato yn ffyddiog y byddai'n rhoi cymorth i mi heb feirniadaeth. Doedd hynny ddim yn wir am bob meddyg. Anghofiaf fyth y geiriau cysurlon a ysgrifennodd yn ei gerdyn cydymdeimlad ar ôl i mi golli Huw.

Es i'r gawod ac i wisgo yn syth ar ôl gorffen fy mrecwast. Doedd gen i ddim byd yn y dyddiadur, ond dwedai rhyw reddf y byddai'n syniad i mi wisgo'n ddestlus a pharatoi am ddiwrnod o waith. Roeddwn i wedi claddu mam yng nghyfraith Dr Bowden, ac un o'i gefndryd, y llynedd, a gwyddwn fod y teulu wedi eu plesio gan fy ngwasanaeth ar y ddau achlysur. Gwyddwn hefyd fod Dr Bowden yn anffyddiwr fel finnau, a'i wraig a'i blant hefyd. Doedd o ddim yn syndod felly pan dderbyniais i alwad ffôn gan fy ffrindiau, Huws a Davies –

Trefnwyr Angladdau o Safon. Y syndod oedd mai Mr Huws, yr uwch-reolwr, a ffoniodd. Fel yr uwch-bartner, fo fyddai'n tendio ar deulu Dr Bowden gan ei fod yn aelod mor flaenllaw o'r gymuned. Ond doedd Mr Huws erioed wedi argymell fy ngwasanaethau i neb o'r blaen. Os oedd o'n ymostwng i ffonio, rhaid bod y teulu wedi gofyn amdanaf fi'n bersonol.

Ffoniais Mrs Bowden yn syth i gydymdeimlo ac i drefnu ymweliad â'r teulu.

'Tyrd ar unwaith os fedri di,' meddai hi. 'Mae pawb yma efo fi.'

Gwyddai fod angladdau digrefydd yn canolbwyntio'n llwyr ar fywyd yr ymadawedig, felly gorau oll pe gallai'r teulu cyfan gael mewnbwn i'r seremoni. Pan gychwynnais yn y rôl meddyliais i mai'r cyfarfodydd trefnu fyddai'r rhan anoddaf o'r gwaith, gan y byddwn i'n delio â phobl oedd newydd ddioddef colled – ond rhaid i mi ddweud, ces i fy mhrofi'n anghywir. Mae yna rywbeth am y broses o drefnu angladd – cymysgedd o rannu atgofion hapus o fywyd yr ymadawedig a chael gwneud rhywbeth ymarferol yn wyneb diymadferthedd – sy'n medru calonogi a rhoi cysur i deulu mewn profedigaeth.

Roeddwn i hefyd yn falch o gael gwaith i ganolbwyntio arno, er mwyn i mi gael meddwl am rywbeth heblaw am ymddygiad afiach Arwel a Simone; a rhywbeth hefyd i 'nghadw i rhag hiraethu gormod am Wayne. Byddai gwaith yn fy atal i rhag eistedd a disgwyl yn ddiamynedd am alwad ffôn, un ai ganddo fo neu'r heddlu.

Doedd Mrs Bowden ddim yn gorliwio'r sefyllfa pan ddwedodd hi fod 'pawb yma efo fi'. Roedd y teulu, a hwnnw'n deulu go fawr, oll wedi dod draw i'w chefnogi, ac roedd y lolfa a'r gegin, a'r grisiau hyd yn oed, dan eu sang gyda chwiorydd a brodyr a chefndryd a nithoedd a neiaint. Roedd yn rhaid berwi'r tegell ddwywaith er mwyn gwneud paned i bawb. Roedd yn galonogol gweld gymaint o bobl yn gefn i Mrs Bowden, ond gyda chynifer o bobl yno daeth hi'n anodd iawn cadw trefn ar bethau. Ges i ddau neu dri ateb i bob cwestiwn, pobl yn torri ar draws ei gilydd, a chododd ambell anghydfod wrth drafod manylion bywyd Dr Bowen: ai i Butlins neu Pontins fyddai'r teulu yn mynd ar wyliau? Yn George Street neu Albert Street gafodd Dr Bowden ei eni? Pan nad oedd gan Mrs Bowden ateb clir, cofnodais yr holl opsiynau. Byddai'n rhaid i mi wirio'r ffeithiau gyda hi a'i phlant wrth lunio'r drafft cyntaf.

Ddwy awr a thri chwpanaid o de'n ddiweddarach, roedd gen i'r rhan fwyaf o'r wybodaeth oedd ei hangen arnaf fi. Gan fod y teulu yn byw ym Mhrestatyn, penderfynais bicied i'r parc manwerthu yno i godi rhywbeth i ginio, ac yna mynd i Boots i godi'r bilsen-bore-wedyn.

Wrth ddisgwyl am y fferyllydd, daliais fy hun yn syllu ar hysbyseb ar gyfer persawr newydd: dyn yn cofleidio dynes gyda'i freichiau cryf, a hithau'n gwywo yn erbyn ei ysgwydd. Roedd cyrff y ddau ohonynt yn frithwaith o datŵs lliwgar. Cofiais goflaid Wayne a gwres ei wefusau wrth iddo lithro'i geg dros fy mynwes, a rhedodd ias bleserus trwy fy nghorff cyfan.

Yn sefyll yng nghanol Boots, daeth atgof o'i gyffyrddiadau yn ôl gyda chymaint o eglurder bu bron i mi fedru teimlo ei ddwylo a'i geg a'i dafod ar fy nghnawd. Sefais yng nghanol y siop am eiliad mewn perlewyg rhywiol, cyn i mi gofio pam roeddwn i yno, a chamu i gaban y fferyllydd.

Cymerodd rai munudau i'r fferyllydd nôl y bilsen-borewedyn, ac wrth eistedd yn nhawelwch y caban bach ges i fy nharo gan syniad. Clywais y llais bach cyfrwys, y llais do'n i heb glywed rhyw lawer arno ers i mi roi'r gorau i gynllwynio a chelu fy mherthynas ag Arwel: *Beth am i ti godi a gadael? Gweld beth sy'n digwydd...* Am eiliad yn unig, dychmygais ganfod fy mod i'n disgwyl plentyn Wayne, a syndod oedd sylweddoli y byddwn i'n croesawu'r cyfle i fod yn fam eto.

Ond nid efo Wayne. Cofiais ei fraw neithiwr ar ôl i ni garu'r eildro, wrth sylweddoli bod y condom wedi rhwygo. Dim ond yr addewid y byddwn i'n mynd i'r fferyllfa a 'sortio pethau' wnaeth ei dawelu. Cofiais o'n sôn ym mhriodas Dafydd ac Adriana ei fod o'n ystyried ei hun yn rhy hen i gychwyn teulu, ac o brofiad, gwyddwn na fyddai plentyn annisgwyl o reidrwydd yn cadw cwpl efo'i gilydd nac yn cryfhau'r cyswllt rhyngddynt. *A fyddai'n rhaid iddo wybod?* sibrydodd y llais. *Roeddet ti'n barod i fagu Huw yn fam sengl...* Ond byddai hynny'n beth llechwraidd tu hwnt i'w wneud, atebais yn gadarn. Hisht, rŵan.

Pan ddaeth y fferyllydd yn ôl i'r caban cipiais y gwydriad o ddŵr a llyncu'r bilsen gynigiodd hi heb oedi, gan roi taw ar y llais unwaith ac am byth. Cerddais allan o'r fferyllfa, heibio'r llond wal o glytiau a moddion i fabanod a theganau torri dannedd lliwgar, a meddwl y byddwn i'n dod yn ôl yma a'u prynu nhw oll ryw ddydd... Ond ddim ar hyn o bryd.

Wrth i mi brynu brechdan yn Tesco teimlwn fy ffôn yn dirgrynu. Aeth gwefr drwy fy nghorff wrth i mi weld enw Wayne ar y sgrin. Neges yn dweud bod yn rhaid iddo fy ngweld i cyn gynted â phosib a'i fod am alw draw ar ôl iddo orffen gwaith am bump.

Yn sydyn roeddwn i'n ysu am gael ei weld eto, ond er hynny gwyddwn mod i'n cymryd cam yn agosach at y dibyn wrth wneud. Dyma sut gychwynnodd yr helynt gydag Arwel. Dwedais wrthyf fy hun y byddwn i'n iawn, mod i'n gwybod sut i gadw rheolaeth drosof fi fy hun ac i gadw fy urddas – ond llwyddais i fyth. Fel dwedodd Mam, a hithau ddim ond yn hanner jocian, 'Mae Gwawr yn medru gwrthsefyll unrhyw beth heblaw temtasiwn.' Dyna'r rheswm roeddwn i'n cadw cyn lleied o felysion ac alcohol yn y tŷ. Doedd un sgwâr, un gwydriad, byth yn ddigon.

Ges i sioc wrth weld Simone yn sefyll reit o flaen y tiliau hunanwasanaeth. Ar ôl blynyddoedd o deithio i siopa yn y Rhyl, Bae Cinmel neu Brestatyn, ar ôl chwe blynedd o beidio â mynychu digwyddiadau cymunedol yn Rhuddlan er mwyn ei hosgoi hi, roedd hi'n sefyll lai na deg llath o 'mlaen i. Amseru hynod anffodus. Petawn i'n ofergoelus byddwn i'n barod i daeru bod y bydysawd yn chwarae triciau arnaf fi.

Daliai Simone ei basged ar ei braich yn yr un ffordd ag y

mae'r Frenhines yn cario ei bag llaw, ei phen yn uchel ac yn urddasol. Yr unig beth a fradychai ei chwymp oedd y ffaith ei bod hi'n cario basged a dwy botel o fodca ynddi. Fodca rhataf y siop a label gwyn plaen arno. Rhaid ei bod hithau wedi gadael ei milltir sgwâr fel na fyddai neb a oedd yn ei hanabod hi yn ei gweld hi'n prynu diod feddwol cyn amser cinio. Penderfynais y byddwn i'n ceisio sleifio allan heb iddi fy ngweld, hyd yn oed os golygai hynny ollwng fy mrechdan a'i heglu hi.

Dechreuodd Simone gerdded draw at y tiliau hunanwasanaeth a chiliais y tu ôl i'r stondin fferins.

'Dwi'n dy weld di yna, Gwawr,' galwodd Simone yn aneglur.

Swniai fel petai wedi hen gychwyn ar y fodca. Fy ngreddf gyntaf oedd ffoi rhwng y cyrff a'r trolïau. Ond cofiais eiriau Taid, a 'ngeiriau wrth Arwel neithiwr. Byddwn yn dod wyneb yn wyneb â Simone yn ystod yr achos llys. Waeth i mi ei hwynebu yng nghanol Tesco. Wedi'r cwbl, do'n i heb wneud dim o'i le. Nid y tro hwn.

Camais i'r golwg a disgwyl i Simone ddod draw ataf. Wrth iddi ddod yn agosach gwelais fod ei hwyneb yn filain.

'Ti'n trio difetha fy mywyd i unwaith eto, yr ast fach...'

'Simone, a' i at yr heddlu os wyt ti'n fy mygwth i, felly byse'n well i ti roi'r gorau i...'

'Wna i byth roi'r gorau iddi. Coelia fi, ble bynnag ei di, fydda i yno hefyd, yn barod i ddeud wrth bawb gymaint o hwren wyt ti...'

'Yn y carchar fyddi di, os na wnei di stopio...'

'Pam wnest ti ddwyn fy ngŵr i?'

Medrwn weld siopwyr eraill yn oedi, yn esgus prynu pethau oedd reit wrth ein hymyl er mwyn iddynt gael clustfeinio ar y ffrae. Gostyngais fy llais, er y gwyddwn na fyddai Simone yn gwneud yr un peth.

'Roedd o'n ddigon parod i dy fradychu di! Pam mai fi sy'n cael y bai am hyn oll, er mai fo wnaeth dy dwyllo di? Sut fedri di fy nghasáu i gymaint a maddau iddo fo? Pam wnest t–'

Trywanodd hi'r aer o flaen fy nhrwyn gyda'i bys a chymerais gam yn ôl.

'Achos mai *ti* fynnodd gadw'r bastad bach a swagro o gwmpas yn dangos dy fol anferth a neud i Arwel a minnau edrych fel y bobl ffiaidd. Dydi merched fel ti, merched ddiofal, esgeulus, ddim yn haeddu plant. Dych chi ddim yn ffit i fod yn famau...'

Edrychais i fyw ei llygaid a gwelais wylltineb oedd bron yn giaidd. Nid twyll ei gŵr oedd yn ei phlagio hi chwe blynedd yn ddiweddarach. Roedd rhywbeth mawr o'i le arni hi.

'Simone, dwi'm am i hyn droi'n ffrae fawr. Plis, dos at y meddyg. Mae angen help arnat ti...'

Poerodd ei geiriau yn fy wyneb.

'Dwi'n gobeithio gei di byth blant! Bitsh!' poerodd, gan ollwng y fasged gyda thwrw mawr a brasgamu i ffwrdd yn ei thymer. Ni chafodd ei geiriau creulon yr effaith a ddymunai; yn wir, roeddwn i'n teimlo drosti braidd ac yn bryderus ynglŷn â'i hiechyd meddwl.

Teimlwn hylif yn gwlychu fy sandalau newydd a chlywais arogl cemegol, miniog y fodca wrth iddo gronni mewn pwll o'm cwmpas. Edrychais i lawr ar fy nhraed, gan geisio meddwl sut roeddwn i am gamu allan o'r pwll heb dorri croen fy nhraed yn rhacs. Daeth gweinyddes draw a galw, 'Paid â symud! Wna i nôl brwsh a chadachau...' Bu'n rhaid i mi sefyll yn fy unfan am bum munud go lew, gydag arwyddion 'perygl' melyn yn driongl o'm cwmpas a glanhawraig yn swisio'r mop o amgylch fy nhraed. Unwaith iddi sychu'r llawr a sgubo'r darnau gwydr, ges i ganiatâd i adael y siop, fy mochau'n binc gan gywilydd.

Ni welais i ba gyfeiriad yr aeth Simone, ond wrth i mi groesi'r maes parcio gwelais gar Mercedes gwyn gyda phlât personol allai fod yn perthyn iddi hi wedi ei barcio'n gam yn un o'r llefydd parcio i gerbydau'r anabl. Doedd yna ddim bathodyn glas yn cael ei arddangos. Rhaid bod rhywun wedi ei pherswadio y byddai'n annoeth iawn iddi yrru adref a hithau'n chwil ulw.

Ar gornel y stryd fawr teimlwn boen finiog yng ngwadn fy nhroed chwith. Er i mi geisio glanhau'r holl wydr oddi ar fy esgidiau, roedd un darn bach miniog wedi aros, a rŵan roedd wedi ymwthio i 'nghnawd. Na, allwn i ddim rhoi fy nhroed ar lawr, dim hyd yn oed blaen fy nhroed. Roedd y gwaed yn llifo'n gyflym, yn diferu ar y palmant ac yn troi gwaelod fy sandal corc yn lliw browngoch hyll. Rhegais dan fy ngwynt. Roedd yna fferyllfa ganllath i fyny'r stryd. Pe bawn i'n medru hercian yr holl ffordd yna, byddwn i'n medru prynu pâr o blicwyr a rhwymyn a glanhau'r anaf yn y siop. Ond roedd fy sandalau yn rhai gyda sodlau, ac oni bai mod i'n tynnu'r sandal arall ac yn mynd yn droednoeth byddwn i'n troi fy ffêr wrth hercian ar un goes. Rhegais eto, gan felltithio Simone, ei thymer a'i chwant am fodca rhad.

'Gwawr? Ti'n ocê, Gwawr?' Edrychais dros fy ysgwydd i weld Matthew yn camu allan o gaffi, ei wyneb yn bryderus. 'Be ddigwyddodd?' gofynnodd, wrth weld y gwaed yn diferu ar y palmant.

'Nath rhyw ast wirion ollwng potel wydr wrth fy nhraed i,' atebais. 'Mae gen i ddarn o wydr yn fy nhroed.'

'Ty'd efo fi,' meddai, a heb ddisgwyl am ateb, rhoddodd ei fraich o amgylch fy nghanol, gan ganiatáu i mi roi braich am ei ysgwyddau a hercian yn weddol ddidrafferth (ond yn ddiurddas) ar draws y stryd fawr ac i mewn drwy ddrws y caffi gwag.

Rhoddodd fi i eistedd ar un o gadeiriau'r bistro, trodd yr arwydd ar y drws fel ei fod yn dweud 'AR GAU' ac mewn chwinciad roedd o wrth fy ochr unwaith eto gyda thywel, bowlen o ddŵr cynnes a blwch cymorth cyntaf yn ei ddwylo.

'Paid â phoeni, gen i dystysgrif Sant Ioan,' meddai'n ysgafn.

Gosododd y tywel ar ei lin ac yna, cyn i mi gael cyfle i ddweud y byddwn i'n tynnu'r gwydr fy hun, cododd fy nhroed yn ofalus a goleuo 'ngwadn gyda thortsh.

'Edrych yn ddigon hawdd i mi,' meddai'n ddifater, gan estyn pâr o fenig rwber a phâr o blicwyr allan o'r pecyn cymorth cyntaf.

Mewn chwinciad chwannen roedd o wedi tynnu'r gwydr allan a'i osod yn ddiogel ym mocs y menig rwber. Pwysodd ar yr anaf yn ysgafn gyda'i fys.

'Nath hynny frifo?'

'Naddo.'

'Mae'n annhebyg felly fod yna ragor o wydr yn yr anaf. Ond os wyt ti am gael cadarnhad, dos at y meddyg iddo fo gael golwg. Roedd o'n gwt go ddwfn.'

Agorodd baced o wlân cotwm a dal pad ohono yn erbyn yr anaf i geisio atal y gwaedu.

'Neith y gwaedu stopio ymhen ychydig, ac yna gei di olchi a rhwymo'r anaf. Mae gen i barasetamol os oes angen rhywbeth i leddfu'r boen.' Cododd ar ei draed, gan dynnu'r menig rwber. 'Ond yn y cyfamser, beth am baned?'

'Fyse hynny'n lyfli.' Edrychais o gwmpas y caffi, a oedd wedi ei addurno i edrych yn debyg i gaffi palmant ym Mharis, gyda lluniau Toulouse Lautrec ar y waliau. 'Do'n i ddim yn deall mai chdi oedd bia'r lle 'ma.'

'Newydd ei brynu dwi,' atebodd, gan gamu tu ôl i'r cownter a thanio'r peiriant coffi. 'Rown i'n brif gogydd mewn bwyty am bymtheg mlynedd, felly rown i'n gweithio gyda'r hwyr bob nos ac ar benwythnosau. Rown i mewn perthynas am ddegawd, ond bron byth yn ei gweld hi achos o'n i wastad yn y gwaith. Ffeindiodd hi rywun arall ac roedd hynny'n *wake-up call* go fawr. Do'n i heb neud amser iddi hi, heb sôn amdana fi'n hun. Sylweddolais mod i hanner ffordd at fod yn saith deg, a heb neud dim byd o werth 'blaw gweithio. Dim ond un berthynas go iawn, dim plant, dim byd o'n i'n falch ohono 'blaw llond dwrn o dystysgrifau TGAU a thystysgrif yr Urdd. Do'n i ddim yn hapus. Penderfynais fyse'n rhaid i mi newid hynny. Amser mynd adre i Gymru.'

'Penderfyniad doeth iawn,' dywedais.

'Oedd. Penderfyniad gorau nesh i erioed. Lot llai o stres, a dwi'n neud pobl yn hapus efo melysion...'

Gosododd hambwrdd o 'mlaen i, gydag Americano, jwg o laeth a *croissant* arno. Gydag un llaw yn dal fy nhroed clwyfedig, codais i'r gwpan a chymryd llymaid o'r coffi ffres, ac yna brathu i mewn i'r *croissant*. Roeddwn i wedi arfer gyda *croissants* seimllyd, llipa o'r archfarchnad, felly roedd craster ac ysgafnder y toes yn rhyfeddol.

'Dyma'r *croissant* gorau i mi'i fwyta erioed!' ebychais, a 'ngheg yn dal i fod yn llawn.

Gwenodd Matthew yn falch, ac estyn am binsiyrnau plastig. Daeth â *croissant* arall draw.

'Tria di'r almwn,' meddai. 'Mae'r rheini'n well fyth, cyn belled nad oes gen ti alergedd i gnau. Gen i rai siocled hefyd.'

Trodd ei gefn wrth iddo fynd at y sinc. Gwelais fymryn o wrid o gwmpas ei rudd a'i ên a dyfalais mai dyna oedd y rheswm na wnaeth o droi'n ôl i siarad â mi wyneb yn wyneb.

'Dwi'n falch i ni gwrdd eto, wsti. Mae 'di bod yn anodd dal fyny efo ffrindiau o'r hen ddyddiau ers i mi ddod 'nôl o Lerpwl. Pawb 'di priodi, cael plant, maen nhw'n gweithio fel o'n i'n arfer neud... sgen neb yr amser i gymdeithasu...'

'Dio'm yn hawdd cyfarfod pobl.'

'Yn enwedig os wyt ti'n sengl.' Pesychodd. 'Yn enwedig os ti'n gweithio fel cofrestrydd ac yn priodi pobl bob dydd. Neu ai gweinidog wyt ti?'

Cododd fowlen o does a dechreuodd ei dylino'n rhythmig ar ben y cownter.

'Gweinydd digrefydd dwi. Seremonïau enwi, priodasau, adnewyddu addunedau, angladdau...'

'Job ddifyr... ond yn drist weithiau. Wnest ti job dda iawn yn angladd Josiah.' Doedd gen i ddim cof o weld Matthew yna ar y diwrnod, ond eto, gyda channoedd o bobl wedi ymgasglu o gwmpas y bedd a minnau ar fin crio drwy gydol y seremoni, doedd dim syndod mod i heb sylwi arno. Ysgydwodd Matthew ei ben.

'Sefyllfa ofnadwy. Doedd gen i ddim clem be i roi yn y cerdyn cydymdeimlad. Doedd y geiriau jest ddim gen i.'

'Ddaethon nhw ddim yn hawdd i mi chwaith,' cyfaddefais. 'Dyna'r seremoni anoddaf i mi ei hysgrifennu, o bell ffordd.'

'Siŵr ei bod hi'n anoddach i ti na neb arall, ar ôl i ti golli Huw,' dwedodd Matthew.

Roeddwn i wedi gadael i mi fy hun lithro i ryw berlewyg wrth wylio ei fysedd yn plygu, gwasgu ac anwesu'r toes cnodiog, ond herciais yn effro wrth glywed enw fy mab.

'Sori. Deudodd Rhiannon bo' ti ddim yn hoff o bobl yn sôn... Nid cario clecs oedd hi, dwi'n addo. Dim ond rhoi gwybod amdano, rhag ofn i mi ypsetio ti'n ddamweiniol...'

'Paid â phoeni. Mae hi'n iawn. Es i drwy gyfnod o beidio â sôn am Huw. Mae pobl yn gallu bod yn ansensitif, felly meddylies i fyse'n haws i mi beidio codi'r pwnc.'

Y tro diwethaf i mi gwrdd â Rhiannon oedd mewn aduniad ysgol ryw bedair blynedd yn ôl. Mynychais ar anogaeth Mam, a threuliais i'r noson yn gwenu fel hurtyn ac yn ateb pob cwestiwn gyda, 'Dwi'n grêt, a sut wyt ti? Beth wyt ti'n neud y dyddiau hyn?' er mwyn gwyro'r sgwrs oddi wrthyf fi.

'A fyse'n well gen ti beidio ei drafod o rŵan? Dwi'm am fusnesa...'

'Gawn ni drafod unrhyw beth lici di. Ond diolch am ofyn.'

Aeth Matthew yn ôl at dylino'r toes.

'Siŵr dy fod di'n treulio dy holl amser yn gwrando ar bobl eraill yn siarad. Be hoffet *ti* drafod?'

'Rhywbeth heblaw am angladdau a phriodasau am unwaith!'

Siaradon ni am awr a hanner, am Gymreictod a'n hoff fandiau, am bris blawd, am gathod, am ofergoelion a gwyliau i lefydd heulog; am y bwytai gorau fuon ni ynddyn nhw, ein gobeithion am y dyfodol, am fanteision ac anfanteision byw ar ben dy hun, am *blind dates* hunllefus a'n cariadon cynharaf. Roedd hi mor hawdd siarad â Matthew am ei fod o'n gymeriad heulog a hyderus. Yn ei gwmni, cofiwn sut deimlad oedd bod yn bymtheg eto, yn llawn angerdd a heb ofal yn y byd. A'r peth gorau oll amdano – roedd o'n ddoniol. Gwnaeth i mi chwerthin mor galed bu bron i mi boeri gweddillion fy niod dros y bwrdd.

'Coffi arall?' gofynnodd, heb guddio'r nodyn gobeithiol yn ei lais. Bron i mi ei dderbyn, ond yna taflais gipolwg ar y cloc a chofio y byddai Wayne yn dod draw toc ar ôl pump.

'Fyswn i wrth fy modd, ond mae'n rhaid i fi adael mewn munud.' Estynnais am gadach a golchi fy nhroed, ac yna ei rwymo. 'Sut mae Rhiannon? Dwi heb ei gweld hi ers blynyddoedd.'

'Dal yn dysgu. Mae hi'n bennaeth adran rŵan. Dal yn fam ar bawb, fel oedd hi yn yr ysgol.'

'Cofia fi ati, nei di?'

Rhoddais fy nhroed yn ofalus ar y llawr. Gwingai'r anaf, ond byddwn i'n medru cerdded yn ôl at y car. Gwisgais fy sandal unwaith eto, a chludo'r fowlen o ddŵr gwaedlyd at y tŷ bach a'i dywallt i lawr y toiled. Wrth i mi ddod 'nôl mewn i'r caffi, cyflwynodd Matthew focs gwyn i mi wedi ei rwymo'n daclus â chortyn.

'*Croissants.* Almon a siocled. Anrheg fach gen i.'

'Am garedig! Diolch am bopeth.' Gwenon ni ar ein gilydd yn swil. Yna, wrth i mi droi i adael, dwedodd o'n sydyn,

'Awgrymodd Rhiannon y dylwn i ymuno â chlwb Cymraeg o ryw fath. Nesh i ymuno â'r clwb pêl-droed lleol, ond Daf a Wayne yn unig sy'n siarad Cymraeg... Wel, ceisio siarad Cymraeg mae Wayne. Chwarae teg iddo, ond...' Ceisiais beidio â gwrido wrth glywed enw Wayne, a dwedais yn gyflym,

'Os wyt ti'n hoffi darllen, dwi'n aelod o glwb darllen Rhuddlan. Croeso mawr i ti ymuno, ond rhaid i mi dy rybuddio mai ti fyse'r unig ddyn.' Estynnais gerdyn busnes o fy mhoced a'i gynnig i Matthew. 'Tecstia fi a wna i roi gwybod pryd a ble fydd y cyfarfod nesaf, a pha lyfr fyddwn ni'n trafod.'

Cadwodd y cerdyn busnes yn ei boced gefn.

'Oes yna ferched sengl yn y clwb?' gofynnodd, ei lygaid yn disgleirio â direidi.

'Sawl un.'

'Wyt ti'n un o'r merched sengl?'

'Gofynna'r cwestiwn i fi y tro nesaf i ni gyfarfod,' atebais yn ddirgel.

'Mi wna i. Yn bendant.'

Eisteddai Wayne ar y fainc fach yn yr ardd flaen, yn syllu ar y llawr rhwng ei draed. Diffoddais injan y car a chododd ei ben ac edrych draw. Ceisiodd wenu arnaf.

'Ty'd mewn,' dwedais, ond ysgydwodd ei ben.

'Gawn ni fynd i'r ardd gefn?'

Herciais fy mhen i gyfeiriad tŷ Alwena Drws Nesaf. 'Well i ni beidio, oni bai dy fod di am i bawb yn yr heol wybod ein busnes. Mae gan y perthi a'r blodau glustiau.' Agorais i'r drws ffrynt. 'Wna i ymddwyn yn ddigon gweddus, paid â phoeni.'

Eisteddodd yn y gadair freichiau ym mhen pellaf yr ystafell. Cadair i un. Caeais y drws, ond arhosais ar fy sefyll, gyda hyd y bwrdd coffi rhyngom ni.

'Wyt ti yma i ddeud mai mistêc oedd neithiwr?' gofynnais yn dawel.

Cododd ei ben ac edrych i fyw fy llygaid a gwelais nad ffieidd-dod oedd yn cadw Wayne hyd braich.

'Dwi'n rili, rili licio ti, Gee.'

'Dwi'n teimlo'r un fath,' atebais.

Ar hynny, cododd a cherddodd o amgylch y bwrdd coffi, fel ein bod ni'n sefyll wyneb yn wyneb. Cwpanodd fy wyneb yn ei ddwylo. Roedden ni'n edrych i lygaid ein gilydd, ein hanadl yn plethu, dim ond cawell ein hasennau yn cadw'n calonnau rhag ei gilydd. Roeddwn i'n ysu am gael ei gusanu eto, ond gwyddwn fod yn rhaid i ni orffen y sgwrs.

'Dwi'n meddwl y byd ohonot ti, ond os 'dyn ni am roi cynnig ar bethau mae'n rhaid i ti ddeall... Claire ydi fy ngwraig i.' Tynnais yn rhydd o'i afael a gwelais fraw yn ei lygaid. 'Dwi'm yn trio deud na ddylen ni roi cynnig ar bethau. Dwi'n meddwl ein bod ni'n dda efo'n gilydd a does neb arall yn neud i mi deimlo fel wyt ti... ond... ond... damia, dwi'n neud smonach go iawn o egluro fy hun... Dwi'n meddwl y byd ohonot ti, Gee, ac os wyt ti'n fodlon rhoi cynnig ar berthynas... Mae rhan ohona i isio symud ymlaen... ond mae rhan arall ohona i'n gwybod na fydd pethau mor syml â hynny...' Rhwbiodd ei law dros ei lygaid, gan ymbalfalu am y geiriau oedd eu hangen arno.

'Mae'n ddyddiau cynnar eto,' dwedais yn dawel. 'Llai na blwyddyn.'

'Yli, dwi'n trio deud... o'm rhan i, dwi'n meddwl gallen ni fod yn hapus; ond mae'n rhaid i ti ddeall na fydd ein perthynas o reidrwydd yn arwain at briodi-a-chael-plant-efo'n-gilydd.'

I ble fyddai'r berthynas yn arwain, felly? Perthynas arall a fodolai o fewn yr ystafell wely yn unig; yr un fath â fy mherthynas ag Arwel? Am eiliad roeddwn i'n flin gyda Wayne. Neithiwr gafodd o ddiwallu ei chwant a rŵan, ar ôl y weithred, roedd o'n fy ngwrthod i?

Na, nid fy ngwrthod, ond fy rhybuddio rhag cholli 'nghalon a gobeithio am fwy nag oedd o'n medru ei roi, a fuodd o'n glir am y ffaith na ddymunai gael plant o'r cychwyn. Doedd o heb fy nghamarwain o gwbl. Roedden ni'n gwbl gyfforddus gyda'n gilydd, yn trafod yn agored ac yn ymddiried yn ein gilydd; a neithiwr profon ni ein bod yn gytûn yn yr ystafell wely hefyd. Petawn i'n fodlon gyda pherthynas rywiol yn unig, yna byddem ni'n berffaith i'n gilydd. Ond roeddwn i wedi cael chwe blynedd gyfan i ddod dros y gwaethaf o 'ngalar a chyrraedd pwynt lle gallwn ddychmygu'n hun yn creu bywyd newydd. Hyd yn oed petai o'n newid ei feddwl ac am gael plant ryw ddydd, fel dyn byddai'n bosib iddo aros nes ei fod o'n hollol barod i gymryd y cam. Merch oeddwn i, a'r mis nesaf byddwn i'n dri deg wyth. Os oeddwn i am gael plentyn arall doedd gen i ddim mo'r amser i betruso.

'Wel, erbyn hyn dwi wedi dysgu i beidio â chysgu gyda gwŷr priod. Well i ni beidio parhau i weld ein gilydd.'

'Dwi 'di pechu ti, do?' gofynnodd yn bryderus.

'Mae'n lot i mi brosesu. Dwi 'di siomi rhyw ychydig, ond na, ti heb bechu fi. Well i ni fod yn onest efo'n gilydd.' Cydiodd Wayne yn fy llaw a'i gwasgu'n dyner.

'Diolch, Gee. Ti'n golygu cymaint i mi...' dwedodd, â chrawc yn ei lais. 'Dwi'n gobeithio gawn ni aros yn ffrindiau.'

Gwasgais ei law a gwenu arno, ond ysgydwais fy mhen. Byddai'n anodd iawn, os nad yn amhosib, mynd yn ôl at fod yn ffrindiau'n unig. Gwell peidio â chychwyn ar y cylch dieflig o garu byrbwyll ac euogrwydd.

'Dwi'm yn difaru neithiwr,' dwedais wrtho, yn methu â chuddio gwên. 'Ond os na chaiff o ddigwydd eto dwi'n meddwl fyse'n well i ni gadw pellter am sbel, a chwrdd dim ond yng nghwmni eraill.'

'Ti'n iawn. Mi fydda i'n dy golli di, Gwawr. Ond mae'n well gen i dy golli di na dy frifo di.'

Un gusan ddiwair ar fy nhalcen a throdd Wayne am y drws. Gwyliais o'n gadael a gwyddwn ym mêr fy esgyrn ein bod ni'n gwneud y penderfyniad doeth, aeddfed... ond argol, yr eiliad honno roedd pob gronyn ohonof yn ysu am noson arall gyda fo. Gwahaniaethu rhwng caru a chariad oedd fy mhroblem erioed.

'Tis better to have loved and lost... yadda, yadda, yadda... ti'n gwybod y gweddill,' meddai Tanya, dros wydriad anferthol o jin, yn hwyrach y noson honno.

Crynai'r nenfwd uwch ein pennau wrth i'w meibion neidio o un gwely i'r llall, yn bloeddio chwerthin. Roedd Tanya wedi eu llwgrwobrwyo gyda phitsa er mwyn i ni'n dwy gael llonydd i sgwrsio.

'Falle fyse pethau 'di bod yn iawn. Mewn dimensiwn arall, 'wrach dwyt ti ddim yn eistedd yma efo fi, ond yn y gwely gyda Wayne. Sgen ti ddim rheswm i ddifaru. Nathoch chi roi cynnig ar bethau, ac yn anffodus nath o ddim gweithio. Paid â digalonni gormod, o leia gest ti hwyl yn ffeindio allan, yn do?'

'Tanya!' dwedais, a bu bron i mi boeri fy jin allan.

'C'mon, dwyt ti heb gael cariad ers i mi dy nabod di... ers be, pedair, pum mlynedd? Paid â deud na nest ti fwynhau dy hun!' Cymerodd hi fy ngwydr i dywallt diod arall. 'Mae'n beth da dy fod di wedi torri dy syched o'r diwedd. Mae'n golygu bod y syched yn bodoli. Mae dy libido yn dychwelyd, ac mae hynny'n beth iach iawn... Y cam nesaf ydi darganfod rhywun addas i lenwi'r twll adawodd Wayne ar ei ôl... *no pun intended*!'

'Wel, ar ôl yr helynt efo Darren a Tinder, dwi'm am ofyn i ti drefnu fy mywyd carwriaethol...'

15.

Dr Bowden
(1951–2018)

Y Traddodiant

Medd Seneca, bardd o Rufain, 'Hyd yn oed pan fydd cyfaill yn farw, mae'n dal yn fyw. Mae'n fyw am fod ei gyfeillion yn dal i'w anwylo a'i ddwyn i gof, ac i hiraethu amdano. Golyga hyn fod yna lawenydd hyd yn oed yn ei farwolaeth – mae'n rhoi urddas i fodolaeth y rheini sydd ar ôl.'

Doedd Timothy ddim yn credu yn Nuw na'r nefoedd. Dydw innau chwaith ddim yn credu mewn bywyd y tu hwnt i'r un hwn, ond rydw i yn credu ein bod ni'n parhau ar ôl ein marwolaeth – yng nghalonnau a meddyliau ac atgofion yr rhai oedd yn ein hadnabod; yn y straeon a ddywed pobl amdanon ni a'r straeon a ddwedwn ni wrth bobl eraill. Tra'n bod ni'n ddigon dewr i gofio am Timothy, i'w ddwyn i gof, i chwerthin dros ei hen jôcs ac i ganu ei hoff ganeuon, yna mi fydd o'n parhau yn rhan ohonom ni. Er bod Timothy wedi mynd, bydd ei ddylanwad yn parhau, ac erys yn rhan o'ch bywydau am byth. Gwelwn ei waddol bob un diwrnod, yn yr holl

fywydau wnaeth o'u harbed a'u gwella wrth ei waith
fel meddyg; yn y teulu hapus a ffyniannus adawodd
ar ei ôl, ac yn niolchgarwch holl aelodau'r gymuned,
yr elusennau a'r grwpiau wnaeth o'u cefnogi dros
y blynyddoedd. Cariad at ei gyd-ddyn oedd wrth
wraidd popeth a wnâi Timothy. Ni all marwolaeth
drechu cariad, na'i ddinistrio na'i ddileu. Mae cariad
yn dragwyddol. Oherwydd hynny, bydd Timothy yn
parhau i fod gyda phob un ohonom ni, mewn rhyw
ffordd. Tra'ch bod yn caru Timothy, mi fydd o'n dal
i fod yn rhan o'ch bywydau.

Cyrhaeddais amlosgfa Bae Colwyn yn gynnar ar fore angladd Dr Bowden – mor gynnar fel bod yr angladd blaenorol ar ei hanner, a chynrychiolydd Huws a Davies heb gyrraedd eto. Arhosais i yn yr ystafell fach ar flaen yr adeilad, yn bodio drwy fy sgript er i mi ei hymarfer sawl gwaith y noson gynt. Dyn uchel ei barch yn y gymuned oedd Dr Bowden, a gwyddwn y byddai cannoedd o alarwyr yno.

Roedd yna le i dros gant o bobl eistedd yn y capel, ac i ryw hanner cant sefyll yn y cefn, ond pryderwn na fyddai hynny hyd yn oed yn ddigonol. Bwciodd y teulu slot dwbl, ond pryderwn hefyd y byddai symud pawb i mewn ac allan yn golygu ein bod ni'n gor-redeg. Roeddwn i wedi nodi paragraffau a brawddegau i'w hepgor pe baem ni'n rhedeg yn hwyr, ond gobeithiwn i na fyddai'n rhaid i mi wneud hynny gan fod y teulu eisoes wedi cymeradwyo cynnwys y gwasanaeth, a byddai'n bechod ofnadwy newid rhywbeth ar y funud olaf.

Roeddwn i'n falch o weld Iolo'n cyrraedd toc cyn yr ymgymerwyr eraill. Cymerodd y rhestr o ganeuon gennyf fi, ac aeth 'tu ôl i'r llen' i drefnu pethau. Unwaith roedd y capel yn wag roedd yn bosib i ni fynd yna i dynnu'r llen dros y groes wrth yr allor, gosod trefn y gwasanaeth ar bob sedd, a chadw'r rhesi blaen ar gyfer y teulu. Gyda phopeth yn ei le, roeddwn i mewn da bryd i wneud fy hun yn ddestlus o flaen y drych yn ystafell y gweinydd cyn i'r galarwyr gyrraedd. Anadlais yn ddwfn o flaen y drych ymbincio, gan atgoffa fy hun fy mod i wedi gweinyddu cannoedd o angladdau heb broblem o unrhyw fath, a doedd gen i ddim rheswm heblaw am deimlad o bryder direswm i feddwl y byddai seremoni heddiw yn wahanol i'r arfer.

Gan anwybyddu'r tyndra oedd yn corddi yn fy mol, es i sefyll y tu allan i'r brif fynedfa i groesawu pawb, tra bod Iolo yn arwain y galarwyr i'w seddi. Canolbwyntiais ar arafu fy anadl ac ymlonyddu. Fedri di ddim cynnal seremoni ddefodol ac urddasol os oes yna rywbeth yn tynnu dy sylw. Fel gweinydd mae'n rhaid dysgu sut i ddiosg dy bersonoliaeth dy hun, yr un fath â phetai'n glogyn, ac anghofio bod gennyt ti deimladau a phroblemau. Ni ddysgodd neb i mi sut i ymddwyn mewn angladd wrth i mi hyfforddi i fod yn weinydd. Dysgais fy nghrefft drwy efelychu'r ymgymerwyr wrth eu gwaith – sut i wenu heb lawenydd, i symud yn gyflym ond heb frys, ac i ddisgwyl yn dawel heb ddiflastod. Rydw i wastad wedi bod yn un da am ddiosg fy mhersonoliaeth, cuddio fy emosiynau a gwthio'r pethau annymunol i dywyllwch fy meddwl, ond cafodd fy nawn ei herio i'r eithaf yn ystod angladd Dr Bowden.

Er mawr syndod i mi, roedd Wayne ymhlith y cyntaf i gyrraedd. Am yr eiliad y bu i'n llygaid gyfarfod, gwelais fflach anniwair, awchus ynddynt, yna gostyngodd ei drem at y cerrig dan draed.

'Gwawr,' meddai'n swta. Nodiais fy mhen a rhoi gwên dila o groeso iddo, yr un fath ag a gafodd pawb arall ar achlysur mor ddifrifol. 'Fi 'di'u garddwr nhw,' eglurodd. 'Meddwl byswn i'n dod i gefnogi'r teulu. Roedden nhw'n dda iawn efo fi pan gollais i Claire.' Nodiais fy mhen eto.

'Croeso i ti,' dwedais. 'Mi wneith Iolo dy dywys di at dy sedd.'

Er i mi ddweud wrth Tanya neithiwr mod i 'wedi dod dros Wayne yn eithaf handi', celwydd oedd hynny. Un fyddwn i'n parhau i'w ddweud wrthyf fy hun gan y gwyddwn mai dyma oedd orau i'r ddau ohonom ni.

Cymerais anadl ddofn a chliriais Wayne yn gyfan gwbl o'm meddwl. Roedd gen i bethau pwysicach o lawer i boeni amdanynt, fel y llif diddiwedd o bobl o 'mlaen i. Daliodd y galarwyr i basio drwy'r drysau nes bod cefn ac ochrau'r ystafell yn llawn, a chafodd Iolo a'i gyd-weithwyr frwydr i gadw llwybr yn glir ar gyfer yr arch.

Cludwyd Dr Bowden i'r amlosgfa ar ysgwyddau ei feibion, ei frawd a'i wyrion. Cerddais o flaen yr arch, ochr yn ochr â Mr Huws. Moesymgrymais gerbron yr arch ac yna camu y tu ôl i'r ddarllenfa, gan gadw fy llygaid ar y sgript o'm blaen nes bod y gerddoriaeth wedi dod i ben; ond yna torrodd sŵn ar draws yr alaw. Sŵn sodlau uchel yn clician ar y llawr carreg. Codais fy llygaid fymryn er mwyn gweld yr hwyrddyfodiaid, a chefais fraw wrth weld Simone ac Arwel yn anelu am yr ychydig seddi gwag oedd wedi eu cadw at ddefnydd y teulu. Mwya sydyn, cofiais Arwel yn sôn un tro ei fod o'n perthyn rywsut i Mrs Bowden. Doedd y berthynas ddim yn ddigon agos iddynt ei chydnabod, ond dyma fo'n defnyddio'r ffaith bod eu hen, hen neiniau yn gefndryd er mwyn sicrhau seddi iddo fo a'i wraig yn ei sodlau uchel gwirion. Ai Beibl oedd yn llaw Simone? Ie, roedd ganddi Feibl, er ei bod hi'n ymwybodol bod Dr Bowden yn aelod blaenllaw o'r grŵp dyneiddiol lleol, ac wedi gofyn am seremoni ddigrefydd... Cyrraedd yn hwyr ac anwybyddu cyfarwyddiadau'r teulu... doedd dim cywilydd gan y ddynes?

Nac oedd, yn amlwg, oherwydd yr eiliad y trodd hi ei phen a 'ngweld i'n sefyll gerbron pawb, rhewodd yn ei hunfan fel petai rhywun wedi ei saethu. Rhythodd arnaf fi yn y ffordd fwyaf amlwg, er bod pawb yn edrych i'w chyfeiriad hi ac yn disgwyl iddi hi a'i gŵr eistedd er mwyn cychwyn yr angladd. Ceisiodd Arwel ei gwthio hi i'r gadair wag, ond trodd ar ei sawdl a cherdded allan o'r amlosgfa, gan wthio ei ffordd drwy'r trwch o gyrff wrth y fynedfa. Trwy'r pantomeim cyfan daliodd Iolo i chwarae'r gerddoriaeth glasurol. Gobeithiwn y byddai'n boddi'r ebychiadau blin a ddihangai o wefusau Simone.

Disgwyliais i'r gerddoriaeth ddistewi, ac unwaith roeddwn i'n bendant na fyddai unrhyw hwyrddyfodiaid eraill yn tarfu, dechreuais i annerch yr ystafell orlawn.

'Croeso, bawb. Eisteddwch, os gwelwch yn dda, *please be seated*. Diolch i chi oll am fod yma heddiw i ddathlu bywyd Dr Timothy Bowden. *Welcome to you all. Today we come together to celebrate the life of Dr Timothy Bowden...*'

Roedd ffwdanu Simone wedi gwastraffu munudau gwerthfawr o'm hamser, ond diolch i effeithlonrwydd staff Huws a Davies doedd dim rhaid i mi hepgor dim o'r gwasanaeth. Fy mhryder mwyaf oedd bod mab hynaf Dr Bowden wedi gofyn am gael siarad. Cytunais, er nad doeddwn i fel arfer yn argymell bod aelodau agosaf y teulu yn gwneud. Roedd y profiad o ffarwelio â chymar neu riant yn un digon anodd, heb orfod annerch llond ystafell o bobl. Ond chwarae teg iddo, roedd ei araith yn wych. Rhoddodd ei deyrnged fach ei hun, a gorffen drwy ddarllen un o englynion coffa R. Williams Parry i Hedd Wyn, yr union un a ddysgais i yn yr ysgol uwchradd:

> Wedi ei fyw y mae dy fywyd, – dy rawd
> Wedi ei rhedeg hefyd:
> Daeth awr i fynd i'th weryd,
> A daeth i ben deithio byd.

Gwelais y dagrau yn powlio i lawr ei fochau wrth iddo ddweud 'i fynd i'th weryd', ac edifarhau na fedrwn i wneud dim i'w gysuro heblaw gosod hances bapur ar ochr y ddarllenfa iddo. Oedodd am eiliad i sychu'r dagrau, ond mi orffennodd y deyrnged. Roedd o'n ddyn dewr ac urddasol, yn union fel ei dad.

Daeth yr angladd i ben gyda'r Traddodiant. Cafodd yr arch ei gostwng i ddyfnderoedd yr elor i gyfeiliant 'Time to Say Goodbye' gan Andrea Bocelli a Sarah Brightman. Es i ysgwyd llaw â Mrs Bowden. Gwasgodd hi fy mysedd a sibrwd,

'Dyna'r union wasanaeth byddai Timothy wedi dymuno ei gael. Perffaith. Diolch i ti.'

Aethon ni allan i'r buarth lle ceid yr holl flodau. Aeth hi i ochr bellaf y buarth yng nghwmni ei meibion a'i brawd yng nghyfraith, ac ymunodd Simone â nhw yn syth. Arhosais innau wrth y drws i ffarwelio â'r galarwyr fesul un, i ddiolch iddynt am ddod ac i dderbyn eu diolchiadau hwythau. Gyda chynifer o bobl yn yr amlosgfa cymerodd hyn gryn amser, ac wrth ffarwelio ac ysgwyd llaw gallwn glywed Simone y tu ôl i mi, yn swnian ac yn cwyno'n uchel ei bod hi wedi cael cam. Taflais gipolwg dros fy ysgwydd a gwelais ei bod hi'n siarad â brawd Dr Bowden, a hynny mewn llais annaturiol o uchel.

'Siŵr fyddai Tim byth, byth wedi peri ypset i mi'n fwriadol trwy ddewis *hi* i gynnal y seremoni. Pe bai o wedi cael clywed y celwyddau mae hi'n eu lledaenu amdana i, y strach mae hi wedi'i achosi i Arwel a minne... O, dwi'n deall yn iawn, mae'n ddrwg gen i am orfod gadael cyn y gwasanaeth, ond i fod yn ei chwmni *hi*, ar ôl popeth a ddigwyddodd... a hynny ar ben gorfod ffarwelio â Tim – byddai wedi bod yn ormod i mi!'

Clywais ymdrechion ofer i'w thawelu hi ac yswn am gael gweld Arwel yn dod o'r amlosgfa i lywio ei gecren o wraig ymaith. Roedd hi a minnau ar ochrau pellaf y buarth, a medrwn glywed bron pob gair, a golygai hynny fod pawb arall yn medru ei chlywed hefyd. Er mod i'n gwingo gorfodais fy hun i wenu, i nodio fy mhen mewn cyfarchiad ac i dderbyn sylwadau'r galarwyr ag urddas.

Dyma Simone yn ceisio pardduo fy enw da unwaith eto. Roedd hi'n gwybod y byddai'r newydd amdani'n cyrraedd y papurau newydd a'r we yn fuan. Roedd hi'n gynghorydd tref ac yn ffigwr eithaf blaenllaw yn ei maes, a byddai achos llys yn ei herbyn yn sicr o ddenu llawer o sylw. Felly dyma hi, yn gwadu popeth ac yn ceisio pardduo fy nghymeriad i yn gyhoeddus, gan wybod na fyddai proffesiynoldeb yn caniatáu i mi roi pryd o dafod haeddiannol iddi.

Roeddwn i mor ddiolchgar i Mr Huws am geisio cau ceg Simone. Doeddwn i ddim yn medru clywed popeth ddwedodd o wrthi, ond o gornel fy llygad mi welais o'n cael gair tawel yn ei chlust. Dydw i ddim yn arbenigwr chwaith ar ddarllen gwefusau, ond dychmygwn ei fod yn rhywbeth tebyg i, 'Madam, nid dyma'r amser na'r lle!' Tawodd Simone yn syth, ac aros am ei gŵr.

Rai munudau ynghynt roedd Arwel wedi cerdded yn syth heibio i mi heb gymaint ag edrych arna i, ond wedi i mi ffarwelio â'r olaf o'r galarwyr fe ddaeth yn ei ôl, yn amlwg yn benderfynol o siarad â mi y tro hwn. Sisialodd yn flin, ond yn dawel, diolch byth,

'Oeddet ti'n gwybod yn iawn mod i'n perthyn i'r teulu. Pam wnest ti dderbyn y gwaith? Codi cywilydd arnon ni a neud ffŵl ohonot ti dy hun...'

Daliais i edrych yn syth ymlaen.

'Nid fi naeth ffŵl ohonof fy hun o flaen pawb,' meddwn yn dawel ond yn gadarn.

Rhaid bod mab Dr Bowden wedi sylweddoli fod Arwel yn ceisio fy mwlio i, achos galwodd o,

'Arwel, tyrd 'wan. Ni'n mynd i'r te angladd.' Edrychodd Arwel dros ei ysgwydd a daliodd un bys i fyny fel arwydd mai dim ond munud y byddai o, yna troi'n ôl ataf fi.

Edrychais i fyw ei lygaid, gan synnu i mi erioed ystyried mod i mewn cariad â'r dyn. Gwelais gyhyrau ei wddw yn tynhau, ei lygaid yn disgleirio'n gynddeiriog.

'Dos di, Arwel. Rwyt ti a dy wraig wedi achosi digon o helynt heddiw.'

'Mae gen i berffaith hawl i fod yma!'

Ni thrafferthodd i ostwng ei lais y tro hwn, a sylwais ar sawl pen yn troi i edrych i'n cyfeiriad ni. Gostyngais fy llais innau yn is fyth. Ni fyddai neb yn medru fy nghyhuddo i o greu helynt na thwrw. Glynais yn gaeth at fy 3 P – Prydlondeb, Proffesiynoldeb a Pharchusrwydd.

'Ges i fy ngwahodd gan y teulu i gynnal yr angladd. Y doctor ofynnodd i mi gynnal...' Gwelais fab Dr Bowden yn dod draw, gyda golwg flin ar ei wyneb.

'Arwel...' galwodd. 'Dos â Simone adref. Mae hi'n ypsetio Mam.'

Daliodd Arwel ei fys i fyny yn yr un modd nawddoglyd.

'Dwi'n siarad efo Miss Taylor,' meddai'n ddiamynedd wrth ei gefnder ifanc.

'Does yna ddim byd pellach i'w ddweud,' atebais yn esmwyth. 'Os wnei di f'esgusodi, Arwel, dwi am fynd i weld bedd ein mab.'

Ges i'r boddhad o wylio ei wyneb cyfan yn cochi. Roeddwn i wedi codi ei wrychyn. Cerddais at y teulu, a reit o dan drwyn Simone ysgydwais law Mrs Bowden, a diolchais iddi unwaith eto am fy newis i ar gyfer yr anrhydedd o gynnal angladd dyn mor uchel ei barch, a dyn a fuodd mor garedig wrthyf fi yn y gorffennol. Cefais gwtsh gan ei mab, a gwên ddiffuant gan frawd Dr Bowden. Rhythodd Simone arnaf, ond ni ddwedodd hi'r un gair. Roedd y teulu fwy neu lai wedi closio at ei gilydd a throi eu cefnau arni, gan ei gadael hi'n sefyll yn unig. Yn hytrach na phortreadu ei hun fel dioddefwr truenus roedd Simone wedi dangos i'r byd cyfan sut berson oedd hi – sbeitlyd, hunanol a difeddwl – ac roedd Arwel llawn cynddrwg!

Cerddais draw at gornel y fynwent a oedd wedi ei neilltuo ar gyfer beddau plant. Yng nghanol y gwely blodau roedd cerflun marmor o law anferth â phlentyn yn cysgu'n heddychlon yn y gledr. Sefais yno am ennyd â dagrau yn fy llygaid. Clywais besychiad a dyna lle roedd Wayne, yn sefyll y tu ôl i fi.

'Ti'n iawn?' gofynnodd.

Nodiais fy mhen, gan sychu deigryn oddi ar fy moch â blaen fy mys.

'Nid crio o'u herwydd nhw ydw i,' eglurais, gan edrych eto ar gerflun y baban yn cysgu'n ddiogel.

Dyna'n union sut edrychai Huw y tro olaf i mi ei ddal o. Gresynais fod Wayne wedi dod draw. Doeddwn i ddim yn teimlo fel siarad â neb. Y cwbl oeddwn i eisiau oedd pum munud fach ar ben fy hun.

'Ai dyna dad Huw?' gofynnodd, gan amneidio â'i ben draw at Arwel a Simone, oedd yn cerdded i gyfeiriad y maes parcio.

'Dyna fo.'

Anodd oedd credu difaterwch Arwel. Hyd yn oed rŵan, tra oedden ni yn y fynwent gyda'n gilydd, doedd ganddo ddim diddordeb mewn gwybod lle claddwyd ei fab. Dechreuais gerdded tuag at fedd Huw, gan geisio paratoi ar gyfer yr ôl-fflach anochel a gawn i bob tro y gwelwn y garreg ddu, ohonof innau'n gosod bocs bach o'i lwch ar silff y gladdgell. Ond o gornel fy llygad, gwelais fod Wayne yn dal i syllu ar Arwel fel petai'n helgi wedi hoelio ei drem ar gwningen. Gwelais i'r un fflach o ddicter yn ei lygaid ag a welais ym mharti priodas Dafydd ac Adriana, a chyn i mi fedru dweud dim, roedd o wedi llamu tuag atynt.

'Wayne!' sisialais, ond yn ofer.

Clywais sŵn yr ergyd, asgwrn yn taro cnawd. Mewn chwinciad roedd Arwel ar ei gefn, a Wayne yn sefyll dros ei gorff fel petai o'n barod i'w ddyrnu eilwaith.

'Ti ddim yn ffit i alw dy hun yn ddyn!' poerodd.

Dechreuodd Simone sgrechian yn ei ffordd orddramatig, er nad oedd hi nac Arwel mewn unrhyw beryg gwirioneddol gan fod Wayne bellach yn brasgamu i gyfeiriad ei Landrover.

Roeddwn i'n gynddeiriog. Sut allai Wayne achosi'r fath helynt yn ystod un o'r defodau mwyaf difrifol a thrist? Ymosod ar rywun yn gorfforol, ac gwneud hynny er fy mwyn i – doedd ganddo ddim busnes gwneud y fath beth! Nid yn unig roedd o wedi creu drama ddiangen o flaen llond buarth o alarwyr, ond byddai pobl yn cysylltu ymddygiad gwarthus y tri ohonyn nhw gyda mi. Dyna'r peth olaf oedd ei angen arna i...

Sylwais â rhyddhad bod y teulu Bowden bellach yn eistedd yng nghar yr ymgymerwyr, felly roedd hi'n annhebygol iddyn nhw weld na chlywed y gwrthdaro. Brysiodd Mr Huws draw at Arwel, gan gynnig hances boced ar gyfer ei drwyn gwaedlyd. Daeth Iolo draw ataf fi a chydio yn fy mhenelin, gan fy llywio i oddi wrth y ddrama.

'Welest ti ddim byd,' dwedodd yn dawel, 'a weles i ddim byd chwaith.'

Diflannom y tu ôl i un o waliau'r claddgelloedd, ac aros nes bod Mr Huws wedi tawelu Simone a symud Arwel draw at yr hers. Roedd angladd arall ar gyrraedd, a'r peth olaf oedd ei eisiau ar Huws a Davies oedd ymweliad gan yr heddlu.

Mentrais 'nôl at fedd Huw ar ôl i Arwel a Simone ymadael. Ond y tro hwn, ni phrofais yr ôl-fflach ofnadwy o ffarwelio â fo am byth. Edrychais ar y garreg wrth fy nhraed:

Huw Elias John Michael Taylor
Hunodd 22.12.2012 ym mreichiau ei fam.

Ond y tro hwn, teimlai fel petawn i'n edrych ar garreg fedd a berthynai i rywun arall. Nid y fi oedd wedi gosod y llwch yn y gell. Nid y fi benderfynodd ar eiriad y gofeb. Nid y fi dreuliodd oriau yn golchi'r garreg ac yn wylo drosto. Perthynai'r atgofion i rywun arall.

Yn lle hynny, cofiais i'r eiliad a ddaliwyd gan Mam ar ei chamera yn syth ar ôl ei eni: Huw yn gorwedd ar fy mron, yn llithrig gan waed, a minnau'n orawenus ac yn teimlo fel arwres. Cofiwn ddeffro yn oriau mân y bore a gorwedd wrth ei ochr, yn dwli ar ei wylio fo'n cysgu'n braf. Cofiwn ei alw'n

'Huwcyn Crwban' a chwerthin gyda Mam, oherwydd y tro cyntaf iddo agor ei lygaid ac edrych o gwmpas edrychai yn union fath â chrwban blin. Gwenais wrth ei gofio fo'n gwneud pi-pi ar ganol newid ei glwt, a chwistrellu Taid yn ei wyneb. Roedd yr atgofion roeddwn i wedi eu mygu rhag ofn eu bod nhw'n fy ngorlethu wedi codi i'r wyneb unwaith eto fel rhoddion disglair, newydd.

16.

Wayne

Ni theimlwn fel cysgu o gwbl y noson honno. Eisteddais o flaen y tân, yn mynd trwy bethau Huw, yn byseddu ei ddillad a darllen y dyddiadur a gedwais o'i gynnydd a'i driniaeth feddygol. Ar ôl chwe blynedd o alaru amdano roedd o wedi dychwelyd ata i, yr un mor fyw yn fy atgofion â phan oedd o yn fy mreichiau. Roedd hi fel petai'r niwl wedi clirio, a gallwn deimlo'r haul ar fy wyneb unwaith yn rhagor.

Am hanner nos syrthiais i gysgu ar y soffa, a deffrais yn gynnar y bore wedyn i sŵn rhywun yn curo ar y drws. Codais gyda herc a cheisiais gribo 'ngwallt efo fy mysedd. Roeddwn i'n disgwyl derbyn proflenni hunangofiant Taid, felly gobeithiwn mai dyn y post oedd yno.

Nid dyn y post oedd yno, ond Iolo – a'r tro hwn doedd dim tristwch ar ei wyneb. Nid rhannu newyddion drwg oedd o heddiw.

'Iolo, ty'd i mewn! Gymeri di baned?'

Ysgydwodd ei ben.

'Dim diolch. Dwi ar fy ffordd i'r gwaith, felly fedra i ddim oedi'n hir. Isio cael gair sydyn efo ti ynglŷn â chwpl o bethau dwi, cyn i ti glywed gan Arwel.'

'Stedda, felly,' meddwn i, gan glirio'r flanced oddi ar y soffa.

'Gawson ni alwad ffôn gan Simone neithiwr. Mae Arwel wedi torri ei drwyn. Mae hi'n gynddeiriog. Ffoniodd hi yn mynnu cael enw Wayne, fel bod yr heddlu yn medru ei arestio.'

'Dwi'n gweld...'

'Chafodd hi mo'i enw – a deud y gwir, ro'n i'n teimlo fel

mynd draw a rhoi cymorth i Wayne, ar ôl popeth wnest ti'i ddioddef oherwydd y ddau yna. Ta waeth, dwi'n siŵr bydd hi'n cysylltu efo ti'n fuan, yn mynnu cael yr wybodaeth. Ond hyd yn hyn, does ganddyn nhw ddim syniad pwy yw Wayne, felly dim ots beth maen nhw'n ddeud, cadwa'n dawel.'

'Ond beth am Mr Huws? Fedra i ddim dychmygu fo'n deud celwydd wrth yr heddlu.'

'Welodd Mr Huws ddim byd. Welodd neb yr ymosodiad. Neb o gwbl.'

Anodd oedd credu hynny o gofio cynifer o bobl oedd y tu allan i'r amlosgfa; ond os oedden nhw wedi penderfynu ar bolisi o amnesia torfol, doeddwn i ddim am dynnu'n groes iddyn nhw.

Aeth Iolo yn ei flaen, 'Dweda wrth Wayne does dim isio iddo boeni.'

'Mae gen ti well siawns o siarad â fo na finnau,' atebais. Cododd aeliau trwchus Iolo.

'Dwyt ti a fo ddim yn... canlyn, felly?'

'Nac ydan. Mae ganddo dipyn o bethau ar ei blât; pethau mae'n rhaid iddo weithio'i ffordd drwyddyn nhw'n gyntaf. Dysgu sut i reoli ei dymer, yn un.'

'Syniad doeth iawn, os ga i ddweud. Mae'n well peidio â chymysgu busnes â phleser, sti...' Oedodd fel petai'n ansicr a ddylai barhau. 'Yn y job yma rwyt ti'n cyfarfod â llawer o bobl, ac weithiau wnei di gwrdd â rhywun a meddwl, dan amgylchiadau gwahanol fysen ni wedi medru dod yn...' Yn sydyn iawn edrychai Iolo'n wylaidd. I ba gyfeiriad oedd o'n mynd gyda'i araith fach, tybed?

'Iolo, dwi'n meddwl y byd ohonot ti, a dwi mor ddiolchgar am bopeth nest ti dros Huw a minnau; ac am yr holl waith ti 'di rhoi i mi dros y blynyddoedd diwethaf...' Gwenodd yn addfwyn.

'A dwi'n meddwl y byd ohonot ti, Gwawr. Fuest ti drwy brofiad mor anodd, ond drwy weithio fel gweinydd rwyt ti 'di defnyddio'r profiad anodd i neud rhywbeth gwerth chweil, i helpu teuluoedd eraill sydd mewn profedigaeth. Dwi'n llawn edmygedd, ac yn falch i dy alw di'n ffrind... Gwranda, y rheswm dwi'n deud hyn ydi ges i sgwrs neithiwr efo Mr Huws. Gafodd marwolaeth Dr Bowden effaith arno. Hen ffrindiau ysgol oedden nhw, a dwi'n meddwl bod Mr Huws wedi dechrau myfyrio ar ei farwoldeb ei hun. Neithiwr, ar ôl yr angladd, dwedodd ei fod o am ymddeol ac mae o wedi rhoi'r cyfle i mi brynu ei hanner o o'r busnes.'

'Wyt ti am ei brynu?'

'Ydw. Dwi'n meddwl cadw'r enw, i gydnabod y blynyddoedd o waith caled roddodd Mr Huws i'r busnes.' Edrychodd yn wylaidd eto. 'Ond yn bennaf achos mi wnaiff gostio ffortiwn i ailfrandio popeth.' Chwarddais yn uchel. Aeth Iolo yn ei flaen: 'Mae Cheryl, sydd wedi bod gyda Mr Huws ers ugain mlynedd, am ymddeol yr un pryd. Hi sy'n rhedeg ochr weinyddol y busnes, ac yn achlysurol mae hi 'di gwisgo siwt ddu a mynd allan gyda'r hers...'

Dyma oedd ei reswm dros ddod draw, felly.

'Gwawr, a fyse gennyt ti ddiddordeb mewn dod i weithio

i gwmni Huws a Davies? Mae'n swydd ran-amser, ac fe fyddai'n caniatáu i ti ddal ati gyda'r defodau digrefydd ac, yn amlwg, byddai dy gael di yn caniatáu i ni arbenigo ar wasanaethau digrefydd. Rwyt ti mor dda gyda'r teuluoedd, fyset ti'n gaffaeliad enfawr i'r cwmni.'

Doedd dim rhaid i mi feddwl yn rhy hir am ei gynnig. Byddai gweithio i drefnwr angladdau yn ddelfrydol i mi gan y byddai'n cynnig incwm rheolaidd a sefydlog, ac ar ben hynny, fel y dwedai Iolo, byddai'n caniatáu i mi barhau i gynnal seremonïau priodas ac enwi ar benwythnosau.

'Diolch, Iolo. Diolch o galon i ti. Fyse hynny'n siwtio fi'n champion.'

'Wel, os wyt ti'n fodlon, gad i mi fod y cyntaf i dy groesawu di i deulu Huws a Davies!'

Estynnodd law i mi ei hysgwyd, ond cydiais i ynddo a'i wasgu'n dynn mewn cwtsh caled. Allwn i ddim meddwl am reolwr cleniach na mwy meddylgar na Iolo.

'Biti ei bod hi mor gynnar yn y bore, neu fel arall fyswn i'n brysio allan i brynu potel o siampên i ddathlu!'

'Gei di ddathlu'n nes ymlaen. Ond mae'n well i mi fynd,' meddai Iolo, gan godi ar ei draed. 'Dydw i ddim am i Mr Huws feddwl mod i wedi rhoi'r gorau i fod yn brydlon, neu efallai gwneith o newid ei feddwl am ymddeol! Ty'd draw fory i drafod pethau.'

Gwyliais Iolo'n cerdded allan at ei gar a phenderfynais y byddwn i'n mynd i Sainsbury's a phrynu potel o *buck's fizz* i ddathlu, wedi'r cwbl. Roedd hi'n dal i fod yn gynnar, felly byddwn i'n ffonio Mam a Dad gyda'r newydd yn nes ymlaen. Efallai y byddwn i'n mynd â'r *buck's fizz* atyn nhw, i ni gael dathlu fel teulu.

Brysiais i fyny'r grisiau i wisgo, a chlywais gnoc arall ar y drws ffrynt. Gydag ochenaid ddiamynedd, taflais gipolwg allan drwy ffenest fy ystafell wely; ond ni welais Landrover Wayne na Jaguar Arwel. 'Dwi'n dod!' galwais. Gan wisgo jîns a chrys yn frysiog, rhuthrais i lawr y grisiau gan obeithio mai'r dyn post a fyddai yno. Cefais fy siomi yr eildro.

'Ga i ddod mewn?' gofynnodd Wayne, gan edrych dros ei ysgwydd yn nerfus.

Er mod i wedi penderfynu gwrthod mynediad iddo, ro'n i'n chwilfrydig ynglŷn â sut fyddai'n ceisio cyfiawnhau ei ymddygiad ddoe. Caeais y drws ar ei ôl, a throis i'w weld yn sefyll wrth droed y grisiau, yn edrych arna i â'i lygaid gwyrddfrown ymbilgar.

'Dwi'n dy garu di,' meddai'n syml.

Dyna'r tro cyntaf i mi glywed y geiriau gan rywun heblaw fy rhieni; fodd bynnag, nid llawenydd a deimlais, ond siom. Pam oedd o wedi dod yma i ddatgan ei gariad, a ninnau wedi cytuno na fydden ni'n mynd â phethau ymhellach? Roedd o mor gyfnewidiol â cheiliog y gwynt.

'Plis, Wayne, paid...' Torrodd ar fy nhraws i.

'Dwi'n dy garu di, ac mae'n gas gen i feddwl am rywun fel y cachgi a'i wraig honco yn dy frifo di. Dyna pam wylltiais i gymaint... y ffaith ddaru o drin ti a Huw fel baw a ddaru neb ei gosbi...'

Roedd yn rhaid i mi dorri ar ei draws o rŵan, cyn i ddicter gipio rheolaeth ar fy nhafod.

'Nid ti bia'r hawl i'w cosbi nhw, Wayne! Dwi 'di gorfod derbyn a delio efo'r ffaith na wnaeth Arwel unrhyw beth anghyfreithlon. Ydi, mae o'n fastad, ond dwi 'di gorfod dysgu sut i'w basio fo yn y stryd heb wylltio, achos mae gen i enw da a busnes i'w ddiogelu. Dyna pam ymdrechais i mor galed ddoe i beidio ag achosi helynt, i neud fy ngwaith yn iawn er mod i'n ysu i roi llond ceg iddyn nhw. A ddoe nest ti beryglu hynny drwy ei ddyrnu o, reit o flaen fy nghleientiaid! A bygwth Matthew am wneud jôc hefyd... mae gen ti broblemau efo dy dymer, Wayne!'

'Mi wn i hynny,' atebodd. 'Os ga i fy nal gan yr heddlu ca i fy nanfon yn ôl i'r carchar.'

'Fuest ti yn y carchar?'

'Do. Soniais i fod Claire wedi cael ei cham-drin gan aelod o'i theulu? Un o'i chefndryd. Nath o'i cham-drin hi'n rhywiol pan oedd hi'n fach. Dwedodd hi wrth ei rhieni, ond nathon nhw wrthod ei chredu. Unwaith iddi symud allan o'i chartref aeth hi at yr heddlu. Erbyn hynny roedd hi ar feddyginiaeth ar gyfer yr iselder, ac roedd hi'n hawdd i'r teulu ei phortreadu fel y ferch wallgof yn deud celwyddau fel ffordd o gael sylw. Flynyddoedd wedyn, tra oedden ni'n siopa yn ganol Lerpwl, daethon ni wyneb yn wyneb â'i chefnder. Meddylies i am yr holl nosweithiau di-gwsg, y tripiau at y meddyg, y creithiau a adawyd arni – a chafodd o erioed ei gosbi.'

Gwasgodd Wayne ei ddwylo'n ddyrnau, a daeth rhyw

olwg o gasineb pur dros ei wyneb, fel petai'n gweld y cefnder yn sefyll o'i flaen eto.

'Does gen i ddim atgof o'r ymosodiad. Y niwl coch, fel maen nhw'n deud. Ond weles i'r cwbl ar deledu cylch cyfyng yng ngorsaf yr heddlu. Plediais yn euog, a ges i chwe mis yn y carchar.' Ymlaciodd y tyndra yn ei gorff rywfaint, ond arhosodd ei lygaid yn galed ac yn oer, yr un lliw â charreg wlyb. 'Cymaint o weithiau dwi 'di neud smonach o bethau. Dwi'n gwybod yn iawn mod i am waethygu'r sefyllfa, ond dwi'm yn medru helpu fy hun. Ro'n i'n gwybod yn iawn fyse torri gên y bastad ddim yn helpu Claire i ddod dros y gamdriniaeth, a ddoe ro'n i'n gwybod na fyse dyrnu Arwel yn neud lles i ti chwaith...' Eisteddodd i lawr yn drwm ar step waelod y grisiau, gan roi ei ben yn ei ddwylo. 'Dwi'n gwybod nad fy nghyfrifoldeb i oedd ceisio cael cyfiawnder dros Claire, na chosbi tad Huw am dy frifo di... Mi wn i hynny'n iawn, ond mae'r dicter tu mewn i fi, fel petai yna ryw ran o fy ymennydd yn gwrthod gwrando...'

Cododd ei lygaid i gwrdd â fy rhai i ac yn sydyn des i ddeall bod dicter a rhwystredigaeth Wayne yn mynd yn ddyfnach o lawer na cholli ei wraig. Yn ei lygaid, gwelais flynyddoedd o fyw gydag anghyfiawnder, o orfod cadw'n dawel a gwthio'r atgofion anodd i dywyllwch yr isymwybod. Gwelais ddagrau o lesteiriant a chywilydd. Llygaid dyn oedd wedi dioddef pethau na ddylai neb eu profi.

'O, Wayne,' dwedais, gan gyffwrdd ei fraich yn ysgafn. 'Dwi'n meddwl mod i'n deall, ac mae'n ddrwg gen i...'

'Dwi'm isio sôn amdano.'

'Oes yna rywbeth fedri di neud? Mynd at yr heddlu?'

'Na. Mae'n rhy hwyr rŵan.'

Tybiwn mai ffordd Wayne o ymdopi â'i drawma oedd drwy frifo tramgwyddwyr eraill gan na chawsai gyfle i frifo'r sawl a'i frifodd o, pwy bynnag oedden nhw. Roeddwn i'n falch ei fod o wedi sylweddoli oferedd ei genhadaeth, o'r diwedd. O bosib, byddai o rŵan yn medru rhoi cynnig ar ddygymod â'i orffennol: y boen yr oedd o wedi'i gwthio i'r düwch a'i chladdu, fel y gwnes innau; y boen a fynnai godi i'r wyneb o dro i dro, a ffrwydro allan ohono'n ddirybudd.

'Plis, dalia i fynd at Benjamin neu ffeindia gwnselydd arall. Bydda'n garedig wrthyt ti dy hun.' Nodiodd ei ben.

'Dwi am barhau efo'r therapi, hyd yn oed os oes rhaid i mi dalu i fynd yn breifat. Bechod mod i'n gorfod codi pac a symud jest pan o'n i'n dechrau gwneud cynnydd o ryw fath...' Roedd ei lygaid yn sych ac unrhyw arwydd o'r tyndra wedi diflannu. 'Gwranda, ddes i yma heddiw i ymddiheuro. Ddylwn i ddim fod wedi ceisio dy amddiffyn di – dwyt ti ddim angen neb i frwydro drosot ti. Wnest ti ddelio efo'r sefyllfa yn iawn a nesh i ddim, a dwi'n sori. Dwi'm am achosi rhagor o drafferth i ti. Mae Iolo a theulu Dr Bowden wedi gwrthod rhoi fy enw i'r heddlu, ond byd bach 'di hwn, a byddai'n ddigon hawdd i Arwel ddod o hyd i fi. Dwi'n weithiwr llawrydd, mae fy manylion ar-lein i unrhyw un sy'n gwybod sut i ddefnyddio Google. Dwi ar brawf. Os arhosa i yma lawer hirach mi fydda i'n glanio yng ngharchar ei Mawrhydi eto... Mae'n amser i mi ddiflannu am gwpl o fisoedd a chadw allan o helynt. Felly mae gen i ddwy gymwynas i'w gofyn. Yn gyntaf, wnei di gadw golwg ar Adriana a Dafydd i mi? Dwi'n gobeithio cadw mewn cysylltiad, ond jest rhag ofn, wnei di fod yna hefyd os oes angen clust i wrando arnyn nhw, neu'r cyfle i siarad â rhywun sydd wedi bod trwy'r un profiad?'

'Wrth gwrs,' atebais.

'Diolch. Yn ail, mae gen i lefydd i aros, ond mi fydda i'n aros ar soffa ffrindiau, neu'n cysgu yn y car, i gychwyn. A fyddet ti'n fodlon cymryd Betsan?'

Doeddwn i erioed wedi meddwl am gael ci i fi'n hun, dim hyd yn oed yn fy niwrnodau mwyaf unig. Ond yn syth ar ôl iddo ofyn i mi gymryd gofal o'r sbaniel bach mwyn cefais fy hun yn nodio fy mhen.

Aeth allan, a gwelais ei fod o wedi parcio ei Landrover ar ochr bellaf y *cul-de-sac* fel na fyddai neb o reidrwydd yn meddwl ei fod o'n ymweld â fi. Daeth o'n ei ôl gyda sach anferth o fwyd sych, a gwely ci a bag llawn teganau. Cludodd stwff Betsan i'r tŷ a'u gadael yn y lolfa. Estynnodd amlen o'i boced.

'Dyma'i chofrestriad ar gyfer y Kennel Club, a'i hanes meddygol a manylion ei hyswiriant iechyd,' meddai'n gryg.

Gadawodd a dychwelyd funud yn ddiweddarach gyda Betsan ar dennyn wrth ei ochr.

'Fyswn i ddim yn hapus i neb arall ei chael hi,' meddai, heb drafferthu i guddio'r cryndod yn ei lais. 'Dwi'n gwybod wnei di ofalu amdani a'i charu fel mae hi'n haeddu. Newch chi siwtio'ch gilydd i'r dim, dwi'n meddwl.' Nodiais, gan fy mod i'n rhy agos at ddagrau fy hun i'w ateb. Aeth Wayne ar ei gwrcwd i fwytho ei chlustiau. 'Bydda'n dda i dy fam newydd,' meddai. 'Drycha ar ei hôl hi, wnei di? Dwi'n gwybod byddi di'n eneth dda.' Cododd ar ei draed eto. 'Dwi'n gobeithio gei di ddim rhagor o helynt gan Arwel a'i ast o wraig.'

'Dwi wedi cael dim byd heblaw helynt ganddyn nhw ers saith mlynedd. Gad iddyn nhw neud eu gwaethaf, dwi'n barod.'

'Ti'n anhygoel, Gee,' meddai. 'Dwn i'm sut ti'n ymdopi efo popeth.'

'Un diwrnod ar y tro,' atebais.

Taflodd gipolwg allan drwy'r ffenest, gan geisio anwybyddu Betsan oedd yn eistedd wrth ei draed ac yn syllu arno fel petai hi'n edliw iddo am ei hanwybyddu.

'Well i mi fynd.' Rhoddodd fwythau i glustiau Betsan am y tro olaf, heb edrych arni, a gadael y tŷ.

Cydiais yn nhennyn Betsan, a dechreuodd hi gwynfan wrth iddi sylweddoli bod ei meistr yn bwriadu ei gadael hi. Wrth ymyl y llidiart oedodd Wayne a throi i edrych arnaf fi unwaith eto.

'Ro'n i o ddifri o'r blaen, Gee. Dwi yn dy garu di.'

Cefais fy hun yn ei ateb fel adlais, 'Dwi'n dy garu di hefyd,' a'r eiliad honno, er gwaethaf popeth oedd wedi digwydd, roeddwn i'n ddiffuant.

'Ond dydi hynny ddim yn ddigon, weithiau. Petai cariad yn medru achub person, fyse Claire a Huw yn dal efo ni, yn bysen nhw?' Gwenodd arnaf yn drist, a chymerodd bob owns o fy hunanreolaeth i mi beidio â mynd ato a'i gofleidio. Chwyddodd lwmp poenus yn fy ngwddw. 'Rhaid i mi achub fi'n hun. Dwi'm yn medru bod y partner rwyt ti'n ei haeddu, Gwawr. Nid ar hyn o bryd. Ond ti – byddi di'n iawn.'

Dechreuodd Betsan dynnu'n galed ar ei thennyn, yn brwydro i gyrraedd ei meistr. Es i ar fy nghwrcwd a'i thynnu hi'n ôl, gan fwytho ei chlustiau mewn ymgais i'w thawelu. Ar hynny, agorodd Wayne y llidiart a brasgamu ar draws y *cul-de-sac*.

Er na fedrwn i ei weld, sefais yno nes i mi glywed injan y Landrover yn tanio. Yna, es i yn ôl i'r tŷ a chau'r drws. Cododd Betsan ei chlustiau fel petai'n gofyn ble oedd Wayne.

'Mae o wedi mynd, Betsan,' dwedais. Eisteddais ar y soffa ac agorais fy mreichiau. Neidiodd hi ar fy nglin, ac yna eisteddodd y ddwy ohonom ni, yn syllu i'r lle tân ac yn ceisio dychmygu sut fyddai bywyd heb Wayne.

17.

John
(1923) (ii)

'**D**yma nhw'r proflenni, Taid!' dwedais. Gosodais y pecyn trwchus ar ei fwrdd coffi. 'Dwi heb eu hagor eto. Ro'n i'n meddwl byddai'n hwyl ei wneud o gyda'n gilydd, er wrth gwrs a' i drwyddynt â chrib fân i weld os oes yna unrhyw *typos*.'

'Ty'd yma i roi sws i mi'n gyntaf,' meddai Taid, gan gydio yn llawes fy nghôt. Plygais a'i wasgu'n dyner, a theimlo mor denau ac esgyrnog roedd ei ysgwyddau wedi mynd yn ddiweddar. 'Gymera i baned cyn i ni gychwyn, cyw. Dwi'n marw o syched.'

Er mod i'n gwybod bod Taid yn dueddol o orliwio pethau (roedd staff y cartref byth a hefyd yn cynnig paneidiau), roedd yn chwith iawn gen i sylweddoli ei fod o'n colli'r gallu i wneud pethau drosto'i hun. Roedd ei olwg wedi dirywio'n sylweddol dros y misoedd diwethaf. Hyd yn oed gyda'i sbectol ymlaen câi drafferth i weld yn iawn. Doedd yna fawr ddim y gallai'r meddygon ei wneud ynglŷn â'i broblemau iechyd, gan ei fod o'n rhy wan i wrthsefyll y profiad o gael llawdriniaeth dan anesthetig. Fel dwedodd Taid ei hun, 'Well gen i fynd yn fy nghwsg nag ar fwrdd y llawfeddyg.'

Roeddwn i'n hynod ddiolchgar i Enys Ann am olygu a chyhoeddi'r llyfr mewn cyn lleied o amser, gan sicrhau cyfle i Taid weld yr ymateb i'w stori. Roedd Radio Cymru, y BBC, ITV, *Golwg* a'r *Daily Post* wedi cyfweld â'r ddau ohonom ni. Gwyddwn fod Taid yn edrych ymlaen yn fawr at ddathlu lansiad ei hunangofiant. Er bod ei gorff yn araf ffaelu, roedd ei feddwl yr un mor ystwyth ag erioed, ac roedd Taid wedi hudo pob un a ddaeth i'w holi ac, oherwydd hynny, wedi derbyn sawl gwahoddiad i fod yn siaradwr gwadd i nifer o gymdeithasau a chlybiau cinio. Gresynais nad oeddwn i wedi awgrymu ysgrifennu ei stori flynyddoedd yn ôl; ond a minnau'n gweithio fel gweinydd llawn-amser ni fyddai wedi bod yn bosib i mi gynnal fy hun ac ysgrifennu llyfr 80,000 o eiriau o hyd ar ben hynny. Efallai fod rhywbeth da wedi deillio o'r smonach gyda Darren, Maxine a Simone, wedi'r cwbl.

Dois i'n ôl o'r gegin gyda chwpanau o de a phlatiaid o fisgedi i Taid a minnau. Tywalltais ei baned i'r soser cyn ei chynnig iddo.

'Diolch i ti, Gwawr. Sut mae pethau gyda ti? Ydi'r llanc 'na wedi mynd i lawr ar un glin eto?'

'Taid, dim ond ers mis dwi 'di bod yn canlyn Matthew!'

'Does gennych chi ddim amser i'w golli os dwi am weld gor-ŵyr neu orwyres arall!' Tagais ar fy mhaned. 'A dwyt ti ddim yn mynd yn iau. Ti yw fy unig obaith o gael gorwyrion, felly amdani! Wna i dalu am y briodas. Gewch chi Tan Dderwen i fyw ynddo.'

Dechreuais chwerthin. 'Taid! Dwi'n gwybod wnaethoch chi ofyn i Nain eich priodi chi er i chi nabod eich gilydd am bythefnos yn unig, ond mae pethau'n wahanol rŵan. Dydyn ni ddim wedi trafod byw efo'n gilydd, heb sôn am ddyweddïo neu gael plant!'

'Cwbl dwi'n deud ydi, paid ag oedi'n rhy hir.'

Meddyliais am ein sgwrs chwareus wrth i mi agor yr amlen

oedd yn cynnwys y proflenni. Cwta flwyddyn yn ôl fyddwn i ddim wedi teimlo'n gyfforddus yn trafod cael ail blentyn, heb sôn am chwerthin dros y syniad. Byddai'r syniad o feichiogi wedi teimlo gormod fel petawn i am ddisodli Huw. Erbyn hyn, deallwn na fyddai hynny byth yn bosib, gan fod fy mab cyntaf yn gymaint rhan ohonof fi fyddai neb byth yn medru cymryd ei le yn fy nghalon.

Gwerthfawrogwn hefyd fod Taid wedi cyfeirio at 'or-ŵyr neu orwyres arall'. Tan yn ddiweddar iawn, byddai o wedi bod yr un mor anghyfforddus wrth drafod Huw; yn wir, fo oedd un o'r bobl yna a ddilynodd y ddihareb 'out of sight, out of mind'. Taid oedd un o fy hoff bobl yn y byd, ond roedd y profiad o weithio ar ei hunangofiant wedi dod â ni'n agosach fyth, gan ein gorfodi ni i drafod emosiynau a phrofiadau cymhleth ac anodd.

A dyma fo, felly, ffrwyth ein misoedd o lafur. Syllai wyneb ifanc Taid o'r clawr, yn ddifrifol ac yn smart yng ngwisg yr awyrlu. Roedd ei lun wedi ei osod dros fap o ogledd Ewrop, gyda'r man y cwympodd ei awyren a'r gwersylloedd llafur y trigai ynddynt wedi eu nodi mewn pensil. Pasiais y dudalen flaen at Taid, a gwgodd drwy ei sbectol drwchus.

'Da iawn,' meddai o'n gryg. 'Pwy ydi'r dyn golygus yna ar y clawr, tybed? Rhyw fodel, mwy na thebyg.'

Gwenais arno, cyn troi fy sylw at y tudalennau cyntaf. Doeddwn i ddim yn bwriadu prawfddarllen y broflen gyfan o'i flaen o, ond roeddwn i am rannu'r profiad o weld y llyfr gorffenedig gyda fo. Wedi'r cwbl, ei lyfr o oedd o.

Roeddwn i wedi ysgrifennu rhagair byr yn egluro tarddiad y prosiect, ac yn diolch iddo am ymddiried ynof fi i ddweud ei stori. Diolchais hefyd i Enys Ann am dderbyn a golygu'r llawysgrif, ac i'r tîm golygyddol am ei gymorth. Dyna fo, ar waelod y paragraff, fy enw mewn print mewn llyfr go iawn: Gwawr Efa Taylor! Trois i'r dudalen gan ddisgwyl gweld 'Pennod 1' ar dop y papur, ond yn ei le roedd yna baragraff o destun anghyfarwydd:

Cyflwynaf y llyfr hwn i'r holl ddynion y bu i mi wasanaethu wrth eu hochr yn ystod y rhyfel; yn enwedig y rhai a gollodd eu bywydau'n ifanc. Ysgrifennaf hyn nid i lawenhau fy mod i wedi goroesi, ond i glodfori eich aberth a'ch dewrder yn wyneb perygl a dioddefaint.

Nid ddaw henaint ar eu gwarthaf hwy
Fel y daw arnom ni, y rhai sydd ar ôl;
Ni flinir hwy gan oedran,
na chan gondemniad y blynyddoedd;
Gyda phob machlud haul a phob toriad gwawr,
Trysorwn bob cof amdanynt.

Ni fyddwn i wedi medru ysgrifennu'r gyfrol hon heb gymorth fy wyres, Gwawr. Mae hi'n weinydd ac awdures anhygoel sydd yn helpu pobl i rannu a dathlu straeon ei gilydd, ac roedd yn fraint cael gweithio ar y gyfrol hon gyda'i chymorth hi. Rydw i mor falch i'w galw hi'n wyres i mi gan mai hi yw'r ddynes gryfaf a dewraf i mi ei chyfarfod erioed.

'O, Taid,' dwedais i'n dawel. Dim ymateb. Codais fy mhen o'r papurau i weld bod Taid yn eistedd gyda'i ben yn pwyso yn erbyn y gadair, a'i fod yn chwyrnu.

18.

Pigion o'r Wasg

Papur *Y Glannau*
2 Ebrill 2019
Newyddion ardal Rhuddlan

Llongyfarchiadau gwresog i John Michael Taylor, gynt o Tan Dderwen, am gyhoeddi hunangofiant yn manylu ar ei amser yn beilot yn yr Awyrlu Brenhinol a charcharor rhyfel yn ystod yr Ail Ryfel Byd. Mae'r llyfr wedi cyrraedd rhestr gwerthwyr gorau Cyngor Llyfrau Cymru. Mynychwyd y lansiad gan gant a hanner o bobl, a mwynhaodd pawb y cyfle i wrando ar sesiwn holi ac ateb gan Mr Taylor, ynghyd â darlleniad gan Gwawr, ei wyres a rhith-awdur y gyfrol. Yn y llun mae Mr Taylor, ei wyres Gwawr, John ac Anne, ei fab a'i ferch yng nghyfraith, ac aelodau Clwb Darllen Cymraeg Rhuddlan yn ystod lansiad y gyfrol.

BBC Cymru Fyw

13 Mehefin

Dynes yn euog o stelcian ar-lein a gyrru gohebiaeth faleisus

Plediodd Simone Prydderch (52), o'r Rhyl, yn euog i gyhuddiad o stelcian ar-lein. Am gyfnod o chwe blynedd gyrrodd negeseuon dienw at y dioddefwr, gan gynnwys un yn ymwneud â marwolaeth plentyn ifanc. Bu'n gyfrifol am hanner cant o ffug adolygiadau busnes, ac am yrru lluniau a negeseuon pornograffig at drydydd parti gan esgus eu bod yn dod oddi wrth y dioddefwr. Cafodd hyn oll, yng ngeiriau'r ynad, 'effaith niweidiol ar iechyd meddwl, busnes, hyder, diogelwch, bywoliaeth a sicrwydd y dioddefwr dros gyfnod estynedig'. Dywed cyfreithiwr Mrs Prydderch ei bod hi wedi dioddef problemau straen ac iechyd meddwl ei hun, ac y dylid ystyried hynny'n ffactor lliniarol. Dywedodd cadeirydd yr ynadon, Mrs Dawn Davies, fod y drosedd yn un fwriadol a chynlluniedig a ddigwyddodd dros gyfnod estynedig, gan brofi nad 'eiliad o wallgofrwydd' ar ran Mrs Prydderch oedd yr ymgyrch stelcian; a dan yr amgylchiadau byddai dedfryd o garchar yn gosb addas.

Daily Post
22 Gorffennaf 2019
Gyda'n Gilydd – Newyddion Dyffryn Clwyd

Mae criw o rieni'r ardal yn dathlu cwblhau Her y Tri Chopa er cof am eu meibion ifanc, a chodi dros £6,000 i elusen sy'n ymgyrchu i atal SIDS.

Dechreuodd Adriana a Dafydd Llywelyn ymarfer i gwblhau'r her fynydda fel ffordd o ymdopi â'r profiad o golli eu mab, Josiah. Ymunodd Gwawr Taylor â nhw i goffáu ei mab hi, Huw, a fu farw o gyflwr Syndrom Edwards yn 2012.

Llwyddasant i gyrraedd copaon yr Wyddfa, Scafell Pike a Ben Nevis.

Dywedodd Dafydd, 'Doedd y mynydda ddim hanner mor anodd ag oeddwn i'n ei ddisgwyl. Os gwneith y pres a godon ni arbed un teulu arall rhag dioddef yr hyn rydym ni wedi'i ddioddef ers colli Josiah, bydda i'n hapus i ddringo'r tri chopa bob blwyddyn!'

Meddai ei wraig Adriana, 'Ar ôl i ni golli Josiah doeddwn i ddim yn gwybod beth i'w wneud i lenwi fy nyddiau. Penderfynais y byddai cerdded noddedig yn rhoi ffocws i mi. Cytunodd Dafydd, a chyn pen dim roedden ni wedi dechrau dringo bryniau Eryri i baratoi at yr antur. Rydym yn hynod ddiolchgar i bawb a gyfrannodd mewn unrhyw ffordd i'r ymgyrch, yn enwedig i Gwawr. Daeth hi atom ni fel gweinydd, yn gyntaf i enwi Josiah a'n priodi ni, a hi hefyd a gynhaliodd angladd Josiah. Mae'r tri ohonon ni'n gwybod pa mor anodd yw colli baban, ac roedd clywed sut y gwnaeth Gwawr ymdopi â'i phrofiad o golli ei mab hi, Huw, yn rhoi nerth i ni wneud yr un fath. Rydw i'n meddwl ei bod hi'n deg i ddweud bod yr hyfforddiant a'r paratoadau yn fwy o her gorfforol i Gwawr nag i Dafydd a minnau, felly ein gwaith ni oedd ei chalonogi a'i hannog hi wrth ddringo. Yn ei thro, pan oedd y ddau ohonon ni'n teimlo'n isel, roedd hi yna i wrando ac i godi'n calonnau. Mae'r profiad wedi bod yn un arbennig. Mi wnaethon ni godi £6,000 i'r elusen, sy'n swm anhygoel. Gobeithiwn gwblhau'r her eto, gan hel pres at elusen sy'n cefnogi plant â'r un cyflwr a oedd gan fab Gwawr. Yn y cyfamser rydym ni wedi ffurfio grŵp cerdded i deuluoedd, a byddwn ni'n mynd i grwydro Cymru'n wythnosol i ddysgu am natur ac i fwynhau cwmni ein gilydd. Mae croeso mawr i unrhyw un ymuno â ni!'

Ychwanegodd Gwawr, 'Rydw i'n falch mod i wedi cwblhau'r her, ond bydda i'n barod i roi'r esgidiau cerdded i gadw am gyfnod. Dim mwy o fynydda i fi am sbel go lew!'

19.

Harry a Belle
(2016 & 2018)

Seremoni Enwi Harry a Belle
15 Gorffennaf 2020
Gweinydd: Marged Roberts, Dyneiddwyr Cymru

Croeso, bawb. Rydym ni yma heddiw yn y gerddi botaneg hyfryd i ddathlu seremoni arbennig iawn, sef seremoni enwi Harry a Belle.

Fy enw i yw Marged Roberts ac rydw i'n weinydd digrefydd. Mae'n fraint ac yn anrhydedd i mi fod yma heddiw gyda chi i gynnal y ddefod enwi hon. Mae Matthew a Gwawr am ddathlu'r ffaith fod Belle a Harry wedi dod yn rhan o'u bywydau, ond gan nad ydynt yn grefyddol doedden nhw ddim am fedyddio'r plant. Maen nhw am roi'r rhyddid i Belle a Harry ddewis eu llwybrau ysbrydol eu hunain unwaith maent yn ddigon hen i wneud penderfyniad deallus. Felly, nid bedydd traddodiadol fydd y ddefod heddiw, ond yn hytrach, seremoni yn croesawu'r plant i'r teulu. Heddiw, byddwn yn derbyn rhieni cofleidiol, sef ffrindiau sydd wedi cytuno i ymgymryd â rôl flaenllaw ym mywydau'r plant drwy fod yn gyfeillion ac yn gynghorwyr i Belle a Harry.

Cyn i ni gychwyn ar y seremoni, gawn ni ddechrau drwy sôn am sut y daeth y teulu bach hwn i fodolaeth. Hen ffrindiau o'r ysgol uwchradd yw Gwawr a Matthew, er iddyn nhw golli cysylltiad â'i gilydd ar ôl i deulu Matthew symud i Wrecsam. Ugain mlynedd yn ddiweddarach, digwydd iddynt gwrdd â'i gilydd unwaith eto ym mhriodas Dafydd ac Adriana. Cafodd Matthew wahoddiad fel aelod o glwb pêl-droed Dafydd, ac roedd Gwawr yno'n cynnal y seremoni briodas ei hun. Yng ngeiriau Matthew, 'Pan welais i Gwawr yn annerch y dorf sylweddolais yn syth mod i'n ei hadnabod hi, a'r eiliad yna 'nes i deimlo rhywbeth ysgytwol. Ro'n i ar bigau'r drain isio siarad efo hi eto, yn poeni byddai'n gadael yn syth ar ddiwedd y seremoni, a bu'n rhaid i mi ddisgwyl sbel i gael y cyfle i ailgyflwyno'n hun. Er i mi wneud smonach o hynny, erbyn diwedd y noson roedden ni wedi bod yn sgwrsio'n ddi-stop am oriau maith. Ond roeddwn i'n rhy swil i ofyn am ei rhif ffôn!'

Ond un diwrnod roedd Matthew yn gweithio yn ei siop becws ar stryd fawr Prestatyn ac fe welodd Gwawr yn sefyll ar gornel stryd, mewn gormod o boen i gerdded gan fod ganddi anaf i'w throed. Roedd yn gyfle iddo fo a'i focs cymorth cyntaf achub y dydd, a'r tro hwn fe gafodd o'i rhif ffôn!

Cynhaliwyd y briodas wyth mis ar ôl iddyn nhw fynd ar eu dêt cyntaf, gan fod taid Gwawr, y diweddar John Michael Taylor, yn wael iawn a'i ddymuniad olaf un oedd gweld Gwawr yn priodi. Hoffai Matthew bwysleisio y byddai o wedi gofyn i Gwawr ei briodi beth bynnag, dim ond cyflymu'r broses wnaeth gwaeledd ei thaid. Cafwyd seremoni yng nghapel Ysbyty Glan Clwyd gyda dim ond John Michael a rhieni Matthew a Gwawr yn bresennol, dim ond deuddydd cyn i John fynd i'r uned gofal dwys. Bu farw'r wythnos wedyn gyda'i deulu wrth ei ochr. Dwedodd Gwawr fod cefnogaeth a chariad Matthew yn ystod y misoedd dilynol wedi ategu mai priodi oedd y penderfyniad cywir. Yn ei geiriau hi, 'Fo ydi fy hanner arall: yr un sy'n ysgafnhau pob baich, yn dangos y ffordd allan o bob cyfyng-gyngor ac yn dyblu pob llawenydd. Ni fedra i ddychmygu bywyd hebddo fo wrth fy ochr.'

Gadawodd John Michael ei dŷ, Tan Dderwen, i'w wyres yn ei ewyllys. Tŷ mawr ar gyrion pentref Dyserth ydi Tan Dderwen, gyda phum ystafell wely a hen ddigon o le i blant chwarae yn yr ardd a'r berllan. Yn syth ar ôl iddyn nhw symud i Tan Dderwen, dechreuodd Matthew a Gwawr drafod llenwi'r ystafelloedd gwag. Mae Gwawr yn fam i fachgen bach o'r enw Huw Elias, ond yn anffodus bu farw Huw yn 2012 yn ddeufis oed. Saith mlynedd ar ôl iddi golli Huw, penderfynodd Gwawr ei bod hi'n barod i gychwyn teulu gyda Matthew.

Yn fuan ar ôl y briodas, gofynnwyd i Gwawr gynnal seremoni i gleient oedd newydd fabwysiadu babi. Roedd Gwawr wedi cynnal nifer o'r rhain o'r blaen, ac wedi gweld sut gall mabwysiadu drawsnewid bywydau er gwell. Plannwyd hedyn yn ei meddwl. Yn ei geiriau ei hun: 'Dechreuais i feddwl am yr her a'r gofid oedd o'n blaenau, ac yna dechreuais i feddwl am yr holl blant mabwysiedig roeddwn i wedi cynnal seremoni ar eu cyfer, a hefyd yr holl lys-deuluoedd a'r holl enghreifftiau o deulu neu ffrindiau yn camu i'r adwy i lenwi rôl rhiant. Sylweddolais nad oedd rhaid i ni genhedlu plentyn i fod yn rhieni. Mae fy ngwaith i'n profi mai cariad, nid gwaed, sy'n creu teulu. Wrth feddwl am yr holl blant allan yn y byd sydd heb rieni, roedd y syniad o gychwyn ar y daith i ddod yn rhieni biolegol yn gwneud llai a llai o synnwyr i mi. Mae yna blant yn disgwyl am bobl i'w caru, a gallai Matthew a minnau fod yn deulu iddyn nhw. Yn ffodus iawn, o'r cychwyn cyntaf teimlai fy enaid hoff cytûn yr un fath â minnau – ac ymhen dim o dro roedden ni wedi rhoi'r gorau i'r syniad o feichiogi ac yn cael ein cyfweld gan asiantaeth fabwysiadu. Dydw i ddim yn credu mewn Ffawd na Thynged, ond *roedd* cyfarfod â Harry a Belle yn teimlo fel Ffawd. Nhw oedd y plant cyntaf i ni eu cyfarfod drwy'r asiantaeth, a syrthiais mewn cariad â nhw y tro cyntaf i mi gwrdd â nhw. Anghofiaf fyth sut ddaeth Belle yn syth draw ata i a phlannu ei hun ar fy nglin am gwtsh. Roedd o fel petai hi wedi bod yn disgwyl amdana i.'

Brawd a chwaer genedigol yw Harry a Belle, ac roedd yr asiantaeth fabwysiadu yn awyddus iddyn nhw aros gyda'i gilydd, a hefyd iddynt fynd at deulu o Gymry Cymraeg, gan mai dyna oedd iaith eu mam enedigol. Mae Matthew a Gwawr wedi cwrdd â'r fam enedigol, ac mae hi wedi rhoi sêl ei bendith ar y mabwysiad.

Bydd Belle a Harry yn ymwybodol o'r ffaith iddynt gael eu mabwysiadu; fodd bynnag, mae Matthew a Gwawr yn gobeithio y bydd y plant yn hapus i'w galw nhw'n Mam a Dad (neu yng ngeiriau Belle, 'Moo Moo a Doo Doo'). Mae'r plant wedi ymgartrefu'n hynod yn Tan Dderwen, ac mae Harry wedi cychwyn yn nosbarth meithrin ei ysgol leol ac yn barod wedi gwneud llwyth o ffrindiau. Mae'n well ganddo fo gwmpeini plant eraill nag oedolion diflas, er bod Matthew yn medru gwneud iddo chwerthin mor galed mae o'n poeri ei ddiod dros y lle! Mae Harry wrth ei fodd gyda Sam Tân ac yn cynhyrfu bob tro mae'n gweld injan dân yn gwibio heibio. Mae o'n hoff iawn o gestyll – rhywbeth y gellir ei briodoli i'r ffaith iddo gael ei fagu yng nghysgod cestyll Caernarfon a Rhuddlan, ac mae'r teulu wedi treulio Sadyrnau niferus yn dringo i ben tyrau ac yn archwilio dwnsiynau!

Bachgen swil ydi Harry, yn wahanol i'w chwaer fach. Enwyd Belle ar ôl prif gymeriad y ffilm *Beauty and the Beast*, hoff ffilm ei mam enedigol. Yn debyg i'r Belle ffuglennol, mae Belle wrth ei bodd â llyfrau a straeon, ac ar ôl i Moo Moo neu Doo Doo ddarllen stori nos da iddi hi, mae hi'n mynnu 'darllen' un iddyn nhw hefyd. Dydi hi ddim yn or-hoff o'r Cylch Meithrin gan fod hynny'n golygu rhannu teganau gyda phlant eraill.

Mae'r plant wedi ymgartrefu'n hapus a'r gwaith papur wedi ei gwblhau. Yn gyfreithiol, mae Harry a Belle eisoes yn rhan o'r teulu, ond mae heddiw yn gyfle i Matthew a Gwawr ddatgan eu cariad a chroesawu'r plant i'r teulu yn swyddogol, yng nghwmni eu teulu a'u ffrindiau. Maent wedi ysgrifennu addewidion unigol i'r plant, a galwaf ar Gwawr rŵan i droi at ei phlant a gwneud ei haddewid:

Addewid Gwawr: Blantos, dros yr wythnosau diwethaf rydych chi wedi dechrau fy ngalw i'n 'Mam'. Rwy'n gobeithio gwnewch chi fy ngalw i'n 'Mam' am byth. Dim ots pa lwybr rydych chi'n dewis ei droedio, bydd fy nrws ar agor, bydd fy nghlust yn barod i wrando a fy mreichiau ar agor am gwtsh. Mi wna i'ch cynghori hyd eithaf fy ngallu, ond wna i hefyd roi'r rhyddid i chi dyfu i fod yn bobl annibynnol. Mi wna i'ch caru chi hyd fy anadl olaf. Dyna fy addewid i chi.

Diolch yn fawr, Gwawr. Matthew, wnei di hefyd wneud dy addewid i dy blant?

Addewid Matthew: Harry a Belle, rydych chi wedi 'ngwneud i'n hapusach nag oeddwn i'n meddwl ei bod yn bosib i mi fod. Diolch i chi, ac i'ch mam, am wneud pob dydd yn brofiad llawen, llawn hwyl ac antur. Dwi'n addo gwna i dreulio gweddill fy mywyd yn ceisio'ch gwneud chi'r un mor hapus ag ydw i heddiw.

Diolch i'r ddau ohonoch chi. Rŵan, down at apwyntiad y rhieni cofleidiol. Mae Gwawr a Matthew wedi gofyn i chwech o'u ffrindiau gymryd rôl sy'n debyg i rôl mam neu dad bedydd. Maent yn hyderus y bydd y rhieni cofleidiol yn rhoi o'u hamser i feithrin perthynas gyda Harry a Belle; i fod yn rhywun gallai'r plant droi atynt am gyngor, gwrandawiad, arweiniad a chyfeillgarwch. Mae gan Belle a Harry deulu cariadus eisoes, ond bydd y rhieni cofleidiol yn deulu estynedig ac yn chwarae rhan bwysig ym mywydau'r plant wrth iddynt ddysgu a datblygu.

Rhiannon, yn ôl Matthew, er mai ti yw modryb Harry a Belle, ti yw'r fodryb orau yn y byd ac felly rwyt ti'n haeddu teitl ychwanegol. Rwyt ti'n fam ac yn athrawes anhygoel, ac mae o'n ddiolchgar i ti am dy gyngor. Os ydi o'n llwyddo i fod hanner cystal rhiant â ti, bydd o'n teimlo ei fod wedi llwyddo. A hefyd, mae o'n gobeithio gwnei di helpu'r plant gyda'u gwaith cartref mathemateg a'u dysgu nhw sut i wneud ffracsiynau, achos mae o'n dal i fod yn anobeithiol.

Thomas, gest ti dy ddewis i fod yn rhiant arweiniol gan mai ti yw ffrind hynaf Matthew. Er dy fod di yn y llynges ac felly oddi cartref y rhan fwyaf o'r amser, dywed Matthew fod gennyt ti'r ddawn o wneud y gorau o bob eiliad, ac mae o'n gwybod y gwnei di lenwi'r amser byr gartref gyda chwerthin a sbri.

Adriana a Dafydd, chi oedd dewis unfrydol Gwawr a Matthew i fod yn rhieni arweiniol. Mae yna gymaint o bethau am eich ffordd o fyw maent yn eu hedmygu ac yn ceisio'u hefelychu – eich caredigrwydd at bobl eraill, eich ymroddiad i warchod yr amgylchedd, eich parch at anifeiliaid – ac maen nhw'n gwybod y byddwch yn helpu Harry a Belle i dyfu'n bobl gydwybodol a chariadus. Eu gobaith yw y bydd Belle a Harry yn dod yn ffrindiau gorau gyda'ch merch, Leah, ac y bydd y saith ohonoch chi'n medru treulio blynyddoedd lawer yn troedio bryniau Clwyd gyda'ch gilydd.

Tanya, gest ti dy ddewis gan Gwawr am dy fod di'n feiddgar, yn hyderus ac yn un wych am roi cyngor. Mae hi'n gwerthfawrogi dy gyfeillgarwch mewn ffordd nad yw'n hawdd ei rhoi mewn geiriau. Mae hi a Matthew yn gobeithio gwnei di ddangos drwy esiampl sut i fentro, sut i herio dy hun, ac yn bwysicach, sut i chwerthin pan eith pethau o le.

Wayne, mae Gwawr am i ti fod yn rhiant cofleidiol i Harry a Belle am i ti fod yn gefn iddi hi yn ystod yr amseroedd caled. Mae hi'n edmygu dy gryfder, dy onestrwydd a dy benderfyniad i orchfygu heriau bywyd, ac yn hyderus y bydd gan y plant ffrind caredig, ffyddlon a dewr ynot ti.

Ga i ofyn i'r rhieni cofleidiol droi at Harry a Belle ac adrodd ar fy ôl i?

Addewid y rhieni cofleidiol:
Harry a Belle, rwy'n addo
bod yn ffrind i chi
gwrando arnoch chi
trysori'r amser gawn ni gyda'n gilydd
eich cynghori os oes angen
a cheisio fy ngorau glas
i oleuo'ch bywydau
ym mhob ffordd bosibl.

Diolch yn fawr i'r chwech ohonoch chi. Trysorwch y cyfrifoldeb, a mwynhewch yr holl hwyl gewch chi dros y blynyddoedd nesaf.

Dyma ni wedi dod at ran olaf y seremoni, sef y ddefod enwi ei hun. Harry a Belle – gawsoch chi eich enwau cyntaf gan eich mam enedigol. Ond heddiw, byddwch yn cymryd enw olaf newydd yn arwydd eich bod yn rhan o deulu newydd sy'n eich caru chi. Ble bynnag yr ewch chi yn y byd, beth bynnag wnewch chi gyda'ch bywydau, byddwch yn rhan o'r teulu hwn, a bydd cariad eich rhieni yn eich calonnau am weddill eich bywydau.

Foneddigion, foneddigesau a phlant, cyflwynaf i chi, am y tro cyntaf: Harry a Belle Myers!

(*Cymeradwyaeth. Yna, Matthew yn camu ymlaen*)

Matthew: Ga i sylw pawb am funud, os gwelwch yn dda? Yn amlwg, hoffwn i ddiolch i chi i gyd am ddod yma heddiw i ddathlu efo ni, ac wrth gwrs, diolch i Marged am gynnal y seremoni. Dwi'n falch gwnes i berswadio Gwawr mai'r peth gorau oedd gofyn i rywun arall ei chynnal, yn lle'i bod hi'n ceisio gwneud yr holl waith ei hun. (*Chwerthin*). Ond mae gen i rywbeth arall hoffwn i ddweud wrth Gwawr yn arbennig. (*Y gweinydd yn pasio amlen i Matthew, sy'n troi i annerch ei wraig ac yn darllen y geiriau canlynol:*)

Gwawr, dydw i ddim yn huawdl fel wyt ti. Mae'n anodd i mi egluro sut dwi'n teimlo. Dwi mor rybish am ysgrifennu, mae'n rhaid i mi ddwyn geiriau rhywun arall.

Wyt ti'n cofio ein ffrae gyntaf? Am y ffordd orau i gyfieithu 'gluten free' o bopeth. Ond dechreuodd o 'snowballio' nes ein bod ni'n cega ar ein gilydd am bob un peth bach oedd yn boddran ni: y ffordd dwi'n gadael y cap oddi ar y past dannedd ac yn sychu fy nhrwyn ar lawes fy siwmper, a'r ffaith dy fod di'n mynnu bod *Super Noodles* actiwali yn fwyd go iawn, a dwyt ti byth, byth yn tynnu dy sgidiau cerdded cyn dod i'r tŷ ac rwyt ti'n gadael mwd ar hyd y lle... ac erbyn diwedd y ffrae roedd y ddau ohonan ni'n gynddeiriog efo'n gilydd. Es i allan i'r ymarfer pêl-droed mewn tymer go iawn, ac wedyn es i am beint gyda'r hogiau achos do'n i ddim isio mynd adref. Sonies i wrth Dafydd a Wayne am y ffrae, ac ar ddiwedd fy rant ges i smac rownd cefn fy mhen gan Wayne.

'Wyt ti'n sylweddoli pa mor wirion wyt ti?' dwedodd o. 'Gei di neb gwell na Gwawr, neb mwy caredig, cariadus na meddylgar na hi. Mae pobl fel hi, pobl sy'n medru goleuo ystafell, pobl sy'n medru gwneud i ti deimlo'n well jest trwy fod yn eu cwmni, maen nhw'n bobl brin iawn. A dyma ti'n swnian am *Super Noodles*! Dwyt ti ddim yn gweld pa mor ffodus wyt ti i gael rhywun fel hi yn dy fywyd! Felly cer adre, dweda "mae'n ddrwg gen i" a dysga sut i fyw gyda lloriau mwdlyd. Gwell fyth, pryna bâr o sgidiau mynydda i ti dy hun a dos i gerdded efo hi. Peidiwch byth â mynd i gysgu'n flin gyda'ch gilydd, Matthew, achos mae bywyd yn rhy fyr i fod yn flin.'

Brysiais i adref yn ddesbret i ymddiheuro a gwneud pethau'n iawn rhyngddan ni unwaith eto. Sylweddolais fod Wayne yn iawn. Gwawr, rwyt ti mor llawn egni a thrugaredd, rwyt ti mor brydferth ac arbennig, a dyma fi'n mynd yn flin dros rywbeth dibwys fel *Super Noodles*. Dydw i ddim wastad yn dy werthfawrogi di fel rwyt ti'n ei haeddu. A weithiau dwi'n meddwl nad ydw i'n haeddu dy gariad. Ond yna dwi'n atgoffa fy hun wnest ti ddewis fy mhriodi i – heb y parti mawr a'r blodau a'r bwyd ffansi a dy ffrindiau'n bresennol, heb fodrwy dyweddïo hyd yn oed. A fuaset ti ddim wedi gwneud hynny heblaw bod ti'n fy ngharu i. Felly dwi'n addo a' i byth, byth i gysgu tra mod i'n flin, a gwna i dy werthfawrogi di fel rwyt ti'n ei haeddu, achos fel dwedodd Wayne, rwyt ti'n goleuo'r byd, a dwi mor lwcus i gael y goleuni yna yn fy mywyd i bob dydd a phob nos. Rwyt ti, Harry a Belle yn gwneud fy mywyd i'n gyflawn. (*Dafydd i gamu ymlaen a phasio bocs modrwy i Matthew*). Gwawr, dwi'n gwybod ddwedest ti ar y pryd doeddet ti ddim eisiau priodas fawr. Ond dwi wastad wedi teimlo'n euog na chest ti gyfle i ddathlu efo dy deulu a dy ffrindiau. A gan fod pawb yma heddiw, meddylies i... Gwawr, a wnei di fy mhriodi i, eto?

(*Matthew yn cymryd dwylo Gwawr yn ei rai ef.*)

Addewid Matthew: Gwawr, cymeraf i ti'n wraig i mi o'r diwrnod hwn ymlaen. Rhoddaf i ti'r fodrwy hon fel arwydd o'n priodas, a symbol o'n cariad. Rhoddaf i ti fy llaw a fy nghalon.

Addewid Gwawr: Matthew, cymeraf i ti'n ŵr i mi o'r diwrnod hwn ymlaen. Rhoddaf i ti'r fodrwy hon fel arwydd o'n priodas, a symbol o'n cariad. Rhoddaf i ti fy llaw a fy nghalon.

Rydych wedi cyfnewid modrwyau a datgan eich cariad, felly mae'n bleser mawr gennyf ddweud eich bod yn ŵr a gwraig. Matthew, fe gei di gusanu'r briodferch. (*Y gusan*)

Foneddigion, foneddigesau, blant, a Betsan y ci, codwch eich gwydrau a'ch cynffonnau (!) i ddymuno iechyd da a llawenydd i deulu arbennig iawn: Matthew, Gwawr, Harry a Belle. Hir oes a dyfodol disglair i'r pedwar ohonoch chi.

Ring 28·11·22

Gwybodaeth am HONNO

Sefydlwyd Honno Gwasg Menwyod Cymru yn 1986 gan grŵp o fenywod a oedd yn teimlo'n gryf bod ar fenywod Cymru angen cyfleoedd ehangach i weld eu gwaith mewn print ac i fod yn rhan o'r sector cyhoeddi. Ein nod yw datblygu talentau ysgrifennu menywod yng Nghymru a rhoi cyfleoedd newydd a chyffrous iddynt weld eu gwaith yn cael ei gyhoeddi. Rydym yn aml yn rhoi'r cyfle cyntaf i fenywod dorri drwodd fel awduron. Cofrestrir Gwasg Honno fel cwmni cydweithredol. Mae unrhyw elw a wna Honno'n cael ei fuddsoddi yn y rhaglen gyhoeddi. Mae menywod o bob cwr o Gymru ac o bedwar ban byd wedi mynegi eu cefnogaeth i Honno. Mae gan bob cefnogydd bleidlais yn y Cyfarfod Cyffredinol Blynyddol.

Am ragor o wybodaeth, ac i brynu ein cyhoeddiadau, ysgrifennwch at Honno neu ymwelwch â'n gwefan:
www.honno.co.uk

Honno
D41 Adeilad Hugh Owen
Prifysgol Aberystwyth
Aberystwyth
Ceredigion
SY23 3DY